佐藤博信〈著〉
SATO Hironobu

都市鎌倉の展開と鶴岡八幡宮の社人集団

勉誠社

上：鶴岡八幡宮（戦前絵葉書）
下：鶴岡八幡宮現況（2022年4月12日撮影）

上：鶴岡八幡宮段葛二ノ鳥居
（戦前絵葉書）

左：鶴岡八幡宮大銀杏（戦前絵葉書）

はじめに

　神仏習合時代の鎌倉の鶴岡八幡宮（以下、八幡宮と略す）は、正式には鶴岡山八幡宮寺と称し、別当（社家）・供僧（院家）・小別当《しょうべっとう》・神主・社人という組織でもって構成される寺院であった。(一) そのなかでも、長く一つの独自の世界を作り出して来たのは、それぞれの専門職能（家職）をもってして「御仕役」（公役）を奉仕した社人たちであった。神仏習合時代の八幡宮を根底から支えたかれらの役割は、決して小さなものではなかったと思われる。

　その点、近世末期の「新編相模国風土記稿」段階には、社僧・社人（以下、この狭義の社人は「社人」と記す）・承仕・伶人・職掌《しきしょう》・巫女・神官・経師《きょうじ》・大工棟梁という職能別に総勢四十四名が列記されている（後掲表1参照）。特に神楽（舞楽）を担った伶人《れいじん》＝雅楽師（以下、伶人で統一）・巫女＝八乙女《やおとめ》（以下、八乙女で統一）・職掌＝神楽男《かぐらお》（以下、神楽男で統一）たちは、神楽という「御仕役」に留まることなく、都市鎌倉という場において多種多様な「内業」（『鎌倉市史近世史料編第一』吉川弘文館、一九八六年。一五八）に関わり確かな足跡を残したのであった。

　かれらの活動は、八幡宮の聖と俗の境界領域をまたぐ場での公私に及ぶ活動であったといってよい。

決して祭祀・儀礼などの面でのみで捉えきれるものではなかったのである。[2] しかし、そうしたかれらの豊かな歴史と伝統を明治維新による廃仏毀釈《はいぶつきしゃく》は、根底から打ち砕いたばかりでなく、貴重な関係史料の隠滅を招来せしめたのであった。

それゆえ、かれらの復元的研究には困難を極めるが、各地・各分野に残された断片的史料から、八幡宮史・都市鎌倉史に深く刻み込まれた、その公私にわたる歴史的役割を少しでも具体化できたらと思う。もって鎌倉期の幕府（武家）・鶴岡八幡宮・「吾妻鏡」・五山（臨済禅）などの一体的な世界（「武家の古都・鎌倉」[3]）をもって一つの都市鎌倉の典型とみて、以後の歴史を変質・衰退過程と位置づけるかにみられる都市鎌倉史・鶴岡八幡宮史の再検討のささやかな歩みの第一歩となりうれば幸いである。[4]

注

（1）鶴岡八幡宮の長は時代を違えて社家・社務・別当・社家様・雪下殿などと呼ばれたが、ここでは、一般化している別当をもって表記した。

（2）例えば、かれらについては、『鎌倉市史近世通史編』（吉川弘文館、一九九〇年。浅倉有子氏執筆分）、湯山学『南関東中世史論集四　鶴岡八幡宮の中世的展開――別当・新宮・舞楽・大工――』（私家版、一九九五年）などに概略的記述がある。また『鎌倉ゆかりの芸能と儀礼』（神奈川県立歴史博物館、二〇一八年）は、阿部泰郎「中世鎌倉と東国の宗教空間――寺社の儀礼芸能と境界祭祀のはじまり」以下種々の論考と豊富な関係写真を掲載する。その他、荻美津夫『古代中世音楽史の研究』（吉川弘文館、二〇〇七年）などの専門研究や近年の渡邊浩貴「中世都市鎌倉と地下楽家中原氏――中原有安・景安・光氏の系譜と活動を中心に――」（『神奈川県立博物館研究報告――人文科学――』四六号、二〇一九年）・「初期鎌倉幕府の音楽と京都社会――『楽人招請型』の音楽受容とその基盤――」（同四七号、二〇二〇年）・「鎌倉幕府の音楽と地下楽人――都市鎌倉の成長と『独自編成型』の音楽受容――」（同五〇号、二〇二三年）などがあるが、いずれも鎌倉期を中心とした研究であり、また視点も方法も本書とは異なる。

（3）例えば、『世界遺産登録推進三館連携特別展　武家の古都・鎌倉』（神奈川県立金沢文庫・神奈川県立歴史博物館・鎌倉国宝館、二〇一二年）など。

（4）本書は、史料にみられる職業や身分に関する表記をそのまま用いた。もとよりこの表記を容認するものではなく、史実を知ることで差別と差別意識の根絶にいたることを望むものである。読者の方々においても、この主旨を理解され、本書を利用されることをお願いする次第である。

目次

口絵
はじめに……(1)
凡例……(9)

第一部　鎌倉・八幡宮史のなかの社人

第一章　「新編相模国風土記稿」などにみる八乙女・神楽男・伶人たち……3
第二章　八乙女・神楽男・伶人たちの由緒・来歴について……10

第二部　中世後期における社人の活動

第一章　南北朝・室町期の八乙女・神楽男・伶人たち――「香蔵院珎祐記録」を中心に――……21
第二章　戦国期の八乙女・神楽男・伶人たち――「快元僧都記」を中心に――……28
第三章　「小田原衆所領役帳」にみる社領と社人たち……40

第三部　近世における社人の活動

第一章　江戸幕府の成立と社人たち——法度の世界へ……49
第二章　寛永十七年付八幡宮領社人分名寄帳の世界——社人四十七名の実態……54
第三章　八幡宮と極楽寺長吏について——放生会・犬神人・「鶴岡丹裘役」……60
第四章　八乙女・神楽男たちの「御仕役」について——紀行文にみる世界……70
第五章　社人の「内業」について——旅宿・絵図・名所記刊行……78
第六章　八乙女大石家の本陣化とその背景について……84

第四部　雪の下の世界と社人・非社人の活動

第一章　八幡宮門前の旅宿について——文政四年段階の状況……89
第二章　八幡宮西門周辺の世界Ⅰ——社人たち……95
第三章　八幡宮西門周辺の世界Ⅱ——非社人たち……106
第四章　八幡宮西門周辺の世界Ⅲ——猿茶屋と岡崎氏・川瀬氏……114

第五章　八幡宮西門周辺の世界Ⅳ――坂・峠・境……122

第五部　史跡都市鎌倉の展開と社人・非社人の活動

第一章　中世鎌倉の旅宿の様相――戦国期を中心に――……129
第二章　鎌倉絵図・鎌倉名所記の刊行Ⅰ――社人を中心に――……137
第三章　鎌倉絵図・鎌倉名所記の刊行Ⅱ――非社人を中心に――……144
第四章　史跡都市化と八幡宮Ⅰ――享保年代を中心に――……152
第五章　史跡都市化と八幡宮Ⅱ――天保・弘化年代を中心に――……155
第六章　史跡都市鎌倉と案内人――旅宿・茶屋・老若男女――……160

第六部　社人の多面的な活動と軌跡

第一章　社人の八幡宮領目代化について――社人の政治参加をめぐって――……179
第二章　供僧・神主・社人の立ち位置について――宝蔵・宝物をめぐって――……185
第三章　社人内部の問題について――「仲間」をめぐって――……193

第四章　社人と非社人の融合について――婚姻関係をめぐって――……199
第五章　社人の権威志向について――戒名・由緒・装束をめぐって――……205
第六章　社人による文化的活動について――俳諧・史跡顕彰をめぐって――……210
第七章　文久二年四月吉日付八幡宮灯籠にみる社人たち――近代への夜明け――……220
おわりに……225
参考事項……229
主要参考文献……241
あとがき……253

凡　例

以下、本書で多用する主要な史料集の所収番号や文献は、以下の通り略す。順不同。

『鎌倉遺文古文書編』（東京堂出版、一九七一年～二〇一七年）↓鎌～
『室町遺文関東編』（東京堂出版、二〇一八年～二〇二四年）↓室関～
『戦国遺文後北条氏編』（東京堂出版、一九八九年～二〇〇〇年）↓戦北～
『神奈川県史資料編1・2・3古代・中世』（一九七〇年～一九七九年）↓神～
『神奈川県史資料編8近世（5下）』（一九七九年）↓神近～
『神奈川県史別編2資料所在目録』（一九八一年）↓『県史資料所在目録』
『鎌倉市史近世近代紀行地誌編』（吉川弘文館、一九八五年）↓『市史紀行地誌』
『鎌倉市史近世史料編第一』（吉川弘文館、一九八六年）↓『市史近世史料一』
『鎌倉市史近世史料編第二』（吉川弘文館、一九八七年）↓『市史近世史料二』
『鎌倉市史近代史料編第一』（吉川弘文館、一九八八年）↓『市史近代史料一』
『鎌倉市史近代史料編第二』（吉川弘文館、一九八八年）↓『市史近代史料二』
『鎌倉市史近世通史編』（吉川弘文館、一九九〇年）↓『市史近世通史編』
『鎌倉近世史料十二所編』（鎌倉市教育委員会、一九七六年）↓『近世史料十二所編』
『神道大系神社編二十鶴岡』（神道大系編纂会、一九七九年）↓『神道大系鶴岡』
『大日本地誌大系（二十一）新編鎌倉志・鎌倉攬勝考　新編相模国風土記稿別巻』（雄山閣、一九五八年）
　↓「風土記稿別巻」
『大日本地誌大系（二十二）新編相模国風土記稿第四巻』（雄山閣、一九九八年）↓「風土記稿」
『鎌倉市文化財資料第5集　鎌倉の古版絵図』（鎌倉市教育委員会、一九七三年）↓『鎌倉の古版絵図』
『鎌倉市文化財資料第8集　道ばたの信仰　鎌倉の庚申塔』（鎌倉市教育委員会、一九七三年）↓『道ばたの信仰　鎌倉の庚申塔』

『鎌倉近代史資料第五集　鎌倉の社寺門前町』（鎌倉市教育委員会、一九九一年）↓『鎌倉の社寺門前町』
『鎌倉近代史資料第六集　鎌倉の俳人　江戸〜明治』（鎌倉市教育委員会、一九九一年）
↓『鎌倉の俳人　江戸〜明治』
『鎌倉近代史資料第八集　山ノ内村御用留』（鎌倉市教育委員会、一九九一年）↓『山ノ内村御用留』
『市制施行三十周年記念　図説鎌倉回顧』（鎌倉市、一九六九年）↓『図説鎌倉回顧』

第一部　鎌倉・八幡宮史のなかの社人

第一章　「新編相模国風土記稿」などにみる八乙女・神楽男・伶人たち

そもそも、八乙女・神楽男・伶人とは、八幡宮において如何なる存在であったのか。その点を明示する基本的な史料は、以下六点の近世・近代の公的な記録である。以下、紹介し、もって検討の前提としたい。

第一は、寛永十七年（一六四〇）の地方改帳である。これを整理したものが、天和三年（一六八三）九月二十日付鶴岡八幡宮領社人分名寄帳（『市史近世史料一』一四七。以下、社人分名寄帳と略す）として伝来する。これは、社人の「御仕役」に対する役料（配当料）を記したものである。そこには、神楽男として[1]㊀（小池）新太夫分＝「五貫四百九拾五文」、㊁（鈴木）左近分＝「壱貫八百五拾四文」、㊂（柳田）左京助分＝「壱貫八百五拾四文」、㊃清左衛門分＝「壱貫九百六拾弐文」、㊄（小池）兵三郎分＝「壱貫七百八拾四文」、㊅（坂井）宮内分＝「壱貫八百九拾四文」、㊆（小坂）寸左衛門分＝「弐貫百拾六文」、八乙女として①（大石）若王分＝「壱貫四百拾八文」、②（山崎）森王分＝「弐貫八拾八文」、③（小池）米王分＝「八百六拾八文」、④（小坂）松童《まつどう》森王分（松童＝大町八雲社）＝「九百拾壱文」、⑤（大沢）宮王分＝「弐貫拾文」、⑥（富田）王部分＝「弐貫廿八文」、⑦（小島）杉王分＝「八百廿之内」、⑧（黒川）松王分＝「七百六拾六文」がみえる。

この永高の総額は、貞享五年（一六八八）付鶴岡八幡宮領永高書上覚（『市史近世史料一』一四八）に「惣高拾貫九百九文　八乙女八人役料」「惣高拾六貫弐百九拾五文　職掌八人役料」とみえる。ただ「社人御免屋敷」一律四百四拾文が査定されたのは、八乙女では⑥（富田）王夫（部）、⑤（大沢）宮王、②（山崎）森王、①（大石）若王だけで、③（小池）米王分、④（小坂）「松童森王分」、⑦（小島）杉王分、⑧（黒川）松王分は査定されていない。神楽男も一律「四百四拾文」が査定され、㊆（小坂）伊与、㊃清左衛門、㊅兵左衛門、（坂井）宮内、㊁（鈴木）左近、甚左衛門の六名がみえる。兵左衛門と甚左衛門は、㊀㊂㊄のいずれかの可能性が高いが、現在特定しえない。

また社人分名寄帳の伶人に関しては、○与左衛門分（↓加茂文司）＝弐貫五百五拾三文、○金作分（↓辻金作）＝三貫五百三拾四文、○長右衛門分（↓加茂将曹《しょうそう》）＝弐貫六百弐拾七文、○利作分（↓大石左内）＝弐貫五百五拾弐文、○将監分（↓加茂伊織）＝弐貫七百六拾弐文、○六兵衛分（↓加茂健司）＝弐貫七百八拾五文、○徳右衛門（↓多《おおの》修理）＝弐貫弐百三拾文、○勘蔵分（↓池田）＝弐貫五拾文とみえる。「社人御免屋敷」は、一律六〇〇文が査定されて、重《（十）》左衛門[2]、清三郎（？）、金蔵・勘蔵（池田）、三太郎（？）、将監（↓加茂伊織）・六兵衛（↓加茂健司）、与左衛門（↓加茂文司）とみえる。貞享五年付八幡宮領永高書上覚に「惣高廿壱貫九拾三文　伶人八人役料」とみえる八名であった。なお、これらは、加茂氏以外の伶人辻・大石・多・池田関係の史料的初見である。

第二は、享保十八年（一七三三）十月付神楽方改役領帳（白井永二『鎌倉風草集』鶴岡八幡宮、一九八六年。八九～一〇三頁）である。当該段階での八乙女と神楽男の役料改定を記したものである。⑥（富田）王部分＝「弐貫弐拾八文」、⑤（大沢）宮王分＝「弐貫拾文」、②（山崎）守王分＝「弐貫八拾八文」、㊀（小池）新太夫分＝「五貫四百四拾五文」、（小坂）主水分＝「弐貫五百拾六文」、（関）式部分[3]＝「壱貫九百六拾弐文」、（小池）丹後分＝「壱貫九百弐文」、①（大石）若王分＝「壱貫五百弐拾四文」、㊅（坂井）宮内分＝「壱貫八百九拾四文」、（鈴木）左近分＝

「壱貫九百四拾六文」、吉田兵部＝「壱貫八百五拾四文」、⑦（小島）杉王分＝八百文、⑧（黒川）松王分＝「七百八拾四文」、③（小池）米王分＝「八百六拾八文」、④（小坂）森王分＝「九百拾壱文」とみえる。

第三は、天保十二年（一八四二）成立の「新編相模国風土記稿」の八幡宮「職掌　八員あり、神楽の事を掌とれり」には、神楽男として㊀小池新大夫時中、㊃坂井越後邦高、㊁鈴木主馬尚綏、㊄小坂民部時一、㊆小坂伊与方叔、㊅坂井宮内睦芳、吉田壱岐佳春、佐野斎宮と「巫女　八員あり、八乙女と称す」として③小池米王、②山崎守王、⑤大沢宮王、①大石若王、⑥富田王部、⑦小島杉王、④小坂森王、⑧黒川松王がみえる。また「伶人　八員あり、其中四家〈加茂和蔭・同龍起・同定英・池田良成等なり〉を本家と称す」と記す。具体的には、加茂将曹（篳篥《ひちりき》）、加茂健司龍起（横笛）、加茂文司定英（篳篥）、加茂伊織兼良（横笛）、大石丹司勝義（笙《しょう》）、辻右近兼隆（羯鼓《かっこ》）、多修理以時（太鼓）の八名である（表1）。

第四は、安政五年（一八五八）三月付鶴岡八幡宮社家宗門人別改帳（「鶴岡八幡宮蔵多家資料」以下、宗門人別改帳と略す。これは、八乙女・神楽男・伶人などを「（中略）」して未載であるが、ここでは神奈川県立公文書館蔵「鶴岡八幡宮加茂良則旧蔵資料本」によった）によれば、神楽男として㊀神楽小頭小池猷之丞、㊄小池民部、㊁鈴木丹宮、㊆小坂主水、㊃坂井右門、吉田但馬、㊅坂井宮内、佐野斎宮の八名。神楽方八乙女として⑥富田織衛(4)、⑤大沢逸作、②松尾滝右衛門、①大石平左衛門、⑦小島忠司、⑧黒川家王、④小坂倉之助、③小池喜久王の八名。また伶人として加茂靭負、多主計、加茂玄蕃、大石左門、加茂登、池田隼人、加茂将吾、辻内記の八名がみえる。なお、これは、神官惣代富田丹後・神楽方惣代富田織衛・伶人惣代大石左門・手長惣代外組七人□□金子織部が連名で提出したものである。

第五は、明治三年（一八七〇）十二月付宮司総神主箱嵜博尹《はこざきはくいん》が纏めた鶴岡八幡宮社務人戸籍（神奈川県立公文書館蔵「岡本新弌氏所蔵資料4明治年間資料」。以下、社務人戸籍と略す）である。関連記事は、以下の通りである。雅楽師と

表1　鶴岡八幡宮社人一覧

	社人名	配当永高	職務	備考
		貫文		
社人	石川掃部信清	2.952	社中清掃	
〃	坂井宮内	(永銭)		寛永年中還住
〃	岩瀬一学尚継	4.085	御手長・御膳司両役兼帯	
〃	追川俊蔵尚正	4.020	御手長役	古通称坂間大夫
〃	金子泰亮勝佳	3.044	御手長役、8月16日神事の相撲行事	
〃	梶田判事頼蔭	1.910	御手長役	通称仁王大夫
〃	戸川文平	1.570	幣殿守衛	他相撲免0貫500文、焚火免0貫200文の配当
〃	石井庄司儀昭	2.375	火振・本番両役兼帯	他火振免0貫100文の配当
承仕	山口栄存	7.237	上宮宿直	
〃	藤田円順	6.803	〃	他小供所料10貫文の配当
伶人	加茂将曹和蔭	2.792	篳篥	伶人は大山寺・豆州三島明神等の神事にも参勤、加茂周防守の裔、天正年中四家、その後分家して八家となる
〃	加茂文司定英	2.710	〃	加茂対馬守の裔
〃	加茂健司龍起	2.692	横笛	加茂出雲守の裔
〃	加茂伊織兼良	2.762	〃	正保中より勤む
〃	池田隼人良成	2.680	鉦鼓	加茂惣兵衛の裔
〃	大石丹司勝義	2.754	笙	
〃	辻右近兼隆	2.700	羯鼓	
〃	多修理以時	2.700	太鼓	
職掌	小池新大夫時中	5.495	神楽(小頭)	
〃	坂井越後邦高	1.962	神楽	文禄年間復職、五社明神の神職と兼帯
〃	鈴木主馬尚綏	2.040	〃	大船村熊野社の神職と兼帯
〃	小池民部時一	1.784	〃	
〃	小坂伊予方叔	1.978	〃	御霊社の神職と兼帯
〃	坂井宮内睦芳	1.974	〃	寛永年中社頭再建後復職
〃	吉田壱岐佳春	0.927	〃	宝暦年間までは神官
〃	佐野斎宮	0.800	〃	武州金沢瀬戸明神の社人と兼帯
八乙女	小池米王	0.868	巫女	寛永年中京都より下向
〃	山崎守王	2.880	〃	文禄元年当職補任
〃	大沢宮王	2.010	〃	後北条氏分国の頃当職に補す
〃	大石若王	2.010	〃	文禄元年復職
〃	富田王部	2.010	〃	慶長年中当職補任

〃	小島杉王	0.800	〃	寛永年中復職
〃	小坂森王	0.911	〃	文禄年中当職補任
〃	黒川松王	0.910	〃	〃
神官	山本若狭	1.000	年中神事餞供等の時所役月1度の本社宿直	
〃	富田源司	1.000	〃	
〃	内田平馬	1.000	〃	
〃	細野東吉	1.000	〃	
〃	二宮多門	1.000	〃	
〃	追川縫殿助	1.000	〃	御手長役追川家より分家
〃	吉田右平太	1.000	〃	
経師	加納伊織知寧	1.198	4月・8月神楽の供奉、一切経・新古大般若経等の継立	
大工棟梁	岡崎宇右衛門	0.700		慶長の社頭再建時の棟梁
〃	岡崎源内	0.700		宇右衛門家の分家

注　『新編相模国風土記稿』より作成。
　　※『鎌倉市史近世通史編』(浅倉有子氏執筆分)を補訂

して加茂正雄、多晃、大石樹、加茂将吾、池田義雄、辻伝内、加茂登、加茂玄造の八名。八乙女として⑥富田更科（「夫正作　悴省三　省三配偶　八乙女見習　住世」）、①大石若世《若王》（「夫杉浦政男」）、⑤大沢古扇《宮王》（「夫錦二　娘八乙女見習　歌扇」）、⑦小島元恵（「夫忠次」「娘八乙女見習杉尾《杉王》」）、②山崎守世《守王》（「夫勇」・「娘富美世」）、④小坂盛恵《森王》（「夫活次」）、⑧黒川松尾《松王》（「八乙女見習　家次」）、③小池米尾《米王》の八名。[5]神楽男として㈠小池金吾、㈡鈴木丹治、村岡友衛、㈤小池主一、吉田豊、坂井未知雄、坂井広蔭、佐野小平太の八名。神吏として二ノ宮牧太、細野新、富田亀二、山口貞助、吉田右平太、内田富造、追川右内、殿頭守夜本番として石井録郎五郎。有職として加納精三郎、岡崎宇右エ門、川瀬敬次郎、[6]下社家舟橋紀九造、大久保喜内、清水沙芳喜、安田謙蔵などがみえる。

第六は、明治四年九月付鶴岡八幡宮明細書（『市史近代史料二』五）である。これには、雅楽師として加茂将吾、加茂正雄、加茂登、池田義雄、多晃、[7]辻伝内、加茂玄造、大石樹の八名。八乙女として①大石若世《若王》、⑤大沢古扇《宮王》、②山崎守世《守王》、⑥富田更科、⑦小島杉尾《杉王》、④小坂盛恵《森王》、⑧黒川松尾《松王》、③小池米尾《米王》の八名。神楽男として㈠小池金吾、㈡鈴木丹治、㊄小池主一、村岡友衛、坂井未知雄、坂井広蔭、吉田豊、佐野小平太の八名。御幣殿盤として戸川安造。神吏として二ノ宮牧太、細野新、富田亀二、山口貞助、吉田右平太、内田富造、追川右内。社頭夜番として石井録郎五郎。有職として加納精三郎、岡崎宇右ェ門、川瀬敬次郎などがみえる。

以上、近世前半から明治初頭の公的な記録にみえる社人、特に神楽男・八乙女・伶人たちの族的構成についての整理を試みた。そのなかで、伶人・八乙女に比べて神楽男には多少の出入りがあるものの、いずれも、この間基本的には特定の家によって家職として世襲されていたことが窺われた。ただこれはこの段階での到達点であって、それがそく中世、特に鎌倉期にまで遡及しうるか否かはなお検討を要しよう。その間に特定の家間での対立と競合をともなった連続と断絶が存在した可能性を排除しえないからである。

注

(1) なお、天和二年二月に伊豆走湯山社家多田源太夫は、自社の神楽の「打絶」を危惧し寛文七年九月以降に「鎌倉左京与申社家」から聞き取り「御神楽作法次第之事」を纏めているが、この「鎌倉左京与申社家」はこの柳田左京助と同人であろう（白井『鎌倉風草集』一〇三頁。佐野大和『瀬戸神社』小峯書店、一九六八年。四〇四頁）。

(2) なお、この重左衛門は、津田光吉「相州鎌倉書籍捜索書」（金沢市玉川図書館蔵）にみえる「鶴岡社人左衛門」と同人であろう（『鎌倉市教育委員会文化財部調査研究紀要』六号、二〇二四年。菊池紳一氏史料紹介分）。

(3) この関氏は、横浜市戸塚区舞岡八幡宮の関氏である（白井『鎌倉風草集』）。文化十三年五月付鶴岡八幡宮文化度神器等焼失調書（『市史近世史料二』一九九）の「神楽方装束之部」「一、紗狩衣《かりぎぬ》」に朱筆に「山王鶴岡八人大町（小坂家）舞岡（関家）神奈川（吉田家）〆十一人」とみえる。また「鶴岡日記（二）」（『鎌倉』四九号）にも「舞岡村関豊治」がみえる。この舞岡八幡宮神主家（関正臣家）の所蔵史料については、『横浜の文化財——横浜市文化財総合調査概報（八）——』横浜市教育委員会、一九八九年）に詳しい。

（4）そこには、宮田織衛＝四十一歳、妻王崎、父庄左衛門＝六十六歳、母王部＝五十七歳、娘住世＝十四歳などがみえる。妻王崎には年齢の記載なし。娘住世が第五史料にみえる「夫正作　悴省三　省三配偶　八乙女見習　住世」である。

（5）改名は、「明治維新後、王の字を憚ってのことかと思われる」（鈴木棠三『鎌倉への道』三一書房、一九八八年）という。

（6）川瀬杢左衛門は、建長寺正統庵とみえる（参考事項C）。なお、『県史資料所在目録』には、「川瀬瀧蔵」十七点。「安永十年～慶応三年　主に江戸時代後・末期」とみえるが、神奈川県立公文書館蔵「神奈川県史収集資料」には、その存在が確認できなかった。

（7）『県史資料所在目録』によれば、この多《おおの》氏の伝来文書が「多晃氏旧資料　楽人十二点」＝「永禄七年～明治六年　主に江戸時代後期）として鶴岡八幡宮に伝来する。永禄七年鶴岡八幡宮御殿司御供次第（写本）、天和三年鶴岡諸社人分（寛永十七年地方改帳写）、天保二年～五年光明寺出勤帳など。また「加茂良則旧蔵資料　鶴岡八幡宮楽人　三点」も同様に鶴岡八幡宮に伝来する。文政十一年五月舞楽図、安政五年三月鶴岡諸社人宗門人別御改帳など。以上の諸史料は、神奈川県立公文書館蔵「神奈川県史収集資料」で確認した。個々の内容的検討は、今後の課題である。

第二章　八乙女・神楽男・伶人たちの由緒・来歴について

第一章でみたような近世における社人の歴史的位置を決定づけたのは、小田原の後北条氏（以下、後北条氏と略す）滅亡後の天正十八年（一五九〇）八月二十二日付鎌倉鶴岡八幡宮社家・神人《じにん》中宛豊臣秀吉朱印状・（天正十九年）五月十四日付徳川家康宛秀吉朱印状写・天正十九年五月十四日付鎌倉鶴岡八幡宮社僧中宛秀吉朱印状（「鶴岡八幡宮文書」）をふまえて出されたⅰ天正十九年七月二十八日付加茂四人宛家康家臣頓阿弥等四人連署知行注文写（「相州文書」所載「加茂文書」写真1）、ⅱ文禄元年（一五九二）三月十七日付森王・宮王・若王宛家康家臣頓阿弥等三人連署知行打渡状写（「相州文書」所載「山崎文書」「大石文書」「大沢文書」写真2）、ⅲ文禄元年四月二十九日付賀茂衆宛家康家臣頓阿弥等三人連署知行打渡状写（「相州文書」所載「加茂文書」写真3）である。[1]

これらの内容は、ⅰは伶人加茂四人（周防守→加茂和蔭、出雲守→龍起、対馬守→定英、惣兵衛→池田良成家）の知行地＝役地（十一貫五〇〇文）を記したもの、ⅱは八乙女山崎森王・大沢宮王・大石若王宛に「在々ニ踞八乙女・職掌、鎌倉へ引移ニ付而、改而被下渡方」を記したもの、ⅲは伶人加茂四名への社人領長谷の「渡分」を記したものである。ただⅰⅱⅲが「風土記稿」・「相州文書」段階に残存した一部にすぎないことは、ⅰに絡んで伶人辻・多両氏分が、またⅱに絡んで「八乙女・職掌」のうち「職掌」＝神楽男宛分などが、まったく残存していないことからも明白であろう。

すなわち、これらは、後北条氏滅亡後の豊臣秀吉による八幡宮修造などの建物再興と相俟った人的組織再編の

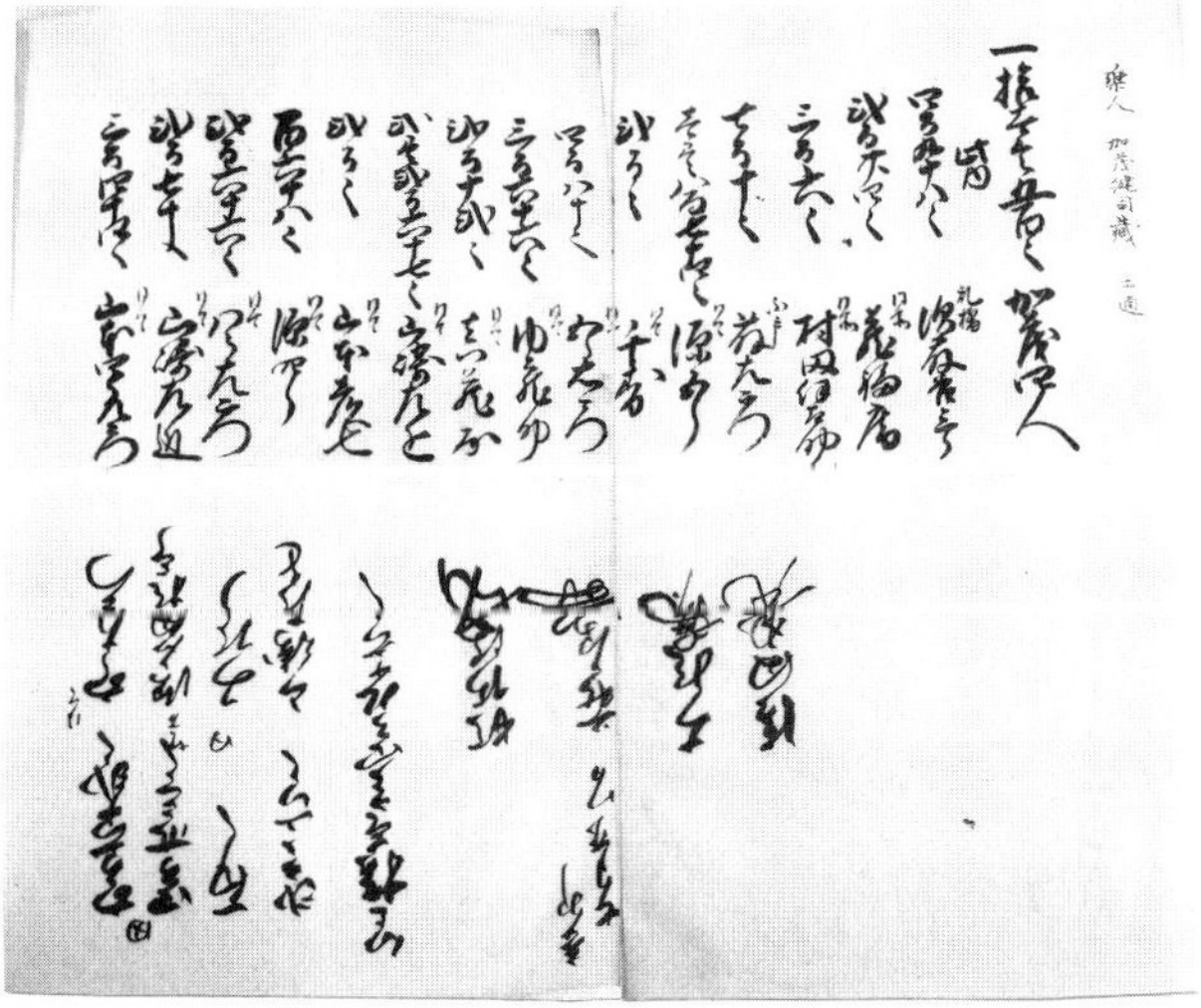

写真1　頓阿弥等四人連署知行注文写(「加茂文書」)

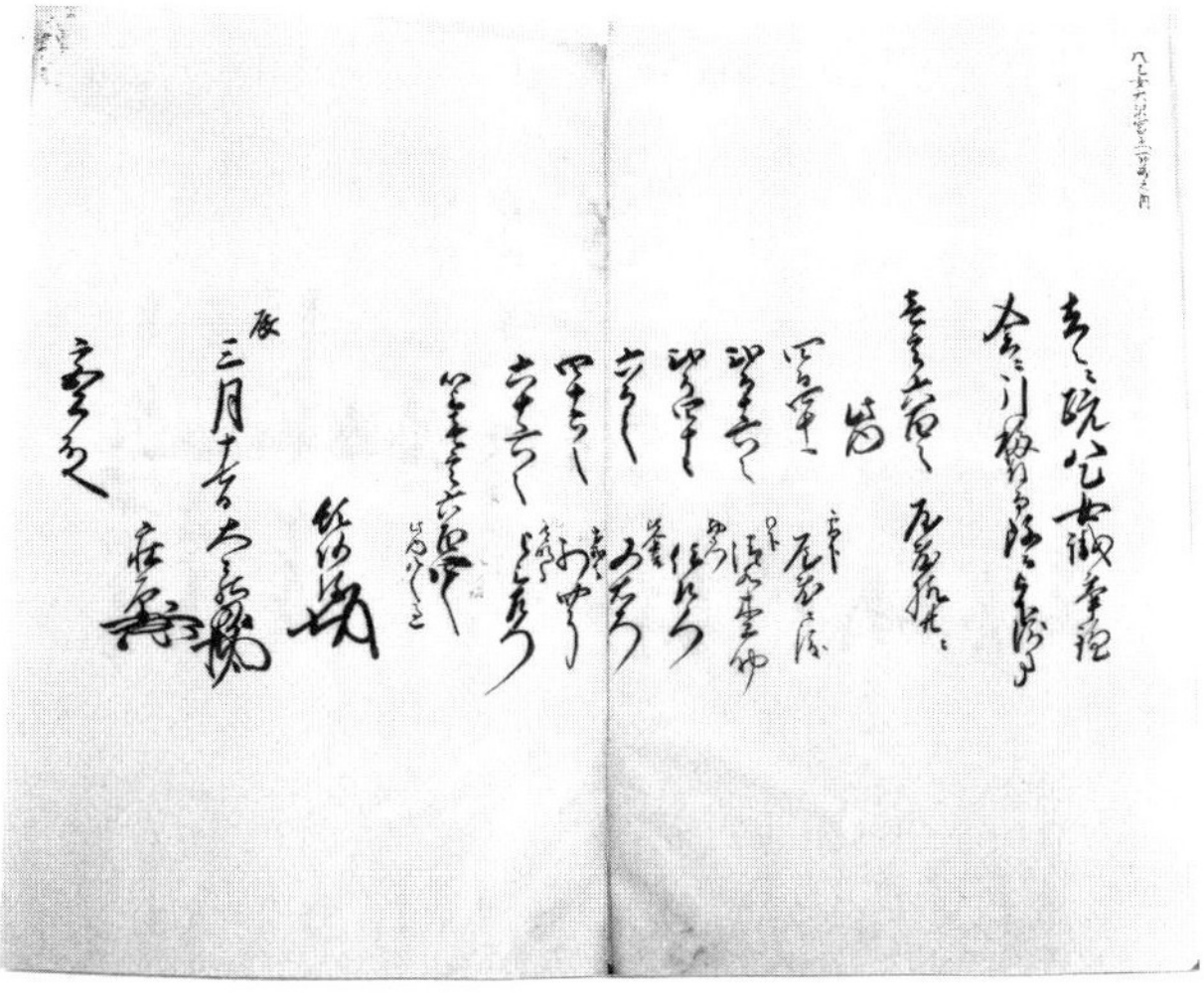

写真2　頓阿弥等三人連署知行打渡状写(「大沢文書」)

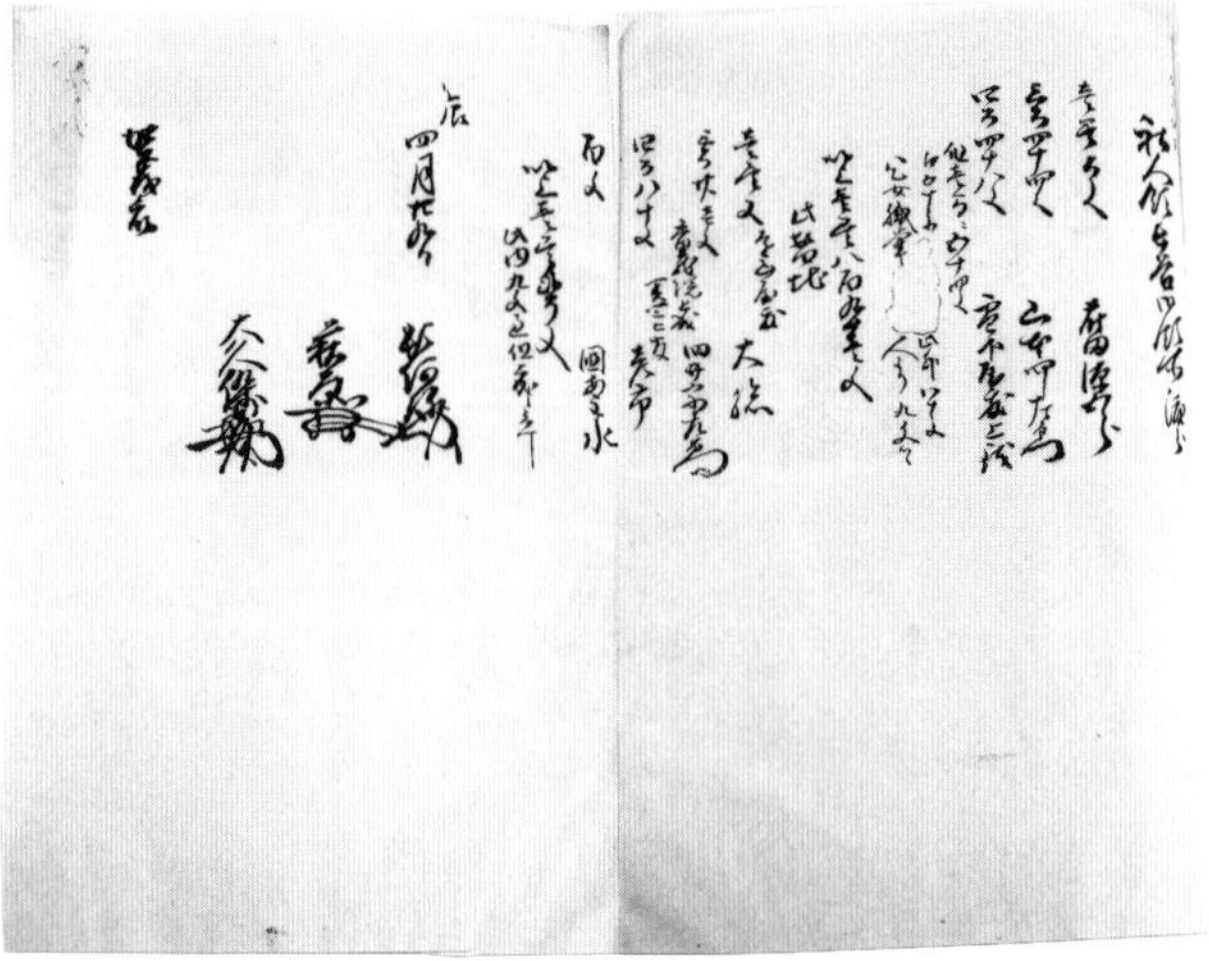

写真3　頓阿弥等三人連署知行打渡状写(「加茂文書」)

一齣であったのである。広義にいえば、宗教施設としての八幡宮を中核にすえた都市鎌倉の再建計画の一環であった。それは、政治都市から史跡都市への転換であったのである。後述の戦国期の「快元僧都記」(2)でも明白なように、八幡宮を下から支える社人を抜きに再建はありえなかった以上、離散した社人の鎌倉における屋敷地・役料地の確保は、焦眉の課題であったのである。

もちろん、それを規定した社人たちの歴史的前提は、決して一様ではなかったはずである。様々な戦争による鎌倉離散の様子は、「風土記稿」による限り、次のようにみえる。

例えば、「社人」では坂井宮内が「永享の乱に依て武州久良岐郡蒔田村に移住し、(中略)社役等は彼地より参勤す(中略)寛永中、和泉時貞が時当所に還住すと云ふ」といい、伶人では加茂氏が「建久二年社頭新造の後、京都より伶人十二人、年毎に参勤せしが後当所に土着すと云ふ(中略)後年戦争の頃多離散して、加茂余三朝末と云者のみ、当所加茂屋敷に住居し、社役を勤む、天正中に至て此四家加茂出雲守・同周防守・同惣兵衛・同対馬守に分る」といい、神楽男では㊃坂井越後邦高＝「文治中当職に加へらる、其後子孫戦争を避て旧地に退住し、文禄中復職すと云ふ、今に五社明神の神職を兼帯せり」、㊁鈴木主馬尚綏＝「治承中、此地に下向し、当職に補す、子孫永享中に至り、乱を避て郡内大船村に退住（中略）同村熊野社の神職」「天正十八年、御打入の後、当所に帰住すと云ふ」、㊄小池民部時一＝「治承中下向して当職に補せらる、後年郡内山崎村天神（写真4）の社家となりしに後旧職に復すと云ふ」、㊆小坂伊与方叔＝「治承中当職に補せられ、其後子孫元弘の乱に依て村岡へ退住せしが、文禄中旧職に復せりと云ふ」、㊅坂井宮内睦芳＝「建久中上宮《かみのみや》勧請の時石清水より下向して当職に補せらる、戦国の頃子孫武州久良岐郡蒔田村に退き、同村杉山明神の祠官となれり、寛永中社頭再造の後旧職に復すと云ふ」、吉田壱岐佳春＝「宝暦年間迄は神官たりしに、（宝暦）二年柳田右京（中略）の闕に補せらる」、佐野斎宮＝「武州金沢瀬戸明神の社人にて当職を兼」などとみえる（写真5）。

すなわち、神楽男でも、近世からという吉田壱岐佳春以外、鎌倉期からという㊃坂井越後邦高、㊁鈴木主馬尚綏、㊄小坂民部時一、㊆小坂伊与方叔、㊅坂井宮内睦芳のなかでも、鎌倉との関係では、㊃は「子孫戦争を避て旧地に退住し、文禄中復職すと云ふ」、㊁は「子孫永享中に至り、乱を避て郡内大船村に退住」「天正十八年、御打入の後、当所に帰住すと云ふ」、㊄は「郡内山崎村天神の社家となりしに後旧職に復すと云ふ」、㊆は「子孫元弘の乱に依て村岡へ退住せしが、文禄中旧職に復せりと云ふ」、㊅は「戦国の頃子孫武州久良岐郡蒔田村に退き」「寛永中社頭再造の後旧職に復すと云ふ」という具合で、様々な戦乱――元弘の乱、永享の乱、戦国の争乱など[3]――で鎌倉から旧縁地に退き、後の「御打入の後」「文禄中」「寛永中」に鎌倉に戻り、「旧職」に復したというのである。

それでは、八乙女は如何であろうか。③小池米王は「寛永中京都より下向して当職に補す」、②山崎守王は「祖守王は山崎村天神社の神職なりしが、文禄元年三月、当職に補す」、⑤大沢宮王は「初当国六所宮に仕へしが、北条氏分国の頃当職に補す」、①大石若王は「古より当職を勤めしが、元弘の乱を避藤沢諏訪社地に退き、数代住居し、文禄元年旧職に復す」、⑥富田王部は「祖先ハ蒲冠者範頼の裔にして、摂州富田郷　按するに、島上郡の属。

写真4　北野神社（山崎神社=天神社）

写真5　金沢瀬戸神社

に任せしが、後関東に下向し、郡内今泉村に土着し、修験の家を継しに慶長中、当職に補せられしと云ふ」、⑦小島杉王は「古当職を勤め、戦争の頃、武州金沢、瀬戸明神の社地に退住して、数代の後寛永中旧職に復す」、④小坂森王は「祖先は治承中、大町村天王の神主、小坂氏より分家し、同社に仕へしが、文禄中当職に補す」、

⑧黒川松王は「祖先は和州吉野黒川村、稲荷の社職なりしが、文禄中、当職に補す」とみえる。

ここおいても、「古」「治承中」からという①大石若王（文禄期に改補という）、⑦小島杉王（寛永期に改補という）、④小坂森王（文禄期に新補という）、戦国期に新補の⑤大沢宮王、文禄期の新補という②山崎守王、⑧黒川松王、慶長期の新補という⑥富田王部、寛永期の新補という③小池米王という具合に分類される。このうち、①は元弘の乱で転じていた旧縁地、⑦は戦争で退避していた旧縁地からの鎌倉帰住であった。

こうしたあり方と文禄打渡状との関係をみると、その存在が確認されるのは、②山崎守王、⑤大沢宮王、①大石若王の三家で、文禄期以降の新補・改補という④小坂森王、⑦小島杉王、⑧黒川松王、寛永期の新補という⑥富田王部の五家に確認されないのは、当然ということになる。文禄打渡状が②⑤①の三家にあって最重要文書として「相州文書」段階に至るまで大切に保存されてきた所以である。「在々ニ踞八乙女」ではなく、文禄期以降とされる他の八乙女家には、それに匹敵しうる文書がなかったのではあるまいか。

その意味では、八乙女とはいえ、②山崎守王、⑤大沢宮王、①大石若王と③小池米王、⑦小島杉王、⑥富田王部、④小坂森王、⑧黒川松王とでは、由緒・来歴で大きな違いがあったのである。それは、文禄打渡状での役料が②山崎守王＝一貫六百八文、⑤大沢宮王＝一貫六百八文、①大石若王＝一貫五百六十四文と記されたのが、「風土記稿」段階でも②山崎守王＝二貫八百八十文、⑤大沢宮王＝二貫十文、①大石若王＝二貫十文であったのに対して、それ以外の文禄打渡状の存在しない富田家を除く四家は、「風土記稿」で③小池米王＝八百六十八文、⑦小島杉王＝八百文、④小坂森王＝九百十一文、⑧黒川松王＝九百十文という具合であった。対応関係がほぼ確認される。その限りでは、文禄打渡状の有無は、偶然の結果ではなく必然的なものであったと解される。

ただ⑥富田王部＝一貫十文で、②山崎守王、③大沢宮王、④大石若王に匹敵する。それは、社人名寄帳・「風土記稿」段階に役料一貫二十八文と「社人御免屋敷」四百四十文に呼応する。その役料地も、八乙女・神楽男中唯一「唐門」＝「雪ノ下」であった。それは、⑥富田王部が「慶長中」に補せられたという条件が②⑤①と同様で、他の四家とは異なっていた結果とも認識される。八乙女中で唯一、〜王でなく王部を称したこと、後年「祖先ハ蒲冠者範頼ノ裔」なる由緒を誇示したことなども、その点と深く関わろうか。

その他、伶人では、加茂氏が「建久二年社頭新造の後、京都より伶人十二人、年毎に参勤せしが後当所に土着すと云ふ（中略）後年戦争の頃多離散して、加茂余三朝末と云者のみ、当所加茂屋敷に住居し、社役を勤む、天正中に至て此四家加茂出雲守・同周防守・同惣兵衛・同対馬守に分る」とみえるが、加茂氏以外の大石・辻・多諸氏に関する由緒・来歴の記事は特段みられない。加茂氏以外は鎌倉を離れたものの、「加茂余三朝末と云者のみ当所加茂屋敷に住居し、社役を勤む」というのである。

以上、神楽男、八乙女、伶人たちも、それぞれ固有な由緒・来歴を誇示し、八幡宮社人化も鎌倉期、戦国期、文禄期、慶長期と様々な段階があったこと、またそのなかには戦争で退避していて近世段階に改めて補された社人も複数いたこと、八乙女では②山崎守王、③大沢宮王、④大石若王の三家が文禄打渡状の存在からも別格的存在であったこと、伶人でも加茂氏が同様であったこと、などを見通した。

もちろん、それ以前の「御仕役」と役料地との関係は不明であるが、屋敷地については、多分に既存の所有権をふまえてなされたものと推察される。(4) 伶人加茂氏の「後年戦争の頃多離散して、加茂余三朝末と云者のみ、当所加茂屋敷に住居し、社役を勤む」とみえ、「屋敷」地の継続性を示すものである。社人には、鎌倉在住者と「在々」にあって随時鎌倉で奉仕するものがいたりで、比較的緩やかな環境にあったことは事実である。それが鎌倉での屋敷地・役料地の充足化によって日常的奉仕が求められるに至ったのである。(5)

注

（1）「鶴岡八幡宮文書」「山崎文書」「大沢文書」「大石文書」「加茂文書」は、いずれも『鎌倉市史史料編第一』（吉川弘文館、一九七二年）によった。これらに関する写真1・2・3は、内閣文庫蔵「相州文書」によった。

（2）ここでは、国学院大学黒川家旧蔵本（『神道大系鶴岡』）を参照した。ただ内閣文庫本「天文記（快元僧都記）」（『戦国遺文後北条氏編補遺編』東京堂出版、二〇〇〇年）も随時参照した。

（3）取り分け戦国の争乱のなかでも、伊勢宗瑞（北条早雲）、越後上杉謙信、豊臣秀吉の侵攻が直前にして大きな契機になったと思われる。また房総里見氏については不確定なことが多いが、「快元僧都記」にみる天文三年以前の「（里見）義豊当社へ被向馬鼻狼藉之事」とか「房州之野人等以泥足宮中踏庭了」といわれる事態は注目される。なお、八幡宮側の記録をもとにしたとみられる安永十年（一七八一）三月書写本を明治三年（一八七〇）に転写した「鶴岡八幡宮創建幷将軍家御造営等々記」（『鎌倉』七〇・七一合併号）にも関連記事がみられる。

（4）そこで参考になるのは、鎌倉期の延応二年（一二四〇）二月二十五日付関東下知状＝鶴丘八幡宮寺領鎌倉中地事（『吾妻鏡』神三四六＝鎌五五二六）に「一、神宮御子（巫女）・職掌等、依為祠官、所充給之地、無指罪科、乍帯其職、不可點定事」「一、同社司給地、無上仰之外、別当以私芳心、不可立替遠所狭少地事」「一、依為社司、令拝領地輩之中、無子息之族、或譲後家女子、或付養君権門、致沙汰之間、新補宮人無給地之条、不便事也、自今以後、子息不相伝之者、付職可充行其地事」などとみえることである（貫達人『鶴岡八幡宮寺――鎌倉の廃寺』有隣新書、一九九六年）。この禁制発布の背景には、社人たちの役負担にともなう役料地＝給地への強い主張が存在したに違いない。この関係は、社人の族的主体が変化しようとも、その原則は不易なものと認識され継承され、そこに事実上の給地の家領化を生む背景があったと認識される。

（5）その最初の現れが、元和八年（一六二二）に伶人加茂四家（出雲守・周防守・惣兵衛・対馬守）による日光山、東照宮の御神前での舞楽催行であろう。「風土記稿」は「今に当時の楽目録を所蔵せり」と記すが、その存否と内容は不明である。

第二部　中世後期における社人の活動

第一章　南北朝・室町期の八乙女・神楽男・伶人たち

――「香蔵院珎祐記録」を中心に――

鎌倉期の八乙女・神楽男・伶人たちについては、「吾妻鏡」や弘安三年（一二八〇）・同四年の「弘安四年鶴岡八幡遷宮記」（『神道大系鶴岡』）などが種々記すところであり、それに言及した研究に伊藤清郎・湯山学・荻美津夫・渡邊浩貴諸氏(1)などのものがある。また近世初頭に確認される特定の家による世襲性の原点は、伝承上ほぼそうした鎌倉期に措定されている。ただここでは、その近世の直接的前提となった中世後期段階の八乙女・神楽男・伶人たちが如何なる存在であったのかを確認して次に進みたい。

まず南北朝・室町期のA「鶴岡社務記録」（『神道大系鶴岡』）の暦応四年（一三四一）二月二十八日条に「大方殿十三年御仏事、於千秋寺如法経被執行（中略）楽人等被進当社楽人了、社務聴聞」とみえる(2)。八幡宮の楽人＝伶人の活動である。また康永元年（一三四二）三月八日条に「自京都被進神馬、幷御神楽料足被進之了、神馬《じんめ》小坂和泉役而引進之」と九月十二日条に「山宮遷宮」「黄衣神人奉搔之」「御共供僧三人、小別当純色・八女人・伶人、左右一者《いちのもの》供奉、自拝殿、八女人御迎ニ参向、社務者、神垣之内参候」「左右一者、賀殿《かてん》（雅楽）・地久舞之、御遷

宮ニハ還城楽《げんじょうらく》為其式」「見聞者成群了」とみえる（一者《いちのもの》は左舞・右舞・笙・笛の各々の筆頭者、のこと）と「八女人」＝八乙女・伶人の活動が窺われる。(3)

Ｂ「鎌倉年中行事」（『海老名市史2資料編中世』一九九八年）の六月七日条に「稲荷・羽黒・五大堂・祇園殿中ヱ光御、御車寄ノ御透(通)ニ被立神輿、御神楽アリ」とか十一月条に「初卯、八幡宮陪従《べいじゅう》・御代官・御一家有社参、祭礼過ル迄、終夜社頭ニ被籠、神事過、御代官御幣被給後、有帰参也」とみえる。

Ｃ「鶴岡事書日記」（『神道大系鶴岡』）の明徳五年（一三九四）六月条に「座不冷東司《とうす》事、（中略）公方奉行方之為沙汰、酒(坂)間大夫之槨(郭)内ニ被構之云云」、明徳五年七月条に「自往古社家公文」「当公文石河法橋」、応永四年（一三九七）七月の「北斗堂造替事、（中略）公方御代官明石民部丞章行、総奉行代官・宮下□(部カ)各直垂、社家代官石河・上野並少別当各鈍色、白ケサ（袈裟）、出仕在之」、応永五年の「一、社頭警固事、応永五年戊寅五月九日夜ヨリ被置始昼夜在之、此ハ任本社倒(例)、為社家御沙汰、所被定置也、人数者、神主・小別当・小社神主等・三綱・承仕・下部・鐘推・坂間大夫以下神官・宝蔵沙汰人等・職掌等ニ至マテ、社司・社官悉結番十番ニ而一昼夜宛所警固也」、「一、於当社、神主以下ノ社官等起請文事、応永五年六月廿五日書之、神主・御(小)別当・小社神主等・三綱・承仕・下部・坂間大夫以下神官・社司・社官等、悉五十余人ノ起請文」とみえる。

すなわち、南北朝・室町期のＡ・Ｂ・Ｃから、遷宮の際に神楽が奉納され、そこでの八乙女（神楽男も）・伶人たちの活躍が知られ、その際、小坂和泉は後年神楽男としてみえる小坂氏（「風土記稿」）に連なるとみられること、「公文石河法橋」「社家代官石河」(4)は、「社人」石川掃部信清（「風土記稿」）に連なるとみられること、酒(坂)間大夫は、「社人」御手長《おてなが》役追川俊蔵尚正（「風土記稿」）に連なるとみられること、総じてかれらを含めた連署起請文の主体「神主以下ノ社官等」「五十余人」の集団としての一端が窺われる。

次の段階の社人たちの動向を示すのは、室町中期のＤ「香蔵院珎祐記録」（『神道大系鶴岡』）である。これは、八幡宮の供僧香蔵院珎祐が諸事案を記録したものである。[5] ただこの室町中期のDと南北朝・室町期のA・B・Cとの間には、上杉禅秀の乱・永享の乱があり、またDはその後の享徳の大乱の最中のものであった。その規模は不明にせよ、戦乱のなかで旧縁地に一時的に移動する社人がいたことは、先述の「風土記稿」の記す社人坂井宮内の祖の「永享の乱に依て武州久良岐郡蒔田村に移住」や神楽男鈴木主馬の祖の「永享中」「乱を避て」ての別地移動などが示すところである。

そうしたことをふまえたうえで、D「香蔵院珎祐記録」にみえる社人たちの姿に注目したい。それは、①長禄四年（一四六〇）三月の「社人」の「新大夫・宮下部（「小別当内者彦太郎」）両人召トリ、検断所ニ禁籠イタス也、然間、金子執行へ申間、仍執行ヨリ衆会ヲ可致候由承間、衆会ヲ於住致者也」と②同年正月の「一、御檀供大小納郷名　小餅者大ニソヘテ納者也、近年口ノ餅トテ酒（間脱カ）大夫・承仕私取者也」という記事である。

①の新大夫は、以後頻出する小池新大夫に連なる存在であろう。後に神楽男となる小池氏の具体的な姿を示す史料的初見である。かれと「小別当内者彦太郎」が「宮ノ金物数ケ度トリ、或ハ質ニヲキ、或ハ売タル」の嫌疑をうけ「当所ノ検断（横地）石見入道」に召し捕られ「検断所」に「禁籠」され「強（拷）問」（水責め・火責め）を受けたというのである。検断横地氏は、A「鶴岡社務記録」の建武三年（一三三六）八月二十日条に「横地養子小栗十郎」、同二十八日条に「悪党寄来宝蔵之処、横地已下出向而追帰了」、康永三年（一三四四）の「横地小房焼失」などとみえて以降、C「鶴岡事書日記」の応永六年（一三九九）の横地岩（石）見入道をへて、このD「香蔵院珎祐記録」の当該記事でも「社家ヨリ横地石見入道・箕勾《みのわ》対馬両使ニテ被仰旨」「自社務、横地石見入道・箕勾対馬以両使」などとみえ、社家＝若宮別当（社家様＝雪下殿）の奉公人であると同時に「当所ノ検断」であったのである。[6] かれに召し捕られた両人の解き放ちを訴えたのが、金子氏であった。これが、「社人」金子泰亮勝佳（「風土記稿」・「相州文書」他）に繋がる神事の際、角觝《かくてい》＝相撲職を掌った名字金子が確認される史料的初見である。この

金子は、文明十二年（一四八〇）二月十三日に八幡宮の時藤[7]から相撲右長職を補任された金子駒房と父子位の関係であろう（「金子文書」神六三六五）[8]。また年未詳九月十二日付彦部上野宛静勝軒（太田）道灌書状（「集古文書六十六」＝「黄梅院文書」神六三七六）で畑氏[9]の押領を排して相撲役を命じられた金子大郎三郎も、その近親者であろう。

②は、Cで史料的初見された酒《坂》間大夫の継続的活動を示すものである[10]。それは、長禄三年（一四五九）三月日付八幡宮寺修正会行事定文案写（「相州文書所収鎌倉郡鶴岡八幡宮文書」神六二六六）に「坊人二人、執行之坊一人、承仕等、酒《坂》間大夫有談合」とみえる通りである。八幡宮領諸郷から納付される正月（修正会）用下宮・若宮に供えられる大中小三色餅の統括責任者であったのである。多様な活動を示す一例である。

すなわち、Dから後に繋がる小池・金子両氏の存在が確認されたことは、先のA・Cで確認される小坂氏・石河氏・酒《坂》間大夫と相俟って一定程度の社人が鎌倉在住か別地移動かを問わず八幡宮との関係を持ち続けていたことを示そう。応永年代に社人として連署起請文を認めた集団としての一体感の存続であり、かつ自立性を前提とする一揆的側面と評価される。

注

（1）例えば、伊藤清郎「中世国家と八幡宮放生会」・「鎌倉幕府と鶴岡八幡宮」（『中世日本の国家と寺社』高志書院、二〇〇〇年。初出一九七七年・一九七三年）、湯山学「鶴岡の舞楽」（『南関東中世史論集四　鶴岡八幡宮の中世的世界――別当・新宮・舞楽・大工――』私家版、一九九五年）、荻美津夫「鎌倉幕府と雅楽――鶴岡八幡宮を中心に」（『古代中世音楽史の研究』初出一九七八年）、渡邊浩貴「中世都市鎌倉と地下楽家中原氏――中原有安・景安・光氏の系譜と活動を中心に――」（『神奈川県立博物館研究報告――人文科学――』四六号、二〇一九年）・「初期鎌倉幕府の音楽と京都社会――『楽人招請型』の音楽受容とその基盤――」（同四七号、二〇二〇年）・「鎌倉幕府の音楽と地下楽人――都市鎌倉の成長と『独自編成型』の音楽受容――」（同五〇号、二〇二三年）などに代表される。

（2）この「当社楽人」が八幡宮関係の伶人（後にみえる加茂氏などといえるかはなお検討を要しよう）なことは間違いないが、当時鎌倉公方足利基氏が武蔵入間川御陣に室町幕府楽所豊原成秋を招いてみずから師資相伝を受けたり、信秋を鎌倉に招いて秘曲の相伝をうけた代わりに「御恩二ケ所〈武州ニアリ〉」（「源威集」『新撰日本古典文庫　梅松論』現代思想社、一九七五年。その一ケ所は、応永十九年（一四一二）七月五日付埴谷備前入道宛上杉禅秀（氏憲）施行状写〈「鶴岡等覚相承両院蔵文書」室関一三二八〉の「武蔵国高麗郡広瀬郷（狭山市広瀬）内豊筑後守信秋寄進地」＝鎌倉の蓮華定院に寄進）を与えたりしているので、京都の伶人の活躍も同時的に存在していたといってよい（落合義明「陣と芸能――武蔵国入間河陣を中心として――」『中世東国の「都市的な場」と都市』山川出版社、二〇〇五年。初出一九九九年）。ただこれ以後、京都の伶人の東国下向とその活躍は確認されないので、八幡宮関係の伶人の活動に絞られたと思われる。この推移は、鎌倉府――八幡宮――社人の新たな展開と表裏の関係にあったと推察され、総じて東国における鎌倉府体制の展開と緊密に結び付いた現象であったと評価される。なお、室町将軍（尊氏・義満）と笙の関係については、豊永聡美「後光厳天皇と音楽」（『中世の天皇と音楽』吉川弘文館、二〇〇六年。初出一九九八年）、石原比伊呂「足利家における笙と笙始儀」（『日本歴史』七六六号、二〇一二年）などの研究がある。

（3）なお、参考史料であるが、「鎌倉公方九代記」（『国史叢書』国史研究会、一九一四年）の応永元年（一三九四）十二月二十一日付「若宮八幡御遷宮」の記事には「別当・社僧は、経の紐を解きて玉の砌に読み奉り、八人の八乙女は裳を開きて廊に舞ひ、五人の神楽男は鼓を合わせ拝殿に候す」とみえる。

（4）この石河氏は、「鶴岡社務記録」の康永二年（一三四三）四月二十四日条の「相模国石河公文兄弟、為三浦介（三浦高通）沙汰而召取之了」との関係も注目されるが、なお検討を要しよう。

（5）「香蔵院珎祐記録」については、拙稿「室町後期の鎌倉・鶴岡八幡宮をめぐって――『香象院珎祐記録』を題材――」（『続中世東国の支配構造』思文閣出版、一九九六年。初出一九九四年）でも不十分ながら検討した。特に後北条氏時代の後藤氏登場以前の室町期の都市鎌倉・鶴岡八幡宮の地方・検断沙汰を示す貴重な記事が多く、今後の検討が待たれる。

（6）これは、戦国期の「鎌倉検断万事取沙汰」役（「鶴岡御造営日記」『神道大系鶴岡』）後藤氏に繋がるものである。後藤氏については、拙稿「後北条氏被官後藤氏について」（『中世東国足利・北条氏の研究』岩田書院、二〇〇六年。初出一九七六年）で検討した。その後に確認された後藤氏関係史料には、「幼童抄紙背文書」（戦北四一四九・四一五二）がある。

（7）この時藤を『鎌倉市史』・『神奈川県史』は（大庭カ）とするが、この前後の大庭氏をみると、「快能　少別当大弐法眼　康暦二庚申四月九日卒」（「鶴岡八幡宮神主大伴系譜」『神道大系鶴岡』）、応永七年「小別当弘能法橋」（「鶴岡事書日記」）、天文九年「少別当良能」（「快元僧都記」）、永禄から天正頃の「小別当淳能」（「鶴岡御造営日記」）という具合にして、「俊能　文明年中」（「鶴岡八幡宮寺社務次第」『鶴岡叢書第四輯鶴岡八幡宮寺諸職次第』鶴岡八幡宮、一九九一年）といわれ、小別当大庭氏は～能を通字としたとみられるので、或は別人であろうか。その点、年未詳九月十二日付彦部上野宛静勝軒（太田）道灌書状（「集古文書六十六」「相模国鎌倉鶴岡八幡宮社司（社人金子氏ならん）蔵」→東京大学史料編纂所架蔵影写本「黄梅院文書」神六三七六）に「相役金子大郎三郎ニ可被仰付候」（『北区史資料編古代中世1』一九九五年）とみえるので、命令・文書下達系統でいえば、太田道灌→〔彦部上野→金子大郎三郎〕となる。この彦部上野は、箕勾・今福両氏と同じ別当奉公人であり（拙稿「鎌倉鶴岡八幡宮別当奉公人に関する一考察――特に今福・彦部・箕勾・横地・高水・河口・「アシヤ」・牧・佐野諸氏を通じて――」『鎌倉遺文研究』五三号、二〇二四年）、永正十七年八月二日付快元神輿覚書（「鶴岡八幡宮文書」神六五五三）にも「三社神輿道具事、如先年日記有之、今度宝珠形一添加之、小別当・彦部請取」などとみえる。とすれば、時藤についても、なお再考の余地があろうか。

（8）金子氏には、「相州文書」「風土記稿」段階に①寿永三年（一一八四）六月三日付源頼朝下文（「金子文書」。神は未載。鎌七二一五は「本文書は、検討の余地がある」とする。『こもんじょざんまい――鎌倉ゆかりの中世文書――』〈神奈川県立歴史博物館、二〇一三年は「近年では正文（しょうもん・正真の文書）とする説も出されている」とする〉）・②建長二年（一二五〇）七月二十五日付伊王国吉宛関東御教書写（「金子文書」神四一〇＝鎌七二一五はともに「本文書は、検討の余地がある」とする）・③嘉暦元年（一三二六）八月二十日付鶴岡八幡宮相撲奉行猿渡盛重子息盛信和与状写（「金子文書」神二五八三＝鎌二九五八六）・④嘉暦元年十月十二日付関東下知状（「金子文書」神二五九一＝鎌二九六三二）と本文で記した⑤文明十二年二月十三日付金子駒房宛鶴岡八幡宮寺某時藤補任状が伝えられていた（八幡義信「鶴岡八幡宮相撲職関連文書について――散逸した古文書の出現――」『神奈川県立博物館研究報告』五号、一九七二年。『神奈川県立博物館人文部門資料目録（4）中世古文書資料目録』一九八一年。『鎌倉ゆかりの芸能と儀礼』）。これらは、明治二十三年（一八九〇）の臨時全国宝物取調局鑑定状段階には「神奈川県下　金子亮郎所蔵」（亮郎は「風土記稿」・「相州文書」段階の金子泰亮勝佳‥真三郎の子息）であったが、その後に流出・流転し昭和四十六年（一九七一）五月には当時の神奈川県立博物館（現神奈川県立歴史博物館）の所蔵に帰していたのであった。その他では、本文・前注で記した「当相僕《（撲）》役金子大郎三郎ニ可被仰付候」とみえる⑥年未詳九月十二日付彦部上野宛静勝軒（太田）道灌書状が伝来していたが、「相州文書」以前に太田道灌関係ということで他に流出していたのであった。それを考えると、問題を含む文書を含むとはいえ、六通の中世文書を近代まで伝存せしめていたことになる。特に①②③④という鎌倉期の文書を伝えた社人は他に確認されず、それだけでも注目される。そこには名字金子は確認されないが、相撲職に絡む点では共通しており、伝来的には不自然ではない。なお、年未詳十月十三日付佐枝大炊助宛太田道灌書状（「黄梅院文書」神六三七七）の金子掃部助入道や年未詳十一月三日付金子左京亮宛簗田政助奉書写（「随得集」神六五三五）が確認されるが、これらは、鎌倉禅興寺領武蔵平沼郷（埼玉県吉川市）に係わるもので「山内上杉氏に属した金子氏」「武蔵金子氏」関係のものである（湯山「流浪した中世文書――武蔵国金子郷と金子氏――」『武蔵武士の研究　湯山学中世史論集3』岩田書院、二〇一〇年。初出一九八一年）。

（9）例えば、畑氏はこの他の中世史料にはまったくみえないが、『神奈川県郷土資料集成第十三輯神社明細帳（三浦郡）』神奈川県図書館協会、一九九八年）などに頻出し、八幡宮関係神社の社家として存在し続けたことが分かる。なお、白井『鎌倉風草集』にも関連記述がある（一一〇頁・一一三頁）。

（10）なお、「風土記稿」には「弘安四年の遷宮記録に、此名見えたり」とみえるが、確認しえなかった。「弘安四年の遷宮記録」とは、「弘安四年鶴岡八幡遷宮記」のことであろう。

第二章　戦国期の八乙女・神楽男・伶人たち

――「快元僧都記」を中心に――

それでは、戦国期段階の八乙女・神楽男・伶人たちの動向は如何であろうか。鎌倉の戦国期は、永正九年（一五一二）八月十三日の伊勢宗瑞（北条早雲）の侵攻に始まる。その時の様子は、次の①②の記事にみえる。

①天文期の「快元僧都記」に「早雲寺《ママ》鎌倉入時、被懸俵物事者、御敵之者計、皆以宮中ニ逃籠、然者、院家・社人之俵物相除而、敵下地之物者、可被懸公物儀也」とみえること。これは、鎌倉代官大道寺氏が扇谷上杉氏が鎌倉に出張した際に八幡宮に「俵物預置候分可被懸公料分」としたことに対して、先例としてあげて「今度者、公私共味方之衆、百姓モ御成敗之地之者、何事ニ可被懸哉由申了」「如此刷、如何之由世上之嘲笑耳、浅猿々々、是又造営ニ被入心与首尾不合耳、後代可有決判儀也」と高らかに語ったものである。敵三浦氏も「院家・社人」も含む人びとが俵物をもって八幡宮に逃籠んだというのである。八幡宮がアジールの役割を果たしていたのである。（1）ここでいう「院家・社人」は、当然神主・小別当を含むものであったに違いない。

②永禄十年（一五六七）十月十六日付釈迦如来像胎内札銘（「帰源院所蔵」神七五七二）に「伊勢宗瑞号早雲庵、乱入

当国（相模国）、万民離散、当寺僧衆亦然、大鐘・山門鐘、賊徒焼木仏鎔破、村裏只仏殿・総門存耳」とみえること。これは、「当寺」＝大慶寺（鎌倉市寺分）僧衆を含めた「万民離散」の様子を伝えるものである。多少誇張もあろうが、八幡宮関係者の「離散」もありえたということであろうか。

すなわち、①②とも同時代的史料ではないが、特に注目されるのは、①で後北条氏が「院家・社人之俵物」には公料を賦課せず敵の物に限ったということである。もちろん、課役を拒否する方便としての八幡宮の先例であることもありうるが、その「他寺・他山之事者、不知」ることを先例化させうる力量あっての主張であったことには違いない。後北条氏の慈悲というよりも、それをふまえた対応であったと解するべきである。①の鎌倉代官の課役を「公私共味方之衆、百姓モ御成敗之地之者、何事ニ可被懸哉」「如此刷、如何之由、世上之嘲笑耳、浅猿々々、是又造営ニ被入心与首尾不合耳、後代可有決判儀也」と物言いしえたのは、その延長上のことであったと認識される。

次の段階は、後北条氏による八幡宮再建工事時にみられる動向である。その際の様子を記したのが、供僧相承院快元の記録E「快元僧都記」とF「鶴岡御造営日記」である。その関連記事は、以下の通りである。

E「快元僧都記」には、天文二年（一五三三）閏五月十一日「伶人一貫文、神官方未被出一貫文」、同年閏五月十八日「仮殿・拝殿造畢」「神主・少別当・社人中・奉行衆悉挙盃」、天文四年六月十二日「経師加納」、同十月「早雲寺（ママ）鎌倉入時被懸俵物事者、御敵之者計、皆以宮中ニ逃籠、然者、院家・社人之俵物相除而、敵下地之物者、可被懸公物儀也」、天文五年八月二十八日の仮殿御遷宮の際に「御手箱神主万寿、御剣長寄、御経坂間父子、御剣神主山城守御袈裟小別当、御榊注連職掌（小池）新太夫、楽人《がくにん》五人、職掌十二人、巫女九人七人不足、御鉾小八本、町人大鉾三本、宮人・参詣之人衆、満鎌倉中、駕輿丁廿四人②」、天文九年十一月二十一・二十二両日の正殿御遷宮に因んで七日には「御装束料二千疋渡之、此内経供養導師布施五百疋、両御殿司《ごでんす》千疋、五百疋宛也、仍神官・社人其

外配当有之」され、同月二十日に「院家中十六口可致出仕分相議、巫女乙女十六人、神楽男等八人」が決められ、当日二十一日に「於下宮《しものみや》、神楽・相撲、神馬・太刀以下、従太守（氏康）進献」され、翌日には「上宮」で「転経・舞楽等有之」などとみえる。

これらの記事は、遷宮の際の神事主体である坂間父子、職掌（小池）新太夫、「楽人五人、職掌十二人（『風土記稿』は「父子出仕」人数と解す）、巫女九人七人不足」「巫女乙女十六人、神楽男等八人」の動向を人数などを含めて具体的に示すものである。特に「巫女乙女十六人、神楽男等八人」の記述は、注目される。先述の参考史料「鎌倉公方九代記」の「神楽男」の表記が、この供僧の記録でも確認されることになる。すでにそうした呼び名が成立していたのである。ここにみえる相撲も、D「香蔵院珎祐記録」に名字金子の史料的初見とされる相撲右長職金子氏主催のものと推察される。

F「鶴岡御造営日記」からは、天文九年十二月五日付北条氏綱判物写（戦北一七六）の「銀守番之事　一番（小池）新大夫　二番　坂間大夫　三番（石井）六郎五郎」と同日付北条氏綱判物写（戦北一七七）の「銀番衆可被改事　神主大郎　小別当　石河掃部助」と同日付北条氏綱判物写（戦北一七八）の「銀守漆番之事　一番　神主被官一人　二番　小別当被官一人　三番　賀（加）茂太夫　四番　行堂衆一人宛」などと記された人びとの存在が注目される。石河掃部助は、先のCの「公文石河法橋」「社家代官石河」を史料的初見にして後年の「社人」石川掃部信清（『風土記稿』）、石川掃部（『鶴岡八幡宮神主大伴系譜』）、諸社人石川以下（『鎌倉中御公料、御朱印地、御除地書上』『近世史料十二所編』二四頁）などに繋がる人物である。賀（加）茂太夫も、伶人加茂氏に繋がる人物にして、その史料的初見である（『風土記稿』。『鶴岡御造営日記』にみえる賀茂宮氏は後北条氏家臣で別氏）。「一番　新大夫　二番　坂間大夫　三番　六郎五郎」の六郎五郎も、後の「社人」石井庄司儀昭（『風土記稿』）・石井録郎五郎（社務人戸籍）に繋がる人物である。

これら「銀守番之事」は、遷宮の際に後北条氏によって出された「御社中法度之事」十一条の「一、銀之番、毎日旦暮可相改事」を具体化したものである。これは、「銀の懸魚（棟木、桁の先端を隠す装飾）が取り付けられたためとみられ、主要な箇所の釘隠なども銀細工であったらしい。極彩色が施されたこととともに、当時の人々の目を驚かせたことであろう」（『神奈川県史通史編1原始・古代・中世』一九八一年。佐脇栄智氏執筆分）とされる。盗難の標的となる金物の昼夜に及ぶ監視は、社人に頼る以外に術がなかったのである。

すなわち、E・Fという戦国期の八幡宮再建工事に関わる記録・史料から多くの社人たちが深く関与した様子が窺われ、具体的にもそこに新たに加茂氏の存在が確認され、[3] それ以前に確認された小池・石河・坂間大夫・金子・石井諸氏に続くことになる。さらに後述の山口・藤田の両氏の存在である。当然ながら神主・小別当と一体的な存在としての社人の主体的参加なくして八幡宮再建はありえなかったのである。その活動に対して、後北条氏が「関八州」太守として種々公料を配当したのは、当然であったのである。

ところで、後北条氏は八幡宮再建後に鎌倉で検地を行い、それをふまえて㈠天文十六年十月二日から二十日にかけて鎌倉寺院宛に一斉の安堵・寄進状を発給したのであった。

㈠には、①天文十六年十月十二日付神主大伴新太郎時孝宛北条家朱印状写（「鶴岡神主家伝文書」戦北三〇二＝神六八二九）、②同年十月十九日付承仕二人宛大道寺盛昌証文写（「相州文書所収鎌倉郡山口栄存所蔵文書」戦北三一九＝神六八四七。写真6）、③同日付社家菩提所日金（松源寺）宛大道寺盛昌証文（「鶴岡八幡宮文書」戦北三一八＝神六八四六）、④同日付鶴岡少別当宛大道寺盛昌書状写（「大庭文書」戦北三二〇＝神六八四五）が確認される。②は、「鶴岡御社人承仕二人免田弐貫文」（各一貫文）を安堵したものである。③も④も主旨は同じである。②の承仕二人とは、寛文六年（一六六六）の「下遷宮ノ事、六日ノ夜子ノ刻ニ両承仕能察（藤田）・教円（山口）貝ヲ吹」（土肥誠「鶴岡八幡宮寛文年中修復記」『鎌倉』四六号）、「風土記稿」段階の承仕二人山口栄存・藤田円順、文政八年（一八二五）の「鶴岡使人

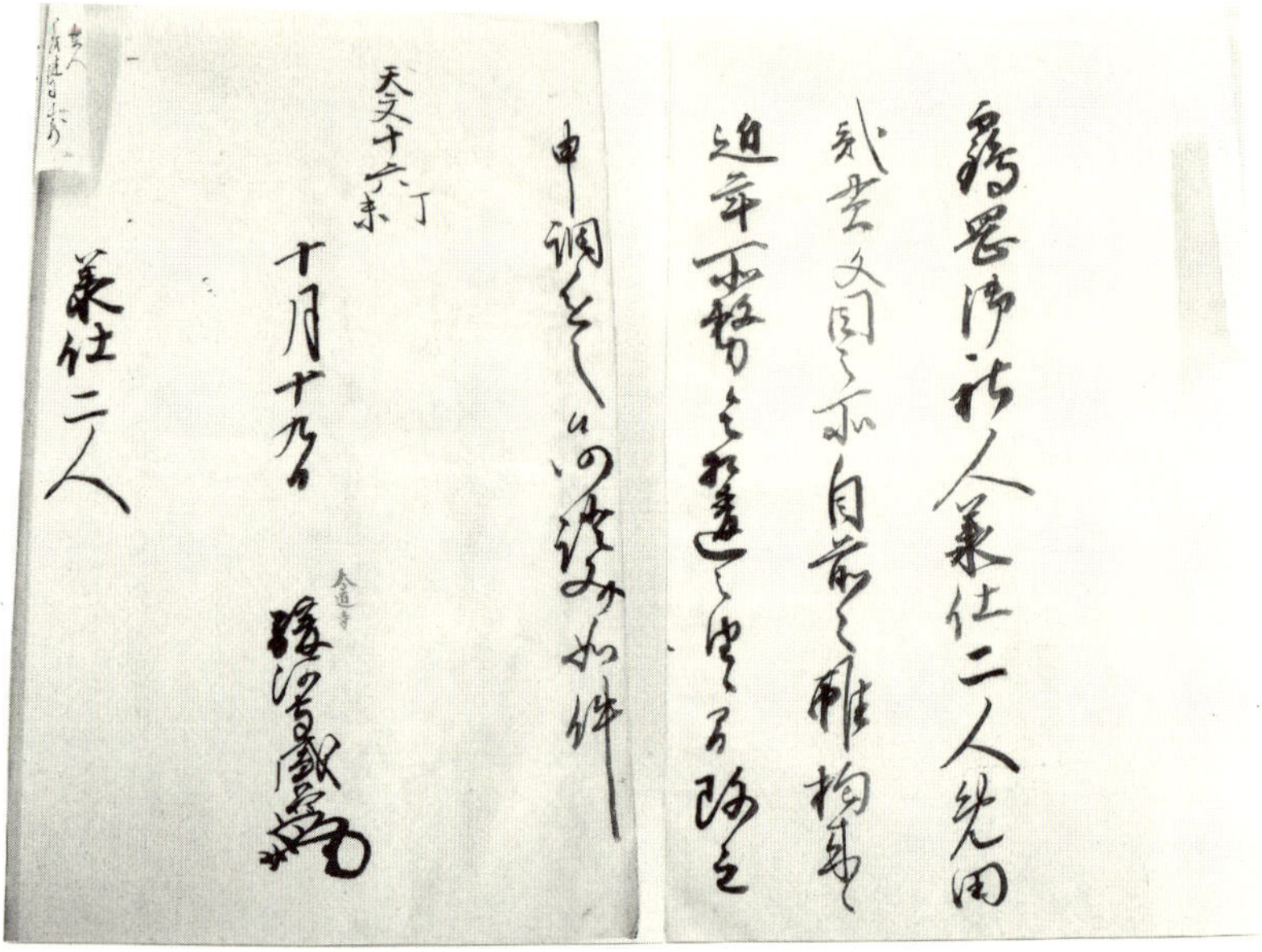

写真6　大道寺盛昌証文写（「山口文書」）

藤田円順」（「鹿山公私諸般留帳（四一）」『鎌倉』一一一号）、弘化三年（一八四六）の小袋坂猿田彦大神石碑銘の藤田円順（内田四方蔵「小袋切り通しとその付近」『郷土よこはま』五〇・五一合併号、一九六八年。三浦勝男『鎌倉の史跡』かまくら春秋社、一九八三年）[4]、宗門人別改帳の承仕山口米賢・藤田円順、社務人戸籍の御祈禱殿取次山口藤吉・藤田清記に繋がる人物である。②は、その一人「山口栄存蔵文書」として伝来したものである。この「自前々」が後北条氏以降なことが確実とすれば、それ以前の存在を示そう。F「鶴岡御造営日記」の天文年代末期の記事にみえる「承仕座不冷掃除役人　能善三貫也　良円三貫也」も「風土記稿」の神官山本若狭の項目に「先祖源左衛門時長は、承仕山口了円の弟なり文禄二年死す」とみえる良円＝山口了円とすれば、能善は藤田氏であろう。さらにD「香蔵院珎祐記録」の長禄四年（一四六〇）五月条の「能宣承仕也」と寛正二年（一四六一）四月条の「役人能全法師」は同人とみえるので、これも藤田氏であろう。C

「鶴岡事書日記」の応永七年（一四〇〇）八月条にみえる「当社承仕唯円法橋」は山口氏の可能性が考えられるが、確定しえない。A「鶴岡社務記録」の暦応四年（一三四一）・康永元年（一三四二）にみえる「承仕覚円法橋唯乗」は山口氏、「備前法橋重快」は藤田氏の可能性が考えられるが、これも同様である。とはいえ、承仕山口・藤田両氏の南北朝・室町期の存在は、ほぼ間違いなかろう。(5)

次いで、後北条氏は、㊁天文十八年九月に八幡宮院家中・鶴岡神主山城守時孝に「鶴岡御門前」の「不入」を「如先規」安堵している（「鶴岡八幡宮文書」戦北三五六＝神六八七四。「鶴岡八幡宮神主大伴系譜」『戦国遺文後北条氏編』は未載）。それ自体は院家中・神主の要求に応えて後北条氏が認めたものであるが、「鎌倉中家別」宛諸役賦課の現実に対する保全策であった（「鶴岡八幡宮文書」戦北三五九＝神六八八二）。㊁の院家中宛文書は『鶴岡御院家中七ケ院（「鶴岡八幡宮文書」戦北三七〇一＝神九六六〇）の「惣代官」（「快元僧都記」）に与えられた原本で、残りの六家には写本が与えられたものと思われる。その意味で、本文書は、本来的な「鶴岡八幡宮文書」ではなく原本を受領した供僧からの流入文書であろう。(6)また同時に神主宛にも出されているので、「鶴岡御院家・神主・小別当」（「鶴岡御院家中七ケ院幷神主・小別当以上九ケ所也」）と一括される小別当にも当然出されたとみられる。

そこでの問題は、「鶴岡御門前」もう一つの社人宛は如何かである。その点、伊勢宗瑞の鎌倉侵攻時に「院家・社人之俵物」と記される存在であったこと、後述の「小田原衆所領役帳」に社人の記載がみられること、近世に入っても「鎌倉中」とか「門前之者」とは峻別される存在であったことを考えると、個々で同様な権利が保証された可能性は高いと思われる。

さて、以上みてきた天文年代のE「快元僧都記」とF「鶴岡御造営日記」に続くのが、古河公方足利義氏による永禄元年（一五五八）四月十日の八幡宮社参拝の記録G「佐竹家旧記」（『北区史資料編古代中世2』一九九五年）とH「鎌倉公方御社参次第」（同前）である。

Ｇ「佐竹家旧記」には足利義氏の社参に因んで「神人御幣ヲ持参、先若宮殿へ御参、彼神人御前へ参候也」「八幡宮之石坂ノ下ニ、御子《巫女》廿人神楽有之、神主之仕立、中将冠錦襴之狩衣浅黄、其外ノ神人廿人仕立如常、其外之神人十余人、鳥甲ヲ着シテ八幡宮之後伺候」などとみえる。Ｈ「鎌倉公方御社参次第」には「公方様の御ねり（練）は赤はし（橋）の一鳥居より、御向に社人岩瀬御ゑい（緌＝冠の装飾具）を持、御迎ニ参候」「御神楽之間、御はきそひの衆ゑほし（烏帽子）上下にて左右二十人」「上宮之東御門わき（脇）ニ二門みす（御簾）の内に御みたひ（御台）様・上ろう（臈）衆、御神楽之間」「公方様ハろう（桜）門之わき（脇）に東御座敷之内ニ御神楽之間、畳二てう（畳）かさね（重）御座」「御神楽銭百貫、是ハ八乙女請取」「供銭六拾貫、岩瀬請取」などとみえる。[7]

このＧ・Ｈ前後からは、幾つかの注目すべき事柄が確認される。それは、以下の通りである。その第一は、源氏の氏神八幡宮の社参を通じて足利義氏公方就任を内外に伝えるというハレの舞台での「御子《巫女》廿人」らによる神楽催行である。義氏や御台様芳春院殿（足利晴氏室＝義氏母＝北条氏綱娘）などが観賞するハレの場であった。義氏＝後北条氏は、この「御子《巫女》廿人」に対して神楽銭として百貫文を配当している。その額は、神主＝神馬十二疋、小別当＝太刀十二振り、院家中＝百貫文の代物、「社人岩瀬」＝供銭六十貫文に比しても、決して低いものではなかった。これは、八乙女の神事における重要性を示すものと解される。

第二は、その八乙女の出自・名字が初めて確認されることである。というのは、これまで八乙女の出自・名字が史料的に確認されていないからである。その点を示すのが、当該段階の天文年代〜永禄年代の頃と思われる年未詳四月三日付「鎌倉」（後筆カ）神主（大伴時孝）宛横地吉信書状写（「相州文書」所載「大沢文書」戦北四二四三＝神九二一九五。写真7）である。[8] 本書状（添状）は、「風土記稿」に「大沢宮王　大沢左衛門尉信弘の裔にて祖宮王慶長九年死初当国六所宮に仕へしが、北条氏分国の頃当職に補す、其時横地監物より当社神主へ贈りし書翰を蔵す」と記された「書翰」である。内容は、「当国　六所宮之宮王」が「先代」神主大伴公時の時以来鎌倉で奉仕しているので鎌倉・八幡宮で然るべき地位を与えて欲しいというものである。相模六所宮（大磯町国府本郷六所神社）は、「相州一の大祭礼」（国府祭・端午祭）主催の総社である（湯山学「相模国の『舞々』」『相模国の中世史　増補版』岩田書院、二〇一三年。「小田原衆所領役帳」[9]に「相州六所領」がみえる。写真8）。その社人（神事舞太夫）であった宮王は、八幡宮の要請で随時神事を務めていたのである、その関係上に八幡宮への専属化を求めたのである。

　このような後の八乙女大沢宮王家に繋がる人物の登場は、鎌倉の八乙女の歴史上極めて重要な事実といわねばならない。「古より当職を勤めしが、元弘の乱を避藤沢諏訪社に退き、数代住居し、文禄元年旧職に復」したという八乙女大石若王家と相俟って、戦国期の「巫女乙女十六人」、「御子《巫女》廿人」とも記されるなかに、宮王（大沢）と若王（大石）が含まれていたことは、ほぼ確実である。もう一家守王（山崎）も、同様な可能性が高いが、現在室町・戦国期の関係史料からは確認されていない。

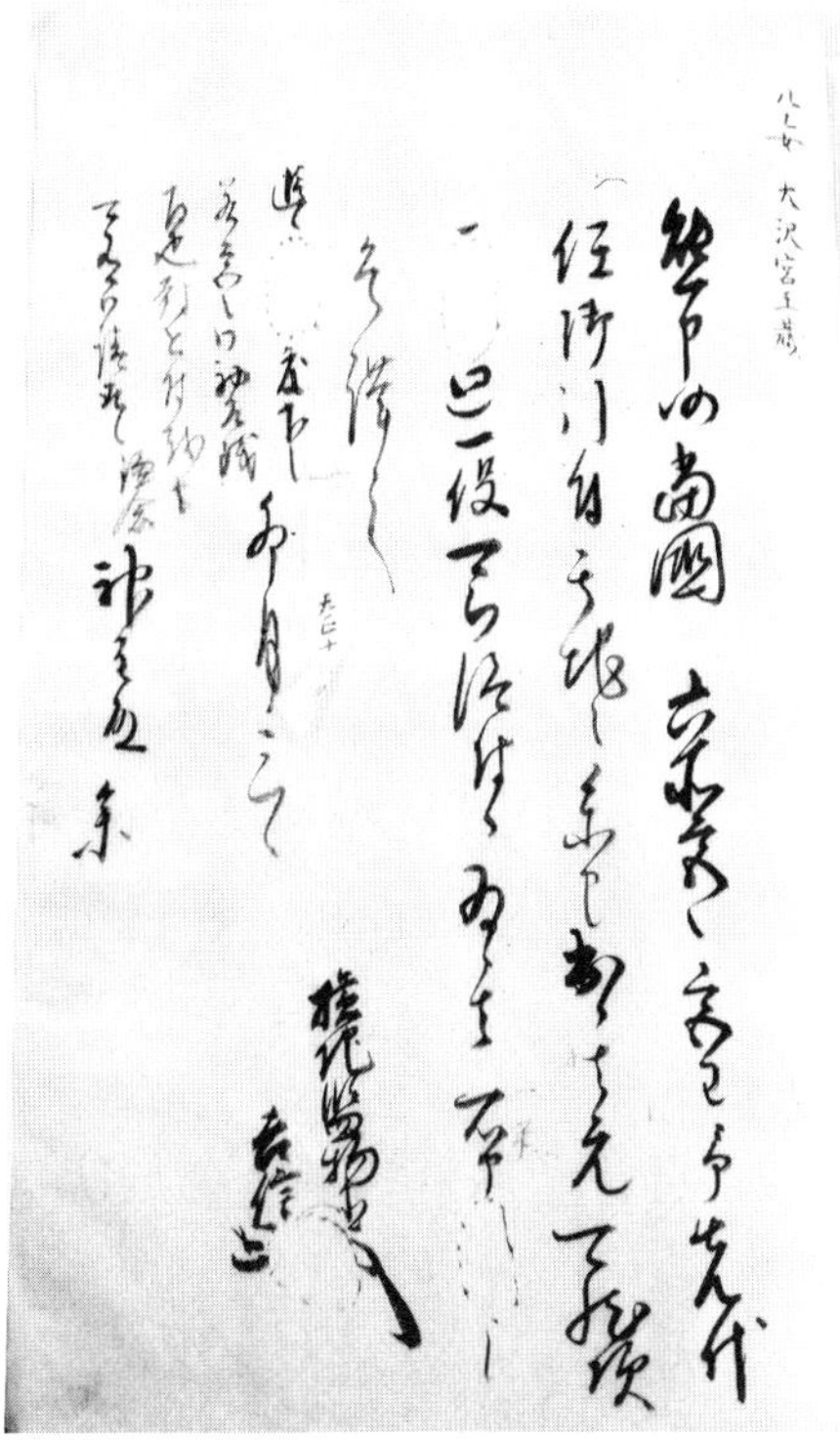
写真7　横地吉信書状写（「大沢文書」）

　第三は、H「鎌倉公方御社参次第」[10]にみえる「社人岩瀬」の存在である。岩瀬氏は、以後「社人」岩瀬一学尚継（「風土記稿」）に至るまで歴代通称主税《ちから》・一学を襲封する有力社人である。この結果、これまで確認されてきた小池・石川・坂間大夫・金子・石井・加茂・山口・藤田諸氏に続いて岩瀬氏も確認されたことになる。

写真8　国府祭座問答(『神奈川県文化財写真集成(1)』)

以上、戦国期における八幡宮の八乙女・神楽男・伶人を含めた社人の動向を周知な史料から概観した。その結果、社人でも小池・石川・坂間大夫・金子・石井・加茂・山口・藤田・岩瀬・大沢諸氏の活動が確認され、戦乱などで多少の移動があったにせよ、多くの社人が鎌倉にあって八幡宮の神事を奉仕し続けていたこと、後北条氏による八幡宮再建工事もかれらの全面的な支えなくしてありえなかったこと、などを見通した。そして、その活動は、南北朝・室町期段階の若宮別当支配(11)から戦国期の供僧中・神主・小別当による八幡宮支配体制への転換とも連動し、社人としての立ち位置を明確化するものであったのである。

注

(1)　この点は、藤木久志「城は民衆の避難所」(『新版　雑兵たちの戦場　中世の傭兵と奴隷狩り』朝日新聞社、二〇〇五年。初出一九九七年)に言及がある。

(2)　この「駕輿丁廿四人」も「神輿三基」(享禄五年六月一日条)との関連で注目される。以後みえないが、それ以前の鎌倉期の「弘安四年鶴岡八幡遷宮記」にも「駕輿丁廿四人　一基別八人　赤烏帽子　赤狩衣」とみえるので、「御輿三基」（「上宮三所御輿」）ということである。この鎌倉・八幡宮の駕輿丁については、なお検討すべき課題である。その点、藤木「中世鎌倉の祇園会と町衆――どっこい鎌倉は生きていた――」（『戦国の村を行く』朝日新聞出版、一九九七年。初出一九九三年）にも言及がある。

（3）ただこの加茂氏が「快元僧都記」段階の「伶人」、「楽人五人」に含まれることは間違いないにせよ、A「鶴岡社務記録」段階の「当社楽人」も同様かはなお確定し難い。「快元僧都記」以降では、先述のⅰ天正十九年七月二十八日付加茂四人宛家康家臣頓阿弥等四人連署知行注文、ⅲ文禄元年四月二十九日付賀（加）茂衆宛家康家臣頓阿弥等三人連署知行打渡状とみえて、加茂四人＝賀（加）茂衆が確認され、さらに寛永十七年の地方改帳＝天和三年九月二十日付八幡宮社人分名寄帳に加茂・辻・加茂・大石・加茂・加茂・多・池田の八名、貞享五年付八幡宮領永高書上覚（『市史近世史料一』一四八）に「一、惣高廿壱貫九拾三文　伶人八人役料」という具合に、伶人八人制が確認されるに至る。その構成は、加茂四家＋加茂出身池田家の五家と大石・多・辻の三家であり、事実上伶人加茂氏体制の確立であった。元和八年に加茂四家が日光山、東照宮の神前で神楽を催行したというのも、その現れであろう。その実態は、最終的に「風土記稿」や鶴岡八幡宮伶人先祖書（『市史近世史料一』一八七）に帰結したのであった。例えば、その間において鎌倉期以来と伝承される多氏などの特段の存在感はまったく窺われない。屋敷地も門前の東側に加茂・池田・大石・辻らとは一線を画する外れに所在するし、嘉永七年十月八日付加茂靭負宛秘伝伝授の誓文（『市史近世史料二』一八二）提出は、象徴的である。伶人間でも、種々諸段階での転変があったのではなかろうか。これは伶人だけの問題ではなく、社人全般にいえよう。なお、「多晃氏旧蔵楽人関係資料」（『県史資料所在目録』）に永禄七年鶴岡八幡宮御殿司御供次第（写本）がみえる。

（4）小袋坂に所在する石塔群（写真15）については、『鎌倉市文化財資料第8集　道ばたの信仰　鎌倉の庚申塔』（鎌倉市教育委員会、一九七三年）にも調査報告があるが、斎木明美さん自身の調査によると、翻刻上の間違いが確認され、参照に際しては注意を要する。ここでは、その点を鑑みて内田四方蔵「小袋切り通しとその付近」（『郷土よこはま』五〇・五一合併号、一九六八年）と三浦勝男『鎌倉の史跡』（かまくら春秋社、一九八三年）を主に利用させて頂いた。またその上で斎木さんの調査の成果を利用させていただいた。以下、同じ。その総合的な調査は、石塔群の摩滅も進んでおり、喫緊の課題である。

（5）なお、「風土記稿」は、「吾妻鏡」の寿永元年（一一八二）十二月七日条の「宮寺承仕法師栄光」を山口氏の祖と位置づけている。

（6）当時の供僧は、香象院・荘厳院・相承院・我覚院・等覚院・恵光院・海光院の七院である。このうち、「香象院文書」「荘厳院文書」「相承院文書」「我覚院文書」には、部分的にせよ伝来文書が存在する。その他は、火事などで失われたものと思われる。その点、当時の恵光院権大僧都尋尊の活躍は、随所に知られる（「鶴岡御造営日記」、「鶴岡八幡宮寺供僧次第」（『鶴岡叢書第四輯鶴岡八幡宮寺諸職次第』鶴岡八幡宮、一九九一年）。また恵光院の伝来文書の一部が「鶴岡八幡宮文書」として現存するのも、事実である（拙稿「鎌倉公方足利成氏祈禱御教書について――特に『荏柄天神社文書』・『相模文書』に注目して――」『鎌倉遺文研究』四一号、二〇一八年。「風土記稿」以前の移動か）。いずれにせよ、現在「鶴岡八幡宮文書」とされる雪下院家中宛文書は、その七院に伝来したものである。

（7）その他、足利義氏の社参関係史料には、八幡宮社参用途注文（「喜連川文書」『喜連川町史第五巻資料編5喜連川文書下』二〇〇七年。『神奈川県史資料編』は未載）もある。そこには、「一、神人共之中へ鳥目二千疋」などとみえる。なお、義氏の社参については、拙稿「古河公方足利義氏の鶴岡八幡宮参詣に関する覚書――特に江戸城代遠山氏と関宿簗田氏をめぐって――」（『青山史学』四二号、二〇二四年）でも検討した。

（8）この横地監物丞は、時代的にも「小田原衆所領役帳」の御馬廻衆横地監物丞と同人であろう。この横地氏と先述来の社家奉公人にして検断を務めた横地氏とが如何に結びつくかは不明であるが、第二次国府台合戦の際に活躍した玉縄北条氏家臣としてみえる「木村・堀内・佐板(枝)・横江(地)・間宮以下」（「北条記」『新編埼玉県史資料編8中世4記録2』一九八六年）も確認されるなど、鎌倉・八幡宮と関係を持ち続けた横地氏がいたことは間違いない（拙稿「鎌倉鶴岡八幡宮別当奉公人に関する一考察――特に今福・彦部・箕勾・横地・高水・河口・「アシヤ」・牧・佐野諸氏を通じて――」『鎌倉遺文研究』五三号、二〇二四年）。それに由来するこの度の添状としての「一筆」であろう。添状と同時に「度下之若宮之御初銭百疋」を寄進しているのもそれと無関係ではあるまい。なお、この前後の六所宮神主は、後北条氏家臣布施三河守某（「相州文書所収淘綾郡吉兵衛所蔵文書」戦北二五八＝神六七九一）であった。その関係の後押しもあったかと思われる。この布施三河守は、「快元僧都記」の天文九年四月二十九日条に「布施三河能致之」とみえて、能（猿楽能）を八幡宮で演じうる一廉の人物であった（伊藤一美「現代語訳『快元僧都記』（8）」『藤沢市文化財調査報告書第51集』藤沢市教育委員会、二〇一六年）。また同書の同年十月十三日条にも「六所大明神之棟札・走湯山之棟札」をもとに八幡宮再建の際の棟札が作られるなど、その関係の深さが窺われる。

（9）ここでは、佐脇栄智校注『小田原衆所領役帳　戦国遺文後北条氏編別巻』（東京堂出版、一九九八年）を利用した。ただ下山治久校注『藤沢市史料集（二十）北条氏所領役帳』（藤沢市文書館、一九九六年）も随時参照した。

（10）この岩瀬氏は、「風土記稿」がいう「元亀年間当職たりし玄蕃」のことであろうか。

（11）八幡宮の別当（雪下殿・社家様）支配の室町・戦国期の変遷については、拙稿「雪下殿に関する考察――小弓公方研究の視点を含めて――」（『古河公方足利氏の研究』校倉書房、一九八九年。初出一九八八年）などで不十分ながら述べた。供僧（院家）・神主・小別当による八幡宮支配が文書の発給・受給形式として現われたのが、受給では本文で述べたような鶴岡院家中・神主・小別当宛文書、発給では慶長四年（一五九九）四月の院家会所・神主・少別当による連署定書（「新編相模国風土記稿極楽寺長吏所蔵文書」）である。そうした関係は、すでに天文十三年六月十二日付社中法度（「鶴岡御造営日記」戦北二四七）の「一、院家中・神主・小別当、就御社中之儀被申事コレアラハ、其日ニ可遂披露事」に窺われよう。披露主体であったのである。と同時に永禄六年七月七日付遠山因幡入道・後藤右近将監宛北条氏康社中法度（「鶴岡御造営日記」戦北八一六）には「院家中・神主・少別当相談」とみえ、後北条氏から「相談」を受ける立場であったのである。

第三章　「小田原衆所領役帳」にみる社領と社人たち

それでは、戦国期における後北条氏と八幡宮は如何なる関係にあったのであろうか。その点を示すのが、永禄二年（一五五九）二月付「小田原衆所領役帳」（以下、「役帳」と略す）である。これは、役を通じた関係の一端を示すにすぎないが、貴重な情報が多く、検討する所以である。またその検討のうえで、戦国末期の八幡宮領の実態を示す天正十八年（一五九〇）七月十七日付八幡宮領注文案（「後藤俊太郎氏所蔵文書」以下、注文と略す）は、極めて有効と思われるので併せて掲示したい。(1)

まず「役帳」の八幡宮関係記事は、㈠〜㈤である（番号は佐藤による）。

㈠玉縄衆間宮豊前守…「三百貫文　久良岐郡杉田　此外五拾貫文　鶴岡へ参、七拾五貫九百文　同所壬寅増」↓⑤

㈡河越衆後藤備前守…「九拾五貫廿五文　鎌倉地方ニ而被下　鶴岡社役致ニ付而従前々無知行役」

㈢社領…「鶴岡領　百五拾五貫八百七十二文　鎌倉社地、五拾貫文　久良岐郡杉田之内、五拾貫文　鎌倉之内　以上二百五十五貫八百七十二文」↓②⑤

㊃寺領…「雪下御院家中　百拾七貫文　三浦太田和」↓④
㊄職人衆…「弐貫文　同所（鎌倉）内　経師」

次いで、注文は、以下の①〜⑬からなる（番号は佐藤による）。

鶴岡八幡領注文

①七百貫文　武州佐々目郷　但座不冷勤行領
②五十貫文　鎌倉之内　但御供領↓㊂
③百五十五貫八百廿一文　同所　但供僧幷社人中給分↓㊂鎌倉社地
④百十七貫文　三浦之内大田和郷　但廻御影勤行領↓㊃
⑤五十貫文　武州杉田郷之内　但放生会御神事領↓㊀㊂
⑥弐十貫文　武州関戸郷之内　但年頭護摩領
⑦弐十貫文　上州館林之内　但四節御祈念領
⑧拾九貫文　相州長沼郷之内　但毎月三ケ度小御供領
⑨弐十貫文　武州横沼郷之内　但釈迦免
⑩三貫文　相州屋（矢）部郷之内　但灯明領
⑪拾弐貫文　武州稲目郷之内　同灯明領
⑫三貫三百文　武州青木郷之内　但御供領之内

都合千百七十貫文百廿一文

此外

⑬三百駄　薪　鎌倉之内十二所村山

七月十七日

さて、「役帳」で注目されるのは、第一に㈠間宮豊前守…「三百貫文　久良岐郡杉田　此外五拾貫文　鶴岡へ参」と記された間宮氏、第二に㈡後藤備前守…「九拾五貫廿五文　鎌倉地方ニ而被下　鶴岡社役致ニ付而　従前々無知行役」と記された後藤氏、第三に㈤「職人衆」＝「一、弐貫文　同所（鎌倉）内　経師」と記された経師である。

第一の八幡宮と武蔵杉田（横浜市磯子区）との関係は、観応三年（一三五二）六月に足利尊氏から寄進されて以来のものである（「鶴岡八幡宮寺供僧次第」）。そこに間宮氏が領主として入部して以降、両者の関係が成立したのであった。[2] その「役帳」㈠の「久良岐郡杉田　此外五拾貫文　鶴岡へ参」が注文⑤の「五拾貫文　久良岐郡杉田之内」に対応するとすれば、その具体的な内容は、「放生会御神事領」であったことになる。八月十五日に催行される放生会は八幡宮の二大神事の一つであり、その放生される必須な供御物（鳥・魚類）の用意は、杉田の領主間宮氏によってなされたのであった。八幡宮側の担当者は、神主大伴氏であった。この間宮氏と大伴氏が十五世紀中頃以降から近世に至るまで婚姻などを通じて緊密な関係にあったのもゆえなしとしない（「鶴岡八幡宮神主大伴系譜」）。

第二の後藤氏と八幡宮の関わりの理解には、㈡の「鎌倉地方」の理解が重要であろう。従来「町方に対する称、都市に対する農村のこと、鎌倉の町方でないことを明記したのである」（杉山博校訂『小田原衆所領役帳』近藤出版社、一九六九年）とか「鎌倉地域内における田畑・屋敷など土地の意とみられる」（佐脇）と解釈されてきたものである。ただ「役帳」に「地方」の他例がないこと、「鎌倉」自体「鎌倉内康国分」「鎌倉紺屋分」「鎌倉内　綱広鍛冶」「鎌倉内　結桶師」「同所内　笠木師」「同所内　経師」などとみえることなど、この「地方」に特別な意味の含意が想定されてよかろう。

そもそも、鎌倉関係での「地方」の史料的初見は、南北朝期の「地方開講（闔）」（「黄梅院文書」神四九四七＝南関三九〇一。開闔《かいこう》は「記録所・和歌所・御書所等に置かれた職名。次官の類」『大漢和辞典』）である。これが鎌倉期の「地奉行」に繋がることは間違いなく、それをふまえた網野善彦の「京都・鎌倉をはじめとする都市的な場が、制度的に田畠と区別されて『地』とよばれた」（「鎌倉の『地』と地奉行について」『網野善彦著作集第十三巻中世都市論』岩波書店、二〇〇七年。初出一九七六年）との理解は、示唆的である。

そこで、その都市的な場からの知行の中身が問われるが、それは、当の後藤氏が「役帳」当時「鎌倉検断万事取沙汰」＝「（鎌倉）小代官」（「相州文書所収鎌倉郡浄智寺文書」戦北三七六＝神六八九四。「建長寺文書」戦北三二三五＝神九三二八）であったことと無関係でなかったと思われる（拙稿「後北条氏被官後藤氏について」『中世東国足利・北条氏の研究』岩田書院、二〇〇六年。初出一九七六年）。その「鶴岡社役」の奉仕にともない「前々」より無役であったというから、小代官としての職務に「社役」が含まれていたのであろう。それこそ、永禄六年七月七日付遠山因幡入道・後藤右近将監宛北条氏康社中法度（「鶴岡御造営日記」戦北八一六）に記された「毎月十五日・晦日御掃除可致之、此人足卅人鎌倉谷七郷積而可申付事」などの八幡宮とその境内の荘厳・環境・整備であったとみられるのである。[3]

もちろん、こうした後北条氏・小代官後藤氏による八幡宮対策がその強力のみでなされた訳ではなかったことは、社中法度の執行に際して「院家中・神主・少別当相談、於何事モ無沙汰可被走廻者也」とあるように、当時の八幡宮の支配体制＝院家（供僧）中・神主・小別当との「相談」をふまえてなされたことからも窺われる。

第三の経師は、「快元僧都記」の天文四年（一五三五）六月十二日条の「経師加納久相煩、存命不定之間、為祈禱利益、各千反尊勝陀羅尼三ヶ日（中略）唱満畢」を史料的初見とし、次いで天文五年十月条に「塗師・経師・白壁師等召上、扉可被修理旨下知畢」[4]、近世の貞享五年（一六八八）九月の八幡宮領永高書覚で「一、高壱貫百

九拾八文　経師役料」、「風土記稿」に「経師神納伊織知寧」などとみえる加（神）納氏のことである。安政五年（一八五八）三月付宗門人別改帳にも、「御経師　加納数馬」とみえる。加納家には今に鎌倉代官大道寺政繁文書三通（「加納文書」戦北三三五六＝神九三八一、戦北三三五七＝神九三八二、戦北三九二八＝神八三七七）を伝えるが、その二通にも「経師加納越後入道」とみえる(5)。

その経師加納氏が社人中唯一「役帳」に記されたのであった。この理由について、『小田原衆所領役帳　戦国遺文後北条氏編別巻』は、「もと鶴岡八幡宮所属の経師加納（神尾）徳印で、このころは北条氏の被官となっていたとみられる」と、被官説を唱えられたのであった。その後の「加納越後守」（『戦国人名辞典』吉川弘文館、二〇〇〇年。鳥居和郎氏執筆分）も同様である。

ただこれには、若干の説明が必要と思われる。というのは、「鶴岡　八幡宮経師免弐貫文」（「経師役」）を安堵する天正十六年（一五八八）八月十日付大道寺政繁証文は、「宗真御指置之分」＝大道寺盛昌（宗真）証文（天文十六年十月に鎌倉寺社宛証文）をふまえて出されたものであって、その盛昌証文には、先述の通り現在八幡宮関係でも大伴神主・社家御菩提所日金（松源寺）・承仕二人宛が確認され、その承仕二人（山口・藤田）宛にも「鶴岡御社人承仕二人免田弐貫文」とみえ、この経師加納宛の「鶴岡　八幡宮経師免弐貫文」も同様なものであったと推察されるからである。これらは、社人全体に出された一部ではなかろうか。またその社人領は、㈡天文十八年九月の「鶴岡御門前、如先規不入」に含まれていたのではなかろうか。それが「役帳」に経師加納氏のみ記載されたことが問題なのである。「役帳」に一緒に記された「鎌倉内　結桶師」「同所内　笠木師」は社人ではなく、その三者関係も不明である。

当時の加納氏の地位の高さは、社人中唯一の受領名の名乗りであったこと、先の「快元僧都記」にみえるように格別な病気平癒が祈られる対象であったこと、また同じ社人間でも承仕二人は各々一貫文、また社家御菩提所日金山松源寺も一貫文であったのに比して二貫文であったこと、などにも窺われる。それは、経師加納氏の経典管理・修繕のみならず堂舎装飾などの卓越した専門職能と無関係ではあるまい(6)。大道寺氏から「細工少用所候間、十日計之□(抑カ)留にて可被來候、此文参着候者、翌日ニ其方を被立尤候」と依頼されたのも、その証左であろう。

もちろん、経師加納氏も社人である以上、その「御仕役」が存在したはずである。それは、そく戦国期に遡及しうるものではないが、近世の「風土記稿」・経師加納家先祖書・勤方・役料書上(『市史近世史料一』一七九)では四月・八月の神幸供奉、七月(往古は三月)の一切経継立、八月の新古大般若経五部・大乗経等の継立などであったと思われる。その他、「鶴岡八幡宮並若宮神事行列之次第」(「風土記稿別巻」)にも「御経師」とみえる。こうした公役に対する役料が壱貫百九十八文であったのである。それは、先の「役帳」㊂「鎌倉社地」=注文③「供僧并社人中給分」に淵源を持つものであったに違いない。

とすれば、八幡宮領=③の「社人中給分」=㊂「鎌倉社地」分=「弐貫文　同所内　経師」という関係が想定され、後北条氏の被官分二貫文ではなかったという理解も十分成り立とう。「もと」「このころ」という曖昧な関係ではなく一貫して社人として存在したのである。それは、承仕も社家御菩提所松源寺も同様であったことを物語ろう。それにしても、「役帳」に記された理由が別途検討の必要なことはいうまでもない。

以上、「役帳」にみられる間宮氏と神主大伴氏との放生会を通じた関係、八幡宮と小代官後藤氏との「社務」を通じた関係、社人経師加納氏と後北条氏との関係などをその背景をふまえながら検討してきた。総じて八幡宮全体の安定的な活動が後北条氏によって保証されたにせよ、後北条氏の個々への安堵も八幡宮からの給分の安堵であり、さらにその不入権を認めるものであったこと、後北条氏の権力行使も八幡宮の支配体制との「相談」をふまえてなされたこと、総じて八幡宮の宗教権門としての自立性に規定されたものであったこと、などを見通した。

注

（1）本注文は、『鎌倉市史社寺編〈鶴岡八幡宮〉』（吉川弘文館、一九七二年）、『川崎市史資料編1考古文献美術工芸』（一九八八年）、『新横須賀市史資料編古代・中世Ⅱ』（二〇〇七年。二七五六）に掲載済み。また近年中村陽平「御朱印地配分からみる近世鎌倉寺社領の成立と構造」（中野達哉編『鎌倉寺社の近世――転換する中世的権威――』（岩田書院、二〇一七年）などでも注目されているが、本格的検討はなお今後の課題である。

（2）この前後については、拙稿「後北条氏家臣間宮氏研究序説――特に『間宮康俊』に注目して――」（『千葉大学人文研究』五一号、二〇二二年）で検討した。

（3）後藤家に注文の写が伝来したのも、それと無関係ではなかろう。これは、豊臣秀吉に提出した注文（原本）の控え（案文）であったとみられる。後藤氏が注文作成の責任者であったと推察される。

（4）この一文は、『戦国遺文後北条氏編補遺編』（内閣文庫「天文記（快元僧都記）」本によった。『神道大系鶴岡』（国学院大学黒川家旧蔵本）には「塗師・絵師・白壁師等召上、扉可被修理旨下知畢」とみえるが、近世の経師勤方書上（『市史近世史料一』一七五）に「八幡宮御内陣きんらん（金襴）はりつけ（貼付）の事」とあり、経師の仕事であった可能性が大である。

（5）なお、加納家には近世の社人地経営の実態を示す史料が残されており、その分析が『市史近世通史編』（浅倉有子氏執筆分）によってなされている。

（6）例えば、著名な「東北院歌合」での判者は、経師であった。ちなみに「鶴岡放生会職人歌合」での判者は、「八幡宮神主」（大伴氏）であった（石田尚豊「鶴岡放生会職人歌合について」『神道大系鶴岡月報8』）。その地位を顕示しよう。

第三部　近世における社人の活動

第一章　江戸幕府の成立と社人たち

——法度の世界へ——

第二部で南北朝・室町・戦国各期における社人たちの軌跡をみてきたが、第三部では、近世段階の社人たちを取り囲む環境について江戸幕府と八幡宮との関係をふまえてみてみたい。

鎌倉の近世到来を刻した徳川家康の入部は、具体的には先述のｉ天正十九年七月一十八日付知行注文、ⅱ文禄元年三月十七日付知行打渡状、ⅲ文禄元年四月二十九日付連署知行打渡状の発給をもたらしたのであった。そのうえで、秀忠は、寛永元年（一六二四）十一月十五日に八幡宮の正遷宮を行ない、それをふまえて寛永五年八月一日付法度（「定」）が老中奉書として発布されたのであった（『市史近世史料二』一九八）。江戸幕府による初めての法度発布である。

その内容は、十一条目からなるが、特に第一条に「一、神事・法事無懈怠可勤仕、并供僧・社人、社頭之諸役等不可有怠慢、若於猥之輩者、可被改□（替）其職事」、第三条に「一、御供方、如前々、小別当可為奉行事」、第四条に「一、掃除事、社中者、小別当并神主・石川如先規可申付之事、上宮者、雪下門前之者・諸社人可致之、廻

廊・拝殿四方之縁者、当番之社人可勤之事、下宮者、鎌倉中如前々、一月両度棟別可致掃除事」、第七条に「一、宮中三方堀・雪下中殺生禁断事」、第十条に「一、公儀御法度有違背之輩、供僧・社人遂穿鑿可申上事」などが注目される。神の宿る領域としての八幡宮とその守護を役とする供僧・神主・小別当・社人石川以下・「鎌倉中」・「雪下門前之者」・「棟別」（家別）の役割分担が法的に明確化されたのである。八幡宮の「殺生禁断」地化と荘厳化のためであった。

もちろん、この法度は、鎌倉幕府の建長年代（曽存）、文永六年（一二六九）三月五日付鶴岳社司等申条々（「偽文書」）、嘉元元年（一三〇三）九月五日付禁制（曽存）、正和二年（一三一三）五月八日付禁制（神一八六七＝鎌二四八六七）、元徳二年（一三三〇）九月十三日付禁制（神二九一〇＝鎌三一二〇六）の五回、鎌倉府の貞治元年（一三六二）十二月二十七日付禁制（神四四三一＝南関三〇五四）、至徳三年（一三八六）十一月十三日付禁制（神五〇一六＝南関四三三二）、永享四年（一四三二）十一月十五日付禁制（神五八八〇）の三回、後北条氏の天文九年（一五四〇）十一月二十一日付法度（「鶴岡御造営日記」戦北一七五＝神六七四〇）・天文十三年六月十二日付法度（「鶴岡御造営日記」戦北二四七＝神六七八八）・永禄六年（一五六三）七月七日付掟（「鶴岡御造営日記」戦北八一六）などをふまえたものであった。

そのなかでも、直接的な前提となったのは、後北条氏段階に出された法度であった。特に天文九年の法度は、それまでの鎌倉幕府・鎌倉府段階の法度を形式も内容も踏襲せず、独自の形式と内容を示すものであった。それを天文十三年→永禄六年と深化せしめたのであった。

そこには、種々条目があるものの、注目すべきは、掃除一つでも、その対策強化が窺われることである。天文九年は「一、社人中当番四方縁毎日可掃事」「一、廻廊内弊（幣）殿・拝殿無塵様可為掃除事」、天文十三年は「一、池之掃除ハ二月・八月、年中両度為大普請、鎌倉中人足不撰権門、棟別ニ申付、草ノ根ヲトリ、速可致之事」「一、サウチ（掃除）スヘキ在所請取之、小奉行幷人足出所一度打渡候所ヲ末代共ニ請取ニ可致之事」「一、作道（置石）左右共ニサウチ（掃除）スヘキ事」、永禄六年は「一、毎月十五日・晦日御掃除可致之、此人足卅人鎌倉谷七郷積而可申付事」とみえて、掃除が八幡宮・その境内の荘厳化のために極めて重要な要素となっていたのである。それをふまえて寛永五年の法度第四条の「一、掃除事、社中者、小別当并神主・石川如先規可申付之事、上宮者、雪下門前之者・諸社人可致之、廻廊・拝殿四方之縁者、当番之社人可勤之事、下宮者、鎌倉中如前々、一月両度棟別可致掃除事」が生まれたのであった。「鎌倉中」を含めた掃除の担い手が明確化し、以後のあり方を規定したのであった。

その意味で、掃除一つをみても、この法度が以後幕府の八幡宮に対する基本法典となったことは間違いない。以後近世末期まで「楼門壁書」（木札）として楼門に掲げられた所以である。それは、宝暦十二年（一七六二）の三浦迂斎「東海済勝記」（『市史紀行地誌』）に「楼門に制札ハ寛永五年八月朔日、佐倉侍従・前橋侍従と記せり」、天明八年（一七八八）の「建長寺常住日記」（『鎌倉志料第九巻』一〇六頁）の「鶴岡廊（楼）門之上ニ掛り候　御壁書」、文政八年（一八二五）以前の加藤曳尾庵「我衣」（『日本庶民生活史料集成第十五巻都市風俗』三一書房、一九七一年）に「楼門の上に鶴ケ岡の掟書あり」などとある通りである。

ただこれらが幕府からの一方的な命令でなかったことは、既往の法度をふまえていることからも明白である。いやそれ以上に八幡宮からの相前後した様々な主体的な対応をふまえてなされたものであった。例えば、慶長四年（一五九九）四月二十七日付院家会所・神主・少別当連署定書（「新編相模国風土記稿極楽寺長吏所蔵文書」）は、戦国期に確立した院家中・神主・小別当による八幡宮支配体制が喫緊の内在的課題に応えて出された定書であった。極楽寺長吏と八幡宮間の役負担をめぐる問題発生のなかでの所産であった。

その内容は、八幡宮が極楽寺長吏に「鶴岡丹裘《たんきゅう》役事、石階掃除一月三度可致之事、社中不浄并人・鳥獣以下死候物ハ、取捨・掃除可致之事、雪下宿中江非人不可入事、赤橋面不下馬可致政道事、御幸之時、麁薦敷并可取

置事、右従前々如此仕置ニ候」と、「鶴岡丹裹役」に集約される境内掃除、不浄物処理などの前々の如き勤仕を命じたものである。(1)

この定書が先の寛永五年の法度の第四条「一、掃除事、社中者、小別当并神主・石川如先規可申付之事、上宮者、雪下門前之者・諸社人可致之、廻廊・拝殿四方之縁者、当番之社人可勤之事」と深く関わっていたことは間違いなく、それ以外の条々でも同様であったと推察される。例えば、社人関係では、第一条に「一、神事・法事無懈怠可勤仕、并供僧・社人、社頭之諸役等不可有怠慢、若於猥之輩者、可被改□（替）其職事」、第七条に「一、供僧・社人、如先規可正礼儀、有違犯之輩者、可追放事」、第九条に「一、自然供僧・社人、門前中に火事於有之者、其近隣者防私宅之難、其外者、可除宮中災事」などとみえる。神事と礼儀に背けば、職改替・追放という強権発動という言辞のなかに、八幡宮における社人の立ち位置をめぐる緊張関係が看取されてよい。

もちろん、そうした寛永年代には、八幡宮に対して寛永十三年十一月九日付徳川家光寄進状が天正十九年十一月日付徳川家康寄進状・元和三年（一六一七）二月二十八日付徳川秀忠寄進状をふまえて出され、以後の定点的位置を占めたことは、これを踏襲した寛文五年（一六六五）七月十一日付徳川家綱寄進状（「諸社領御朱印留一」『寛文朱印留』国立史料館、一九八〇年）以降の文言の形式化にも窺われる。また寛永十七年には、以後八幡宮領の土地台帳となる八幡宮領社人分名寄帳が作成されたのであった。

以上、寛永年代は江戸幕府と八幡宮とが文書・法度をもって関係を確認しあう集大成の時期であったこと、それは先例である前代の諸法度と同時に八幡宮の主体的対応をふまえたものであったこと、などを見通した。

注

（1）この前後については、石井進「都市鎌倉における『地獄』の風景」（『石井進著作集第九巻 中世都市を語る』

岩波書店、二〇〇五年。初出一九八一年）・「中世都市鎌倉の構造」（『東日本部落解放研究所紀要　解放研究』一〇号、一九九六年）と藤野豊編集代表『神奈川の部落史』（不二出版、二〇〇七年）に言及がある。

第二章　寛永十七年付八幡宮領社人分名寄帳の世界
——社人四十七名の実態——

第一章でみた寛永五年（一六二八）八月一日付法度、寛永十三年十一月九日付徳川家光寄進状を前提に八幡宮と社人の関係を内在的に明確化したのが、寛永十七年付鶴岡八幡宮領社人分名寄帳である。法度のいう「神事・法事無懈怠」「勤仕」のための役料確定である。

そこには、「社人」として左門分、酒（坂）間分以下、伶人分、神楽（神楽男）（小池）新太夫分、（鈴木）左近分、（柳田）左京助分、（坂井）清左衛門分、（小池）兵三郎分、（坂井）宮内分、（小坂）寸《（ママ）》左衛門分、八乙女として（大石）若王分、（守王・小坂＝山崎）森王分、（小池）米王分、（小坂）松童森王分、（大沢）宮王分、（富田）王部分、（小島）杉王分、（黒川）松王分など、最後に「カワタ（皮多）分」、都合「已上諸社人」四十七名分が記載されている。

この四十七名という人数が室町期の「神主以下ノ社官等」「悉五十余人」と大差ないことは、中世から近世への移行過程において組織体として大幅な変化がなかったことを示唆しよう。それが，「鎌倉名所記」の「神主・小別当幷社家四十余人役人多し」、「風土記稿」の「四十戸ハ鶴岡社人ヲ勤ム」、明治四年（一八七一）九月の鶴岡

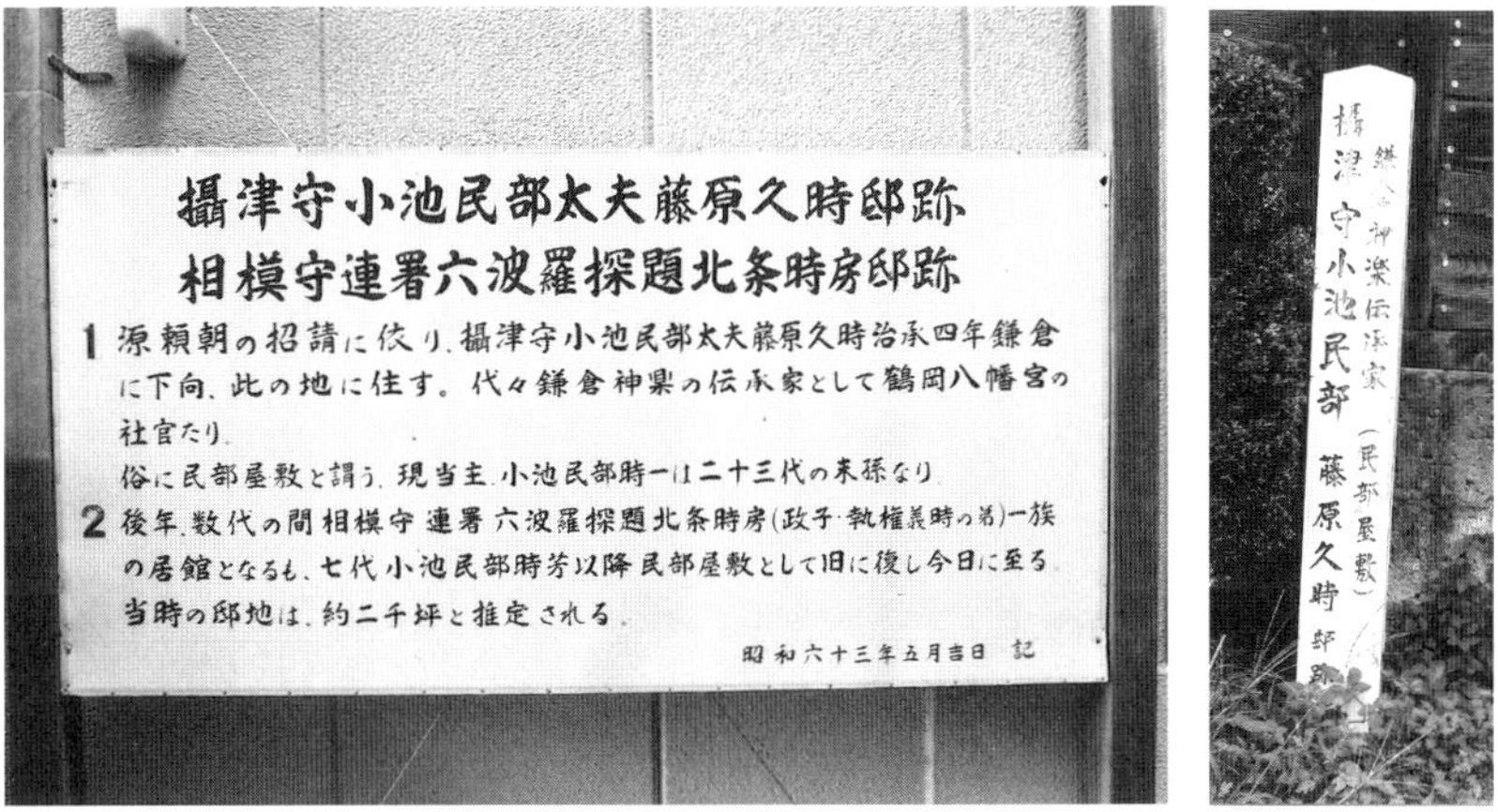

写真9　神楽男小池民部屋敷跡

八幡宮境内取調書（『神奈川県史資料編8近世（5下）』三五二）の「社人四拾六戸」に繋がったのである。なお、「カワタ分」に関しては宗門人別改帳や鶴岡八幡宮境内取調書には、その関連記事がみられないが、「風土記稿」には極楽寺村長吏として立項されている。

その役料地は、一筆毎に永高・所在地・名請人が記されている。そこに如何なる性格や特徴が窺われるのか、（富田）王部分からみたい。それは、唐門の畑七十文・大蔵の畑二百文・大御堂の畑三百四十二文を手作し、それ以外の宝戒寺の畑三百二十文を雪下の九郎左衛門に、釈迦堂の畑五百三十六文を浄妙寺の孫右衛門に、釈迦堂の畑二百八十文を浄妙寺の藤右衛門に、水本の畑二百八十文を浄妙寺の孫右衛門に、それぞれ耕作させている。手作地の多いことが注目される[1]。その最初に記される唐門に絡んでは、他の神楽男（小池民部）兵三郎分にも手作分として唐門口畑三十二文が確認される（写真9）。これは同じ唐門を指すと思われ、具体的には東門（唐門）を指そう。八乙女の富田も神楽男の小池も、八幡宮の東門（唐門）周辺に手作地を有していたことになる。

問題は、その名寄帳が中世以来の如何なる関係を前提に成立したものかである。例えば、先のiiは「在々ニ踞八乙女・職掌、鎌倉へ引移ニ付而、改而被下渡方」を記したものであるが、山崎森王・大沢宮王には「壱貫六百文　屋敷給共ニ　此内　四百四十文　雪下屋敷ニ渡」と、大石若王には「壱貫六百八文　屋敷給共ニ　四百四十文　雪下屋敷ニ渡」とみえ、ともに「雪下屋敷」の存在が確認される。同時的に存在した八乙女家にしても後に補された八乙女家にしても、原則「壱貫六百文　屋敷給共ニ　此内　四百四十文　雪下屋敷」であった推察される。それは、寛永十七年付地方改帳に「社人御免屋敷」として王夫（部）・宮王・森王・若王が「四百四十文」とみえる通りである。神楽男とみられる六名も、同額である。両者が他の社人と異なり同額であったのは、両者一体的な存在であった所以であろう。「雪下屋敷」の存在形態も、同様であったと推察される。

それは、慶長中の新補という八乙女富田家の史料的初見でもある「万治〜寛文（一六六〇）前後」とされる金沢之絵図」に板元「鎌倉雪下宮ノ前富田屋庄兵衛」（『金沢八景　歴史・景観・美術』神奈川県立金沢文庫、一九九三年）とみえること。次いで、延宝六年（一六七八）の絵図に「新板開之　鎌倉小坂郷雪下住　松［尾□］」とみえる「松［尾□］」も、八乙女山崎守（森）王家（松尾滝右衛門）であること。「元禄ごろのものと思われる『江之島絵図』の板元『鎌倉雪下宮ノ前　松尾七左衛門』」（『鎌倉の古版絵図』二九頁）も、後述の通り同族であること。などからすれば、山崎森王・大沢宮王・大石若王らの「雪下屋敷」も、「雪下宮ノ前」にあったと想定されてよい。寛永の法度にも「上宮者、雪下門前之者・諸社人可致之」とみえ、「雪下」の諸社人の屋敷であったのである。

このような「雪下」における諸社人の屋敷の存在は、時間的変化も考慮しなければならないが、後述のように近世中頃〜明治初期の八乙女家・神楽男家の屋敷が八幡宮の「宮ノ前」にして置石（作道＝段葛）を挟んだ東西に存在したことの原点をなすものであったと認識される。特に八乙女の富田・大沢・山崎・大石の四家は西側に存在し、小坂・黒川・小池・小島の四家が東側に屋敷を構えるという具合である。東側には、承仕山口以下、伶人加茂三家、神官富田、伶人池田・大石、神官内田・細野、八乙女小坂、伶人辻・多、神官吉田家などが屋敷を構えていたと推察される。かれらが、地方改帳の「社人御免屋敷」の神楽男六名に続く「六百文　重左衛門」他七名であったと推察される。[十]

それに対して、名寄帳の「社人御免屋敷」の冒頭に記された石川以下八名をみると、石川は「社人」、七郎右衛門は不明、四郎左衛門は不明、甚右衛門は不明、坂間は「社人」、加茂屋敷長右衛門は伶人の一家、大工屋敷李左衛門は大工棟梁岡崎源内の祖、藤田宗円は承仕、五左衛門は不明であるが、その後の史料的表現から石川、坂間を始め、小別当大庭、神主大伴、梶田、石井、金子、岩瀬、岡崎などは雪ノ下とはいえ、「宮ノ前」ではなく八幡宮西門(裏門)・小袋坂・馬場町・岩谷堂周辺に在所を構えた社人たちであったと推察される。

すなわち、「雪下」における諸社人の屋敷は、A八幡宮の宮の前の西側、B八幡宮の宮の前の東側、C八幡宮西門(裏門)・小袋坂・馬場町・岩谷堂周辺という三つの地域に大別されて存在したのであった。A・Bが「宮ノ前」で置石を挟んで対峙する社人たちの世界、Cが供僧坊・神主大伴氏・小別当大庭氏とその延長上に位置付けられる社人たちの世界といった具合である。Aは八乙女・神楽男を中心に、Bは承仕・伶人・神官・八乙女・神楽男を中心に、Cは八幡宮の権力中枢部とその周辺社人を中心に、それぞれ構成される世界であったと推察される。

もちろん、こうしたA・B・Cの世界は同時的かつ八幡宮からの一方的な創成ではなく、段階的にしてかつ社人の中世以来の屋敷のあり方をふまえて形成されたものであったとみることも十分可能であろう。「在々ニ踞から「鎌倉へ引移」ったとされる社人はその一部であった可能性が高く、またそうした社人たちも鎌倉の本(旧)屋敷と無縁となった訳でなかったことは、先引の伶人加茂氏＝「当所加茂屋敷に住居し」などの例が示すところである。それは、やはりその多くは八幡宮の門前に屋敷を構えていたことを示唆しようか。これは、屋敷が私有地として家領化していた結果と推察され、[2] 後北条氏段階の不入権付き安堵も、それをふまえたものであった可能能性が高いのである。

その段階的な形成のなかで最終的な位置を占めたのは、幕府の慶長年代において集中的に行われた「雪下仕置」であろう。その契機は、家康・秀忠の社参用の「御茶屋屋敷」（「雪下御茶屋屋敷」）を八幡宮の西門（裏門）に面した供僧増福院・等覚院・神主の屋敷に設けたことであった。[3]そのこと自体、江戸―戸塚―鎌倉ルートの重要性の高まりのなかでの所産であったことを物語っているが、この経路の中心となったのが小袋坂であった以上、そこに「御客来」「似合〳〵之人宿」「おもて向之家」などと旅宿問題が発生するのは、必然であったといわねばならない。それが後に「人馬通行繁き場所」（『鎌倉志料第十一巻』三八一頁）として旅宿猿茶屋・丸屋などの隆盛を生んだことは、後述の通りである。またその発展のあり方が鎌倉期以来の坂・峠・境という地形的状況に大きく規定された以上、社人のみならず多様な人びとの活動をともなってなされたことは、これまた後述の通りである。

以上、八幡宮における近世的な社人世界の成立は、中世以来のA・B世界の新たな整備・発展と同時にC世界の飛躍的発展によるものであったこと、その安定的な活動を保証した屋敷・役料地でも、特に屋敷は中世以来の家領化したものをふまえたものであったろうこと、また特にC世界は社人のみならず多様な人びとの活動によるところ大であったろうこと、などを見通した。

注

（1）　例えば、文化六年（一八〇九）の扇雀亭陶枝「鎌倉日記」（『市史紀行地誌』）には、旅宿の「あるじ（主）の女房たちのあなひ（案内）にて、さゑん（茶園）作り物したる所にいたり、けし（芥子）の花さかりに、蕗など心のまゝに生ひのび、何かつらなども垣にまとゐ、みな〳〵もめづらなる事に、ゑんどう（豌豆）豆てふをとりてける」とみえる。これも、手作地を抱える旅宿の一つの光景として貴重である。

（2）　第一部第二章注（4）を参照。

（3）（慶長八年カ）卯七月六日付院家中・神主・小別当宛彦坂元正書付（「雪下仕置申渡候事」）・慶長八年十月十四日付荘厳院・増福院・等覚院・神主宛彦坂元正家臣後藤・西村連署書付（「渡申雪下御茶屋之（屋）敷替地之事」）・（慶長八年）十二月十四日付増福院・等覚院・神主宛彦坂元正家臣青木・和田連署書付（「雪下御茶屋屋敷替地扇谷越中屋敷ニ而相渡候分」）が関連史料である（『市史近世史料二』一九八。『相中留恩記略』有隣堂、一九六七年。「風土記稿鎌倉郡〇御茶屋屋鋪地」）。

第三章　八幡宮と極楽寺長吏について

——放生会・犬神人・「鶴岡丹裘役」——

これまでみてきた雪の下の社人中心の都市鎌倉の近世的展開は、〈ハレの世界〉のそれであったといってよい。それに対する〈ケの世界〉の展開を象徴するのが、極楽寺長吏の活動とその世界であったと思われる。以下、それを検討したい。

極楽寺長吏と八幡宮との関係では、第一に神事を通じた関係である。「御仕役」としての八幡宮の二大神事の一つ＝放生会（八月十五日）奉仕については、宝永六年（一七〇九）の「祭礼行列之次第」に「杖突　左右　両人　鉄棒引　同　両人」「面懸《めんかけ》　十人」（紀伊国屋文左衛門「鎌倉三五記」）、文政十二年（一八二九）の「鶴岡八幡宮並若宮神事行列之次第」（「鎌倉攬勝考巻之三」）に「麻上下着用両人左右に立。極楽寺村長吏弐人勤之」「鉄棒両人　極楽寺の長吏弐人左右に立、鉄棒を曳」「面懸《めんかけ》　拾人　二行」（「面掛行列」）などと確認される通りである[1]。最大限「杖突」・「鉄棒引」＝長吏各二人、「面懸」＝長吏十人、都合十四名が奉仕したのである。また文化十三年（一八一六）五月付八幡宮文化度神器等焼失調書に「一、羽織・脚半共　長吏分弐人前」＝「四八御神事之節着用」とみえるので、八月の放生会のみならずもう一つの重要な神事＝四月の神幸《じんこう》にも奉仕していたことが分かる（「御殿司年中行事記」『神道大系鶴岡』）。その意味で、極楽寺長吏は、「御仕役」として八幡宮の二大神事を主体的に奉仕していたのであった。

第二は、先の慶長四年（一五九九）四月二十七日付院家会所・神主・少別当連署定書にみえた「鶴岡丹裘《たんきゅう》役」(2)に集約される関係である。①「石階掃除、一月三度可致之事、②社中不浄幷人・鳥獣以下死候物ハ取捨、掃除可致之事、③雪下宿中江非人不可入事、④赤橋面不下馬仁、可致政道事、⑤御幸之時、麁薦敷幷可取置事」という八幡宮境内の掃除・不浄物処理などの主体としての関わりである。その後の展開を追認しうるものはほとんどないが、ただ近世末期の慶応三年（一八六七）の「長吏ソウカイ（草鞋）四足之例年之通り持参之事」「長吏あらこも（麁薦＝荒薦）請取ニ来り候、但九郎右エ門也」（「鶴岡日記（二）」『鎌倉』四九号）などにみえる草鞋や麁薦準備の件は、定書⑤に連なるものであろう。とすれば、原則近世末期までなされていたと推察される。

第三は、極楽寺長吏＝「カワタ」としての「御仕役」如何である。これを具体的に明示するものはないが、例えば、鎌倉末期の元亨三年（一三二三）の北条貞時十三回忌供養（「北条貞時十三年忌供養記」「円覚寺文書」神二三六四。『鎌倉遺文』は未載）の際に使用された伶人の楽器（羯鼓《かっこ》・太鼓・鉦鼓《しょうこ》）などは鎌倉で生産された「造物《つくりもの》十六種」に含まれていたという湯山「鶴岡の舞楽」の指摘や、『神奈川の部落史』の「雅楽で用いられる打楽器類の内面は動物の皮であるが、当然それらの革類も、鎌倉で生産されたものであろう」という指摘がある。確かに太鼓の製作一つでも皮革との関係なくしてありえなかったのである。(3) 例えば、天文十八年（一五四九）に金沢称名寺（横浜市金沢区金沢町）関係者で太鼓の張り替え用の「皮」を扱う「太鼓大工六浦　油伊太郎三郎　〃　二郎四郎　〃　三郎二郎」以下が確認され、以後近世においても「油伊」（「油井」）「太鼓大工」（『金沢文庫古文書第十四輯江戸期篇（下）』一九五九年。三三四〜三三九）が大いに活躍している。(4) その皮革を戦国期の極楽寺長吏が生業としたことは、鎌倉代官大道寺資親が永禄八年（一五六五）八月に極楽寺革作中に「鎌倉由井長大夫極楽寺分の内田畑壱貫五百文の所、如前々出置」（「御府内備考二十」戦北九二六）、また玉縄北条氏勝が天正十二年（一五八四）九月に極楽寺長吏源左衛門に「板目皮」「鹿・犬・牛・馬類之毛皮」以下の提出を命じた（「由井文書」戦北二七〇九＝神九〇一二）ことに窺われる。ただこれらは、八幡宮と極楽寺長吏との皮革を通じた関係を明示するものではなく、伶人の楽器などを通じた関係を想定させるだけである。その点、第二で述べた極楽寺定書⑤に繋がる「長吏ソウカイ（草鞋）四足之例年之通り持参之事」とみえる草鞋作りが卑賤な作業と解すれば（石井『日本の中世1中世のかたち』）、それが「鶴岡丹裘役」に含まれていたことを示そう。

　このように極楽寺長吏と八幡宮との関係が神事役と「鶴岡丹裘役」という「御仕役」を通じて展開されていたと見通されれば、当然その奉仕に対する役料が存在したはずである。その存在は、社人名寄帳に「カワタ分」を含めて「已上諸社人」、八幡宮領永高書上覚に「長吏役料」と明記された通りである。前者の「カワタ分」＝「一、畑九百五拾文　反目　手作」「一、田五百五拾文　同所　同断」＝「合壱貫五百文」（当部分は『神奈川県史資料編8近世（5下）』では〈中略〉されている）、後者の「一、高壱貫五百文　長吏役料」がそれに当たろう。極楽寺長吏を最下位とはいえ、[5]社人と明確に位置付けたうえでの対応であったのである。[6]その八幡宮側の担当者が中世以来小別当であったことは、諸種確認されるところである。[7]

　それでは、そうした極楽寺長吏と八幡宮の関係成立の淵源は如何であろうか。その点でまず注目されるのは、石井進「都市鎌倉における『地獄』の風景」・「中世都市鎌倉の構造」や『神奈川の部落史』によっても注目された応永二年（一三九五）段階の犬神人《つるめそ》（「鶴岡事書日記」）の存在である。具体的には、「馬血事、被仰之処候、執行返事社家へ則令披露候処候、社家披（被）官仁等、堅可申付候、供僧中相互ニ可有禁制候、是ハ社内禁法ノ随一ニ候、出血事者、以人馬同事候、若於違犯倫者、申付犬神人可取其馬候之由、社務ノ返事之由、執行送申云云」というものである。[8]「馬血」（＝取馬血事）[9]について執行が社家に披露したところ、社家から社家被官に厳命し、供僧中にも禁止を伝え、これは「社内禁法ノ随一」（＝宮中禁法随一）ゆえにもし違犯者が出来したならば、犬神人に命じて、その馬を没収せよという指示であったというものである。[10]この社家＝若宮別当は、執行から披露される主体にして犬神人に申し付る主体であった。当時この犬神人は、八幡宮の神人＝社人であったのである。

そもそも、犬神人とは、八角棒を持ち境内の清掃、祭礼の警備、社内での犯罪人の取り締まり、その住居の破却処分の執行など、刑吏の役割を果たすと同時に、弓矢・弦・沓・弓懸などを製作・販売する存在であったという（石井進『日本の中世1中世のかたち』）。血のケガレを浄める役割を果たす、差別的な犬表現をもって記される社人であったのである。とすれば、先の羯鼓・太鼓・鉦鼓以下の楽器・道具類の製作に深く係わっていた可能性も十分想定され、それも極楽寺長吏との接点を示すものとみることが可能である。先述の通り、近世末期まで放生会の際、「長吏ソウカイ（草鞋）四足之例年之通り持参」していたのである。石井進『日本の中世1中世のかたち』が「応永二年の『犬神人』とは、おそらく極楽寺村の『長吏』を頭目とする人びとのことであったと考えてよいだろう」とされる所以である。

このように応永二年段階の犬神人が八幡宮の社人であったとすれば、「鶴岡事書日記」とほぼ同時期の「鎌倉年中行事」にみえる二大行事にも関心がもたれよう。一つは、毎年三月三日（当該日の理由は不明）に「蒙古退治之御祈禱」[11]として由比浜で「数十疋」に及ぶ「浜ノ御犬」「御犬被遊」が行われたこと。二つは、犬追物のために方四町の馬場殿（築地）が設けられ、「鎌倉中又ハ至于辺土遣人、犬ヲ維《つなが》セテ召寄、可有御犬当日、犬繋ヲ喚テ」云々されたこと。鎌倉府の年中行事で動物が主役となったのは、この二件だけであった。しかもそれは、いずれも犬であったのである。

そこで関心がもたれるのは、この二大行事の犬を扱った主体如何である。それは、前者の由井浜の行事と「由井の長吏」と呼ばれた極楽寺長吏との関係や「犬狩」にみられる「河原ノ者」と犬との関係[12]が犬行事にも繋がるのではないかという見通しが立てられるとすれば、「鎌倉中又ハ至于辺土遣人」の「人」は、極楽寺長吏かその配下の者ではなかったかという想定も十分可能であろう。それは、極楽寺長吏が八幡宮の社人であると同時に鎌倉府の年中行事において重要な役割を果たす公人であったことと表裏の関係であろう。

すなわち、極楽寺長吏は室町期には八幡宮の社人にして犬神人として活動すると同時に鎌倉府の年中行事にも深く係わっていたことを見通した。

以上、八幡宮と極楽寺長吏との関係を三つの視点からみてきた。極楽寺長吏が「鶴岡丹裘役」という浄め役を果たしていたこと、四月の神幸と八月の放生会という八幡宮の二大神事を奉仕していたこと、皮革面などでの関係などにも及ぶものであろうこと、それに対して役料が配当されていたこと、その直接的な淵源として室町期の犬神人の存在が注目されること、それは極楽寺長吏が八幡宮社人となっていた結果であったこと、鎌倉府の年中行事においても重要な犬行事との関係が想定されること、などを見通した。それらは、総じて〈ハレの世界〉との関係を否定するものではなく、むしろ究極の神事においてその中心であった八乙女・神楽男・伶人らと立ち位置を共有する関係にあったのであり、そのハレとケの共有関係を看過すべきではないと思われる。

なお、ここで、極楽寺長吏について以下若干補記したい。第一は、住居の構えである。「風土記稿」には「戸数八軒(中略)今其首長九郎左ェ門ト云フ」と、天保六年(一八三五)三月付松雨「四親草」(『相模国紀行文集』神奈川県図書館協会、一九六九年)には「谷間に茅屋五六軒あり」「中にいかめしき構あり、右大将の落し胤頼兼の苗裔と也、江府段(弾)左衛門か本家にして、由井の長吏也と云伝ふ、鶴岡の神事には、先駆をつとむ」「みな帯刀すといへり」などと記された集団であった。「由井の長者」とか「由井の長吏」と呼ばれた「帯刀」集団で、「茅屋五六軒」とも「戸数八軒」ともいわれる「構」内を生活圏としたという。この長吏館は、一種の城塞化された世界であったのである。そこから放生会の時、最大十四人の長吏が参勤したのである。それは、烏帽子・素襖《すおう》・帯刀という一大特権を付与されての参勤であった。

第二は、長吏集団の多種性である。永禄八年八月の「極楽寺皮作中」「鎌倉由井長大夫」（極楽寺長吏文書から江戸弾左衛門文書へ）、天正十二年九月の極楽寺長吏源左衛門（「由井文書」）、慶長四年四月二十七日付八幡宮院家会所・神主・少別当連署定書（「風土記稿九郎左衛門所蔵文書」）、慶長九年四月以前の八月二十二日付善二郎宛長谷川長綱黒印状（「浦島文書」『新横須賀市史資料編古代・中世補遺』二〇一一年。三一六六）の「鎌倉太左衛門・六浦助左衛門」、「風土記稿」の九郎左衛門という具合に通称を異にする極楽寺長吏が各地にいたのである。その首長に変遷があった証拠である。長吏職は、天正十二年九月に補任された極楽寺長吏源左衛門がもし不都合あれば「他之職人」に改替するといわれているように「遷代の職」であったのである。

その点と絡むのは、慶長四年四月二十七日付八幡宮院家会所・神主・少別当連署定書の宛所が「風土記稿」に記されていないのは、他例からみて当時削除された状態であったと推察され、それは当時の首長九郎左衛門宛ではなかったということであろう。天正十二年九月の極楽寺長吏源左衛門宛文書は「風土記稿」には未載で、明治十八年（一八八五）九月の修史館重野安繹採訪時に採訪されたものである。「関東六県古文書採訪日記」（『東京大学史料編纂所史史料集』東京大学史料編纂所、二〇〇一年）は、「極楽寺村由井九郎左衛門所蔵ノ頼朝長吏次第状一軸、木村奉書一通」「長吏次第状ハ当時ノ真蹟疑ナキモノニテ他所摸写ノ本ト異ナリ」との注釈を加えている。その結果、影写本は、「由井文書」＝「木村奉書一通」のみとなったのである。その意味で、本文書も由井九郎左衛門家伝来という確証はないのである。いずれにせよ、首長由井九郎左衛門に至るまで「茅屋五六軒」「戸数八家」のみならず多様な「他之職人」を含んだ集団に族的系譜問題が存在したのである。

そこで注目したいのは、「新編鎌倉志巻之六」（「風土記稿別巻」）紹介の寛永四年（一六二七）二月二十五日付極楽寺鐘銘に「勧進願主　岩沢玄蕃允　並　伶人　源左衛門」（赤星直忠『鎌倉の新鐘――江戸時代――』鎌倉国宝館、一九六二年）とみえる「伶人　源左衛門」の存在である。これには、①極楽寺独自の伶人源左衛門、②八幡宮伶人源左衛門、③極楽寺長吏源左衛門の三通りの比定がありえよう。①では、古く正和四年（一三一五）付極楽寺十三重塔供養日記（「極楽寺文書」神一九七三～一九一五＝鎌二五五六二～二五五六三）に「伶人立楽屋前、（中略）菩薩・舞人・楽人左右相分向衆会所」とみえる、かられが極楽寺附属であったかは不明である。ただ極楽寺村の熊野神社・八雲神社の神楽、坂ノ下の御霊神社の神楽などが確認されており、そうした関係者であった可能性はあろう。②では、現在伶人で通称源左衛門を称した家・人物は確認されていない。③では、極楽寺村有力百姓岩沢氏との願主共有とすれば、極楽寺長吏源左衛門である可能性である。長吏源左衛門は社人であったので、或は広義の社人としての意味づけであったのであろうか。それにしても、あえて伶人を付した意味が問われよう。もし長吏源左衛門とすれば、天正十二年段階からの継続性が窺われる一方で、その後の九郎左衛門との職をめぐる対立などで没落したことも想定されて興味深い。

注

（1）　この前後の次第については、軽部弦「近世鶴岡八幡宮祭礼としての面掛行列」（薗田稔・福原敏男編『祭礼と芸能の文化史』思文閣出版、二〇〇三年）に詳しい。

（2）　この「鶴岡丹裘役」を石井進氏は『丹裘』とは字からすれば丹色の皮衣で、おそらく掃除以下の職務に当たった人びとが、こうした衣服を着用していたことからの名称ではなかったか」（『日本の中世1中世のかたち』中央公論新社、二〇〇二年。『石井進の世界⑤中世のひろがり』山川出版社、二〇〇六年）とされる。「丹」が「カワタ」の身分標識としての色であったということである。

（3）　例えば、服部英雄「太鼓製作と中世筥崎宮散所」（『河原ノ者・非人・秀吉』山川出版社、二〇一二年。初出二〇〇七年）を参照。

（4）なお、この称名寺の太鼓の張り替えを代々行った「六浦」の「大工」は、天文年代から享保年代に至るまで「油伊」とも「油井」とも冠している。この「油伊」・「油井」と鎌倉の極楽寺長吏の「由井の長吏」の由井＝由比との関係如何も検討に値しよう。注（5）も参照。また本文に記した慶長九年四月以前の八月二十三日付善二郎宛長谷川長綱黒印状にみえる「六浦助左衛門」は、「太鼓大工　助左衛門」や「高や村　助左衛門」に繋がる人物であろう。

（5）例えば、「鎌倉年中行事」には、「敷皮」「的皮」「虎豹皮」「播磨皮」「黒皮」「黒革」「白革」（鹿革）「白力革」などの皮に因む記事が随所にみられるが、これを調製したのは誰であろうか。また後年の「鎌倉公方御社参次第」にみえる「熊皮のしきかは（敷皮）」を調製したのは誰であろうか。「なめし、ふすべす、いためる」行為の所産である。また農作物を荒らす主体でもあった②「鳥獣以下」鹿・犬・牛・馬類などの駆除と皮の調製との関係は如何であろうか。これらに長吏が深く係わったであろうことは十分想定される。「皮革の鞣し作業に大量の流水、すなわち川と河川敷が必要だった」（服部英雄「犬追物を演出した河原ノ者たち――犬の馬場の背景――」『河原ノ者・非人・秀吉』初出二〇〇二年）という。とすれば、それはやはり鎌倉では由比浜の可能性が高いのではなかろうか。極楽寺の長吏が「由井の長者」・「由井の長吏」と別称された所以であろう。「由井」「由比」「油井」「油伊」などの名称が特別な位置を占めていたことは間違いない。

（6）なお、以下の記載のあり方は、いずれも最下位な点で共通している。文化十三年五月付八幡宮文化度神器等焼失調書の最後の項目「一山十四ケ所目代并侍壱人」の末尾に「一、羽織・脚半共　長吏分弐人前」とみえるのも同様である。社人の最下位の存在としての配当であった。「カワタ分」という唯一のカタカナ表記と相俟った差別的表現であった。

（7）極楽寺長吏が小別当の指揮下にあったことは、偽文書とはいえ、大永三年（一五二三）三月二十三日付長吏五郎左衛門宛鶴岡少別当法眼良能判物（「新編相模国風土記稿極楽寺長吏所蔵文書」）の存在、先の寛永五年の法度第四条の「一、掃除事、社中者、小別当并神主・石川如先規可申付之事」という文言などからも窺われる。ただ「別当宮円暁御房ヨリ小別当官給リ宮中社内ノ掃除仁被定置者也」（「鶴岡脇堂供僧次第」）とされるのは、やはり史料的になお検討の余地を残そう。なお、関連文書に長吏官途書出写（「相州文書所収足柄下郡長吏友右衛門所蔵文書」「相州文書所収足柄上郡長吏権七郎所蔵文書」神六五七〇・六五七一）もあるが、これらも「検討の余地がある」とされる。

（8）なお、この一文は、八幡宮「社内禁法ノ随一ニ候、出血事者、以人馬同事候」を示す点で貴重である。例えば、著名な「鶴岡八幡宮寺供僧次第」供僧悉覚坊教玄にみえる「観応三年（一三五二）壬辰六廿六、為仁木方（義長か）横死、六十四歳、依教玄入滅、仁木方罪科難遁之上者、彼拝領之内武州杉田郷被召上、被御寄進当社云云」の実態は、「太平記」巻三十六（仁木京兆参南方事付大神宮御託宣事）にみえる仁木義長の「鎌倉にては鶴岡の八幡宮にて、児を切り殺して神殿に血を淋ぎ、八幡にては駒方の神人を殺害して若干の神訴を負ふ」と記されたことであったとみられるので、まさに「出血事者、以人馬同事候」であったのである。この前後については、山田邦明「南北朝・室町期の六浦」（『鎌倉府と地域社会』同成社、二〇一四年。初出一九九一年）、長谷川瑞校注『太平記④新編日本古典文学全集57』（小学館、一九九八年）を参照。

（9）例えば、「毎月血を取事、油断有間敷事」と記した天正十三年七月十一日付松本兵部丞宛北条氏直条書（「成簣堂古文書」戦北二八三一＝神九〇九八。或は写か）もある。本文書については、小笠原長和「馬と後北条氏　北条氏直掟書」（『石川文化事業財団報』三二四号、二〇〇一年）。なお、「快元僧都記」の天文九年十一月二十一日条に「瀬戸神主」「少別当」「両人依汚穢、為代官如此雇之」とみえ、また「鶴岡日記（二）」の慶応三年八月十五日条に八乙女「富田王部　妊者」「松尾専王　月役（月経）」で「出勤不仕候」とみえる。

（10）なお、同じ「鶴岡事書日記」の明徳二年十一月二十四日条に「彼両人（泰賢・賢景）於注（住）房、令眼（服）鹿丸云云、如此証例、依為先代未聞儀、彼職被改替訖」という記事がみえる。これは、「鶴岡八幡宮寺供僧次第」にも悉覚坊泰賢に「明徳二年辛未依病気、随医師教仁令眼（服）鹿丸於之処、依社家咎被改替、尚賢大僧都仁被補」と密乗坊賢景に「明徳二年辛未十一月病気之間、随医師教令服鹿丸間、依社家咎被改替、被補弘全法印訖」とみえる事柄である。この記事にも注目した駒見啓祐「鶴岡八幡宮と上杉朝宗」（『室町遺文関東編第一巻月報1』東京堂出版、二〇一八年）は、「鹿丸」を「鹿肉か」と解するが、この鹿丸は、鹿肉を乾燥させた粉末物か、或は角の袋角《ふくろづの》（新しく生えた角）を粉末にした鹿茸《ろくじょう》（「徒然草」にもみえる）と呼ばれたものかは不明にせよ、鹿のエキスを包み込んだ丸薬なことには違いあるまい。その意味で、直接鹿肉を焼いて食した訳ではなく、そのエキスを服しただけでも、境内の住房でのその行為は「先代未聞」のこととして、職の改替の対象となる重罪であったのである。それだけ八幡宮と鹿との関係が深かったということであろう。その点、真偽の程が問われるが、近世末期まで流布した文永七年三月九日付鶴岡八幡宮服忌令（『瀬戸神社』七一九頁。同日付鶴岡八正寺忌服定文〈『神武寺文書』神五九七＝鎌一〇五九八〉。『喜連川町史第五巻資料篇5喜連川文書上』〈二〇〇七年〉にも永享七年八月十二日に書写した旨を記すものがある）にみえる「鹿食《ろく》」は、猪・鳥兎などに比して同火（合火《あいび》）も重いものであった。それだけ忌避視されていたのである。ただ八幡宮の境内から中世段階の鹿骨が出土しており（『鶴岡八幡宮境内発掘調査報告書』鶴岡八幡宮、一九八三年）、日常的な存在であったのである。牛馬の境内の放し飼いは禁制の対象であったが、鹿は如何であったのか、興味がもたれる。また牛馬のみならず鹿・犬などの処理を行ったのも、長吏であったことは間違いあるまい。今泉吉典「日本のシカ」（『神奈川県立博物館だより』二号、一九七九年）、網野善彦「『十二類絵巻』をめぐる諸問題」（『網野善彦著作集第十四巻中世史料学の課題』岩波書店、二〇〇九年。初出一九九三年）などを参照。

（11）こう表記される事情を藤木久志「鎌倉公方の四季——中世民俗誌としての『鎌倉年中行事』から」（『戦う村の民俗を行く』朝日新聞出版、二〇〇八年。初出一九九七年）は、「日本の中世国家に刻みこまれた、元寇の恐怖感の深さ」「蒙古襲来を迎え撃つ鎌倉武士の作戦は『やあやあ我こそは』という個人戦ではなく、武芸として鍛えあげた犬追物の集団戦法だったことになります。室町の世に犬追物が蒙古退治の御祈禱とされた事情には、こんな歴史の背景もあったのかも知れません」と解説する。

（12）この点、服部「犬追物を演出した河原ノ者たち——犬の馬場の背景——」は、著名な「武蔵国鶴見寺尾郷絵図」（『武蔵国鶴見寺尾郷絵図の世界』神奈川県立金沢文庫、二〇二一年）にみえる「犬逐（追）物原」（馬場）に注目する。

第四章　八乙女・神楽男たちの「御仕役」について
——紀行文にみる世界——

それでは、こうして整備された八幡宮の近世的展開において、社人、特に八乙女・神楽男・伶人は、本務の定役＝「御仕役」を如何なる形で果したのであろうか。紀行文などから確認したい。

その点、近世前半での活動の様子を示す第一例は、寛永十年（一六三三）十一月の大徳寺派禅僧沢庵宗彭《そうほう》「鎌倉巡礼記」（『市史紀行地誌』）の記事である。それには、「やどり（宿）は、瑞垣ちかき（近）所なり、暮がたより社頭にぎやか（賑）也、いかにとゝへば、けふ（今日）は霜月に入て卯日也、神拝あるよし聞ゆ、幸也とて夜に入て社参す、拝殿には神楽はじまり、五人のおのこ（神楽男）・八乙女戸《（銅）》拍子の声、松にひゞき（響）、笛・鼓のをと（音）肝に銘ず、宮々の御灯のかげ（影）ほのかにして社参の人々の足音ばかりは聞えて其人はさだか（定）にみえず、灯ちかく（近）なれば、袖の行かひ色めくあり様、よる（夜）の神事程、殊にすぐれたるはなし、石のきざはし（階）たかくのぼりて、本社に詣ければ、神主着座あり、伶人左右になみ居たり、御器めぐり三献過て楽はじまり、左座より伶人出てまふ、八音のひゞき（響）内陣も感動し、鶴岡の松の風千とせ（歳）の声をそへ、鎌倉山も万歳とよばふ、神事をはり（終）宿にかへり」などとみえる。

　これは、神事の行われる十一月の卯の日に際して八幡宮に参集する人びとの様子や拝殿で行われた神楽男・八乙女・伶人たちの舞いや笛・鼓の奏の神秘的な様子を感動的に記したものである。「よる（夜）の神事程、殊にすぐれたるはなし」というのが、当代一流の知識人沢庵の評価であった。これは、元和偃武《えんぶ》をへた寛永年代の時代相の一端を示そう。なお、この日の神事は、室町期の「鎌倉年中行事」にも十一月「初卯、八幡宮陪従・御代官・御一家有社参、祭礼過ル迄、終夜社頭ニ被籠、神事過、御代官御幣被給後、有帰参也」とみえるように、南北朝期以来確認される行事であった。

　第二例は、寛文六年（一六六六）の八幡宮修復記（土肥誠「鶴岡八幡宮寛文年中修復記」『鎌倉』四六号）の記事である。これは、寛文五年に江戸幕府が八幡宮修造を志し同八年に上下両宮以下の修造を成し遂げた際の記録である。それには、「一、同六月角宿、日曜、下遷宮ノ事、六日ノ夜子ノ刻ニ両承仕能察、教円貝ヲ吹、供僧・諸社人等集リ来ル」「一、仮拝殿ノ前ニ莚ヲシキ、神楽士（師）・八乙女等着座、伶人同前、神楽弁伶人ノ楽ヲ奏ス」「神楽士（師）御神楽ヲ奏ス」「大塔ト神楽堂トノ間」「一、神楽堂、三間弐間大間」などとみえる。神楽男・八乙女・伶人などの夜の舞いや笛・鼓の奏の様子とその舞台としての「神楽堂」（「神楽所」「神楽殿」）の存在が確認される。また社人の「両承仕能察、教円」は、先述の通り、中世以来の存在が想定される藤田・山口両氏の活動を示す史料的初見である。

　第三例は、延宝八年（一六八〇）の自住軒一器子「鎌倉紀」（『市史紀行地誌』）の以下の記事である。「今朝は雪の下を立出て江の島へと心ざせば、御いとまごい（暇乞）のため八幡宮にまうづ。折ふし（節）神拝の日にあたりて御戸所々ひらけ、社僧・神人いかめしく立さまよふ。舞台には八乙女・神楽男出合て御神楽有。鈴の音・松の音の梢にひゞき（響）、笛・鼓の音松の嵐にそふ。誠になまめかしく面白きも所がらにや。宮司御酒などとりまかなふ」と。「神拝の日」の「御戸所々ひらけ、社僧・神人いかめしく立さまよふ」とは、廻廊などの扉を開いて

「宝物」を観覧に供し、「社僧・神人」が巡見していた様子を示すものであろう。「神拝の日」ゆえに神楽殿での八乙女・神楽男の舞や鈴の音、伶人の笛・鼓の音を聞き、それは「誠になまめかしく面白き」と優雅にして興趣をそそるものであると、これまた感動的に記したのであった。

　第四例は、宝永六年（一七〇九）の紀伊国屋文左衛門「鎌倉三五記」の以下の記事である。先引した同年八月十五日の放生会に参集する「諸方の群集」の前で行われる「祭礼行列之次第」（神幸）に「杖突　左右　両人　鉄棒引　同　両人」以下「獅子頭　二頭　二人　大磯舞太夫勤之」「面懸　十人」「白衣神子（巫女）　一人」「神子（巫女）　天冠金襴装束　七人」、「楽太鼓持　一人」「楽人　鳥甲装束　七人　簫一管　篳篥二管　笛二管」などがみえること、と同時にその様子が「音楽の声、松風とゝもに聞へ、石階を次第に下りて舞殿の左をねる（練）」「土地おとろへ（衰）たりといへども、古代の風残りて、目をかゞやかし、耳をおどろかさずといふ事なし」「舞殿にて御神楽一座、大祝詞ありて終」「十六日晴巳の刻やぶさめ（流鏑馬）の儀式あり。相州一の宮（寒川神社）の社人、先例によりてつとむ」などとみえること、である。これ自体、放生会の様子を示すものであるが、それはその見物に紀伊国屋文左衛門らの俳人が来倉する程の鎌倉の例大祭となっていたのである。それが先の「鎌倉巡礼記」と同様に記主をして「古代の風残りて、目をかゞやかし、耳をおどろかさずといふ事なし」と感動的に記せしめた背景であろう（写真10）。

　そこにみえる「白衣神子（巫女）　一人」「神子（巫女）　天冠金襴装束　七人」は八乙女のことであり、「楽太鼓持　一人」「楽人　鳥甲装束　七人　簫一管　篳篥二管　笛二管」とは伶人のことである。八乙女も伶人も、「風土記稿」のいう定数の八員編成で行われていたのである。その八乙女の八員は享保十八年の神楽方改役領帳にみえる小池・山崎・大沢・大石・富田・小島・小坂・黒川に相違なく、「風土記稿」の記事にそのまま繋がるものであった。ただ「白衣神子（巫女）　一人」がそのうちの誰かは特定はできない。伶人は、「楽太鼓持　一人」＝

多氏、「簫一管　篳篥二管　笛二管」＝加茂・大石・辻諸氏に違いなかろう。ただ先の「鎌倉巡礼記」にみえた「五人のおのこ」＝神楽男の明記がない理由は、不明である。

ところで、ここで注目されるのは、①「獅子頭　二頭　二人　大磯舞太夫勤之」と翌日の②「やぶさめ（流鏑馬）の儀式あり。相州一の宮の社人、先例によりてつとむ」の記事である。①は、「鎌倉攬勝考巻之三」所載「鶴岡八幡宮並若宮神事行列之次第」には「獅子二頭左右に列す。孫藤次下知之」「孫藤次素袍熨斗目着用」と、また「風土記稿」には「行列ノ内獅子頭ハ、大住郡平塚宿ニ住スル、舞々鶴若孫藤次是ヲ役ス。其家蔵文書」と記されたものである(1)。「其家蔵文書」は、天文七年（一五三八）九月三日付「東郡（異筆）・中郡宛北条家朱印状写（「相州文書所収大住郡舞舞鶴若孫藤次所蔵文書」戦北一五七＝神六七一四）を指し、内容は「鶴岡獅子之勧進」銭の徴収を認めるというものである。八幡宮の放生会に参勤する大磯の舞太夫の存在である（湯山「相模国の『舞々』」）。「風土記稿」には、「神事舞太夫二戸」＝「鶴若孫藤次。古家市太夫ト称シ。江戸浅草田村八太夫配下ナリ。共ニ鶴岡八幡祭礼ノ時社役ヲ勤ム。鶴岡ヨリ毎年麦三石ヲ与フ」とみえ、もう一戸古家市太夫の存在が窺われる。

とすれば、「獅子頭　二頭　二人　大磯舞太夫勤之」は、「二人」＝鶴若孫藤次と古家市太夫、ともに「舞太夫」と呼ばれたと解されようか。鶴若孫藤次と古家市太夫の八幡宮との関係は、戦

写真10　流鏑馬（『神奈川県文化財写真集成（1）』）

国期以来のものであったことになる。(2)

②は、放生会翌日に流鏑馬が先例によって「相州一の宮の社人」によって行われたことを示すものである。これは、「風土記稿」が「十六日流鏑馬　高座郡寒川神社ノ社人、菅野恰、旧列《例》ニヨリテ参勤ス」と記すところである。それ南北朝期から戦国期にかけての「鶴岡事書日記」、「鎌倉年中行事」、「香蔵院珎祐記録」、「快元僧都記」には流鏑馬関係の記事はみられないが、先例・旧例とあり、恐らくその段階には行われていた可能性が高いと推察される。鎌倉府段階には、放生会の翌日には「於社頭猿楽、長命大夫毎年申能也」とみえるように新たな猿（申）楽能も加わっていたようである（「鎌倉年中行事」。「相州文書所収鎌倉郡荘厳院文書」神五五七五）。観応二年（一三五一）や文和三年（一三五四）の正月行事には「田楽・猿楽」（「鶴岡社務記録」）が確認されるが、その後の「田楽」の行方は不明である。なお、この長命大夫を下総本土寺（千葉県松戸市平賀）の猿楽者とみる一説(3)もある。

すなわち、この①②は、八幡宮付属ではない諸社の社人の八幡宮の神事への参勤を示すものであった。このこと自体、先述の相模六所宮所属の八乙女宮王の例を含めて、決して珍しい現象ではなかったのである。逆に八幡宮付属の社人が諸寺社の神事への参勤も、随時ありえたのである。両者相俟ってのいわゆる祭祀圏の創出であって、鶴岡八幡宮を頂点とする鶴岡祭祀文化圏の創出とは単純化しうるものではなかったのである。(4)

第五例は、享保二年（一七一七）に儒家荻生徂徠の弟子太宰春台・安藤東野・山井崑崙が鎌倉を訪れた際の記事である。「東野遺稿」（『詩集日本漢詩第十四巻』汲古書院、一九八九年）に「至鶴岡、謁八幡廟、時日已薄虞淵、憊甚、借廟下一司祝家、而宿、会太宰吹笛、格村伶十数、慫慂之不已、強為之三哢、四鼓、伶去而寝」、「会嚢者擲果之人来、献舞、巫八人、不復粉飾、老稚相半、老者緑衫朱袴、稚者素衫、手持金鈴、蹲踞、然応鼓、一前一却耳、然其古趣藹然、比都下靚粧」、太宰「湘中紀行」（「風土記稿芸文部」）に「鶴岡下曰雪下里、就其逆旅者而宿」「余興倚柱吹笛」「有一老人、来謁曰、僕本祠伶工也、生長田畝、未聞王国正聲、惟以世業、家食于祠宇下、聞諸君好音、子弟咸聚于戸外、張耳」「二子躍然喜曰、今夕何夕、邂逅君子、受賜多矣、小人未知所謝、但神庫所蔵楽器、有仏工運慶刻仮面数枚、亦祠中重《什》器、実吾輩所司也、諸君若欲視之、旦日出而示之」「昨金沢所見婦人詣祠、献以巫舞、我三人立殿下観之、此乃東於巫祝、所以饗鬼神、固非雅楽、然聲容之美、比之都鄙尋常巫祝所為淫靡者、不可同日而語矣、蓋亦古之遺風也已、少焉伶工石生来、為我三人者、出庫中楽器而示之、唯仮面数枚皆精緻、世所希有也、余不足観」、山井「鎌倉行記」（同前）に「与亦徒歌、主人心酔、隣人往々来観」「伶人出古楽器、視之、恍然当時之盛」などとみえるものである。

要するに、旅宿（主人と妻〈八乙女〉）での夜の静寂をつく太宰の一笛で伶人の老若が参集し談義を展開させたこと、太宰らは伶人の配慮で「神庫」の「楽器」（「仏工運慶刻仮面数枚」）と「祠中重《什》器」を見学し、特に前者について「唯仮面数枚皆精緻、世所希有也」と感嘆したこと、見学した「老稚相半」の八乙女の舞を「粉飾」のない「古趣藹然」なものであったこと、同様に見学した「東都」「貴婦」の巫女の舞も「比之都鄙尋常巫祝所為淫靡者、不可同日而語矣、蓋亦古之遺風」なものであったこと、などである。

すなわち、太宰らは、「五百年如一日」「世業」に勤しむという「老人」の笛一つの音色に対する真摯な姿勢に、また古態を呈した巫女の舞に、古都鎌倉に相応しい匂いを強く感じたのであった。そこには、太宰らと伶人の「比之都鄙尋常巫祝所為淫靡者」への強い拒否感の共有と伶人の俄なる「東都」「貴婦」の巫女の舞を許容する度量や「神庫所蔵楽器」・「祠中重《什》器」の見学を誘う心意地とが併存していたのであった。いずれも、当代一流の知識人太宰らの評価に適うものであったのである。それは、第一例の沢庵「鎌倉巡礼記」、第三例の自住軒一器子「鎌倉紀」、第四例の紀伊国屋文左衛門「鎌倉三五記」と同様に感動的な記述を生む背景が存在したからであった。

以上、寛永・寛文・延宝・宝永・享保年代の紀行文などにみえる社人、特に八乙女・神楽男・伶人たちの活動とそれに対する当代一流の知識人たちの評価をみた。一応に社人たちの本務の「御仕役」への高い評価であったといってよい。それは、「五百年如一日」「世業」を承継せんとする社人の矜持への称賛でもあったのである。それは、それだけ「古之遺風」と「都鄙尋常巫祝所為淫靡」風との相剋が激化していた証でもあったと解される。享保年代は、そういう岐路の時代であったのである。

注

（1）　なお、この鶴若孫藤次家には、建久二年（一一九一）十一月付源頼朝下文（鎌五六二）、同日付梶原景時・北条時政連署下文（鎌五六三）、永享五年（一四三三）十一月三日付鎌倉公方足利持氏御教書写（神五八八八）が伝来したが、いずれも「本書偽文書なるべし」とか「本文書は、研究の余地がある」とされるものである。ただこれらが石井進氏によって極楽寺長吏関係文書と相俟って「興味ある問題をふくんだ史料」「頼朝による特権賦与文書とされてきた類のものとして注目」されるものである（「竹内理三編『鎌倉遺文古文書編』第一巻」『石井進の世界③書物へのまなざし』山川出版社、二〇〇五年。初出一九七二年）。また網野善彦「偽文書の成立と効用」（『網野善彦著作集第七巻 中世の非農業民と天皇』岩波書店、二〇〇八年。初出一九七五年）にも、これらの文書についての若干の言及がみられる。

（2）　後北条氏と放生会との関係は、「快元僧都記」の天文四年（一五三五）八月条に「一、放生会御供如恒、従氏綱神馬・太刀被進之、如毎年」、天文六年八月十五日条に「神馬・太刀、自小田原神主方来」、天文七年八月十五日条に「太刀、自屋形神主方来」などとみえる。その後の天正十五年（一五八七）八月十一日付鎌倉代官大道寺代宛北条家朱印状写（「鶴岡神主家伝文書」戦北三一六一＝神九二九三）・同日付神主宛宗甫副状写（「鶴岡神主家伝文書」戦北三一六二＝神九二九四）にも「鶴岡放生会御神馬銭三貫文、如毎年、鎌倉当年貢之内を以、神主ニ可相渡」などとみえる。これによって八幡宮での担当が神主であったことや後北条氏から神馬・神馬銭・太刀が献上されていたことを知りうる（拙稿「後北条氏家臣間宮氏研究序説――特に『間宮康俊』に注目して――」『千葉大学人文研究』五一号、二〇二二年）。また「室町時代の視覚的にとらえうる職人資料として、きわめて貴重な作品」（石田尚豊「鶴岡放生会職人歌合について」『神道大系鶴岡月報8』）とされる「鶴岡放生会職人歌合」

の判者が先述の通り神主大伴氏であったことも、その点と絡むものではなかろうか。

（3）浜名敏夫「中世房総の芸能と原氏一族――本土寺過去帳の猿楽者――」（石渡洋平編『旧国中世重要論文集成　下総国』戎光祥出版、二〇一九年。初出一九九一年）。

（4）その点、白井『鎌倉風草集』（一〇七～一〇八頁）は、神楽方改役領帳を通じて「鶴岡八幡宮の神楽方が中心ではあったろうが、その周辺に社家であり、神楽を行う人々があって他社の祭礼に神楽を奉仕したのであった。その周辺の神楽男は、前条の関家、佐野家、吉田家の如く、またこゝの坂井家の如く必要に応じて鶴岡の組織に組み込まれることがあったのである。そうした事情と変遷はこのように江戸時代後期にも続いていたことから、享保以前の変遷はなお著しいものがあったかと思われる」とされる。

第五章　社人の「内業」について

――旅宿・絵図・名所記刊行――

第四章で述べたように、社人たちは、当然ながら本務の「御仕役」を「世業」として果たしていたのであった。これは、八幡宮から与えられる役料に対する奉公＝公役であった。これが非日常な所為とすれば、日常的な所為は何であったのか。その点、延宝八年（一六八〇）の自住軒一器子「鎌倉紀」の「所の者の云は、社人・神子（巫女）と云も皆雪の下旅屋のあるじ（主）と妻也といひしにたがはず、宿の女もその中にちはや（襷・たすき）を着して居けり」という記事は、同時代的にも注目される。社人・八乙女が夫婦で旅宿経営していたというのである。その経営の実態が問われよう。これも紀行文などからみたい。

まず明経博士舟橋秀賢日記（『慶長日件録第二巻』続群書類従完成会、一九九六年）の慶長十六年（一六一一）十一月八日・九日条に「称名寺・龍花（華）寺、寺々有之、及晩到鎌倉、方々令見物〇（於雪下）一宿」「亭主令案内者、建長寺・円覚寺・松岡東慶寺（中略）報恩寺等令見物」とみえて以降、西洞院時慶《ときよし》「時慶記」の慶長十八年四月二十三日条に「一、鎌倉ニ着、一、宿神主所甚―、晩ニ鶴岡八幡・同若宮ト申ハ端下ニ御座、見物所々」（『時慶記第五巻』臨川

書店、二〇一六年）、先の沢庵「鎌倉巡礼記」の寛永十年（一六三三）十一月に「雪の下といふ、折からあひ（雨）にあふ、やどり（宿）也」「やどり（宿）は、瑞垣《みずがき》ちかき所なり」、「御屋形様御参詣并御名代記留」（『鎌倉』七七号）の寛永十二年十月に「嶋津繁之輔殿御泊」、水戸光圀「鎌倉日記」（『市史紀行地誌』）の延宝二年（一六七四）五月二十一日条に「御門前雪の下ニ旅宿をもとめ一宿ス」「雪ノ下へ出テ、旅寓へ帰リヌ」、自住軒一器子「鎌倉紀」の延宝八年四月十三日・十四日条に「鳥居近くはま（浜）通りの西がは（側）に夕日とつれて宿りはとりぬ。宿は東をうけたれば旅店の月見るに便有り」「雪の下のやどり（宿）へ帰り」などとみえる。

これらによって、慶長年代には、公家にとっても神主宅以外にも利用しうる旅宿が存在し、少々遅れる沢庵や光圀さえも、それを利用していたことが知られる。またその「亭主」が案内人を務めたという。その原型が戦国期の後北条氏段階にあったことは、後述の通りである。それを発展させたものであった。

特にそのなかでも注目すべきは、寛永十二年十月の「嶋津繁之輔殿御泊」という記録を残したのが、八乙女大石家であったことの意味である。島津氏が以後近世末期まで大石氏の旅宿を定宿とした事実を考えると、当該段階大石氏は旅宿を経営していた可能性も大いにあろう。それは、旅宿名を示す史料的初見が「宝永六（一七〇九）のとし（年）鶴岡八幡宮放生会の祭祀拝せんと」「雪の下につき、大石平左が宅にいたる」（紀伊国屋文左衛門「鎌倉三五記」）とみえる大石平左衛門宅＝旅宿であったことにも繫がろう[1]。

次いで、旅宿名が確認されるのは、享保二年（一七一七）三月の太宰春台「湘中紀行」に「雪下」の「逆旅」「館主松尾氏、亦本祠祝氏之属云」である。松尾氏は、先述の通りそれ以前の延宝六年に板元「鎌倉小坂郷雪下住　松［尾□］」として鎌倉絵図を刊行しており、それが旅宿経営の一環とみなせれば、その段階の旅宿経営を想定せしめよう。併せて「万治～寛文（一六六〇）前後」とされる「金沢之絵図」（『金沢八景　歴史・景観・美術』）の板元「鎌倉雪下宮ノ前富田屋庄兵衛」も、これまた八乙女富田家の旅宿経営を想定せしめようか。

すなわち、十七世紀前半以降には、八乙女の大石・松尾・富田諸氏による旅宿経営が想定されること、そのなかで松尾・富田両氏による観光絵図・名所記が刊行されたこと、を見通した。とすれば、光圀の「旅宿」「旅寓」も、大石・松尾・富田諸氏の旅宿であった可能性も皆無ではない。総じて、八乙女・神楽男など「社人・神子（巫女）」は八幡宮の「宮ノ前」に住し、その神事＝「御仕役」以外の「内業」（私業）としての旅宿経営、絵図・名所記刊行などを比較的早い段階から行っていたと見通される。

それでは、そうした八乙女富田・山崎・大石諸氏の「内業」が他の社人においても同様であったのか否かを以下検討したい。その題材は、㈠享保十一年（一七二六）十月の「御門前中旅籠屋仕候者共一同」の連判状（『市史近世史料二』一九八。以下、連判状と略す）とその一世紀後の㈡文政九年（一八二六）九月の八幡宮修覆見分御役人・御用達諸方宿覚（『市史近世史料一』一六八。以下、役人・諸方宿覚と略す）である(2)。

もちろん、この㈠㈡を単純に対応させせることには問題もあるが、旅宿経営者特定の一つの題材にはなろう。㈠は旅宿側が通称などで連署したものゆえに、その特定に困難をともなうが、㈡は八幡宮側からの割り振りが正式な屋号・実名でもって記されているので、大略その比定が可能である。以下、その対応関係を列記した次第である。

㈠は、「本陣宿（大石）平左衛門」以下一同が八幡宮に提出したものである。その軒数＝本陣を含める二十五軒は、①（大石）平左衛門、「御門前中旅籠屋仕候者共一同承知仕候」として②主税（「馬場町」主税。岩瀬）、③甚兵衛（「小袋坂」の「甚平」）、④加左衛門（置石町平川加左衛門か）、⑤半左衛門（正徳二年の来迎寺如来坐像銘札及び胎内文書の置石町半左衛門〈『鎌倉地方造像関係資料――第七集――』一九七四年〉と同人か）、⑥次左衛門、⑦庄左衛門（富田）、⑧七左衛門（松尾）、⑨新右衛門（大沢か）、⑩□右衛門、⑪新大夫（小池）、⑫忠左衛門（大石）、⑬刑部（「置石」刑部か。坂井）、⑭丹後（小池）、⑮宮内（坂井）、⑯弥兵衛（置石の弥兵衛か）、⑰忠右衛門（小島）、⑱織部（小袋坂の金子）、

⑲平六、⑳藤太夫、㉑求馬《丹カ》（鈴木）、㉒右近（辻）、㉓賢物《ママ》（「置石」の監物か）、㉔𠂇兵衛、㉕□馬《但カ》からなっている。

㊁は、二十五軒（「小町村」一軒を含む）で、その内訳は、①大石平左衛門、⑧松尾滝右衛門、⑨大沢仙助、鈴木主馬、戸川文平、小坂彦右衛門、池田隼人、小池民部、⑪小池新太夫、大石丹司、⑰小島忠右衛門、⑦富田庄左衛門、小池和三良、加茂文司、小坂兵庫の十五軒と諸方宿に指定された②岩瀬一学、小浜屋（田中秀五郎）、井筒屋（大久保三左衛門）、「小町村」勘三郎、丸屋（岩沢富蔵）、明石屋、山崎屋（万吉）、追川俊蔵、箒屋《ママ》、加茂将曹の十軒とに大別されよう。

　このなかで㊀㊁の対応関係が明確なのは、①大石、②岩瀬、⑦富田、⑧松尾、⑨大沢、⑪小池、⑰小島の七軒に限られるが、①八乙女、②社人、⑦八乙女、⑧八乙女、⑨八乙女、⑪神楽男、⑰八乙女であり、八乙女家の多さが確認される。そのうえで前者の⑬刑部＝坂井、⑮宮内＝坂井、㉑求馬《丹カ》＝鈴木、㉕□馬《但カ》＝吉田は神楽男にして、⑭丹後＝小池は伶人、⑱織部＝金子は「社人」の可能性を考えると、八乙女家と神楽男家が中心であったといえよう。ただ㊀の⑫忠左衛門（大石）、⑭丹後（小池）、㉒右近（辻）、㊁の池田隼人、大石丹司、加茂文司、加茂将曹という具合に、伶人家も確認され、[3]㊀で不明な人物に伶人がいた可能性も高く、その意味では、社人でも八乙女・神楽男・伶人家が中心であったとはいえよう。[4]それ自体、社人の人数に比例した結果とみなされる。

　そのうえで、その地域的分布状況をみると、㊀の本陣平左衛門＋二十四軒は、門前「宮ノ前」の東西両側を中心にして岩瀬主税、甚兵衛、金子織部以下の小袋坂、馬場町などを加えた地域に比定され、㊁は、小町村の勘三郎を除いて「雪の下」（「置石町」）と小袋坂、馬場町、岩谷堂周辺地域に比定される。とすれば、その主要な旅宿の多くが八幡宮の「門前」に存在したことは間違いないにせよ、西門（裏門）前の小袋坂、馬場町、岩谷堂周辺にもそれなりに多く存在したのも重要な事実といわねばならない。この地域の重要性は、後述の鎌倉絵図刊行をめぐる騒動の中心人物に小袋「坂治右衛門」がいたことや㈠の筆頭に主税＝岩瀬主税（馬場町）がいたことに象徴されよう。

以上、八乙女・神楽男・伶人を含めて多くの社人たちは、「内業」として旅宿経営や絵図名所記の刊行などを営んでいたこと、その旅宿は、地域的に八幡宮門前の「宮ノ前」の東西両側と西門（裏門）前の小袋坂、馬場町、岩谷堂周辺に分在していた、ことなどを見通した。

注

（1）それは、「明暦・万治頃」（一六五五〜一六六〇）という「最も古い鎌倉の刊行図」とされる「相州鎌倉之図」や「寛文頃」（一六六二〜一六七二）の刊行とされる「相州鎌倉之本絵図」に門前東西に相当数の屋敷が描かれているのも参考になろう（白石克『鎌倉名所記』諸版について」（『斯道文庫論集』一四輯、一九七七年）・「江戸時代の鎌倉絵図——諸版略説——」（『三浦古文化』三四号、一九八三年）・沢寿郎『鎌倉古絵図・紀行——鎌倉古絵図篇』東京美術、一九七六年）。またそれ以前の慶長四年（一五九九）四月二十七日付院家会所・神主・少別当連署定書（『風土記稿極楽寺長吏所蔵文書』）に「雪下宿中江非人不可入事」とみえる「非人」＝「物乞いによって生活を立てているような者たち」（『神奈川の部落史』）などは、「宿中」の林立と表裏の関係にあろう。「雪下宿中」は、それこそ南門と西門に集中する、主に社人の経営する「宿」＝旅宿を指すものと思われ、そこに入って物乞いなどをしてはならない、その監督者としての「カワタ」＝「長吏」であったということであろう。鎌倉の都市問題の重要な役割の一端を担う存在であったのである。

（2）八幡宮の修復工事はその前の寛文五年〜八年の間に幕府主導で行われているが、その際の記録「鶴岡八幡宮寛文年中修復記」には、その関連記事はみられない。なお、文久二年（一八六二）日光准后（公猷法親王）宿割帳（『近世史料十二所編』四六六頁）も確認されるが、少々性格を異にするかにみえるので、ここでは比較検討の対象としない。

（3）元禄十六年（一七〇三）八月の日金山松源寺本尊地蔵菩薩像胎内銘（『鎌倉地方造像関係資料——第三集——』

一九七〇年）に「大石忠左衛門　小池丹後」「鈴木左近」などがみえる。この大石忠左衛門は、伶人の大石氏である。日金山松源寺は、その菩提寺であった（参考事項C）。なお、このなかには確認されないが、嘉永三年五月御備場役人が宿泊したなかに「主計」宿がみえる。これは多主計宿とみられるので、伶人多氏もやはり旅宿を経営していたことになる（『市史近世史料二』二一七＝神近三四八）。

（4）　このなかには、寛保二年（一七四二）春「古書物かき物御用」として鎌倉寺社の史料調査を行った青木昆陽の「雪下泊」が含まれていた可能性が高い（「十二所村諸用留」『鎌倉』一五号）。この点は、拙稿「青木昆陽の金沢称名寺・鎌倉史料調査――『諸州古文書』編纂史の一齣――」（『千葉大学人文研究』五二号、二〇二三年）を参照。

第六章　八乙女大石家の本陣化とその背景について

ところで、第五章では、「御門前中旅籠屋」の中心が社人でも八乙女・神楽男・伶人家であったこと、そのなかでの大石氏の本陣化を見通した。本章では、その背景を検討したい。

そもそも、本陣大石氏の史料的初見は、先にみた享保十一年（一七二六）十月の「本陣宿（大石）平左衛門」である。その淵源を確認するうえでは、寛永十二年（一六三五）に大石氏の旅宿が「嶋津繁之輔殿御泊」地となった事実を如何に位置付けるかが重要であろう。というのは、島津氏が鎌倉を訪れた直接的契機は同年から事実上始まった参勤交代に合わせて先祖忠久の墓前詣であったが、それは、以後近世末期に至るまで大石氏の旅宿が島津氏の定宿となる原点をなす機縁となったからである。(1)その由縁に大石氏が案内役に相応しいという事情以上に大石氏の旅宿が特別な存在であったという事情が想定されよう。それが、後の本陣という存在ではなかったかという見通しである。

その後は、寛政三年（一七九一）二月の「雪之下にて御支度所之儀、御本陣大石平左衛門方え被仰付奉畏候」

（松浦静山「甲子夜話《かっし》」『市史紀行地誌』）、弘化四年（一八四七）六月付一札状（「八幡宮御用留記」）の「御本陣大石平左衛門」、安政二年（一八五五）二月二十一日の「鎌倉御本陣大石平伍」（『村田清風全集下巻』マツノ書店、一九九〇年。四六二頁）、文久二年（一八六二）九月十日の「本陣大石平左衛門」（石井和毅「御朱印請取之諸記録」『鎌倉』九五号、二〇〇二年）、慶応三年（一八六七年）九月の「雪ノ下本陣大石方」（「鶴岡日記（二）」）などと随所にみえ、本陣であったことは、近世末期まで変わりがなかったのである。

問題は、その大石氏の本陣化の歴史的背景如何である。他の伶人などの社人、特に後に神楽男小頭《こがしら》とみえる小池氏や他の八乙女でなく八乙女大石氏なのかの問題である。その点、以下の諸点が指摘されよう。

第一は、大石氏の由緒・来歴が重要な意味を持ったと思われることである。それは、「古より当職を勤めしが、元弘の乱を避藤沢諏訪社地に退き、数代住居し、文禄元年旧職に復す」（「風土記稿」）とされること、先の文禄三年三月付文書を伝来せしめたのが八乙女では、この大石と山崎・大沢の三家だけであったこと、ただ同格とみられる山崎も「祖守王は山崎村天神社の神職なりしが、文禄元年三月、当職に補す」とみえるだけであること、また大沢も「大沢宮王　大沢左衛門尉信弘の裔にて祖宮王慶長九年死初当国六所宮に仕へしが、北条氏分国の頃当職に補す」とみえることから、大石氏が八乙女中一番の由緒・来歴を誇る家であったことは間違いない。(2)近世末期ではあるが、「本陣大石平吾　本社巫女頭　平左衛門改名」（『村田清風全集上巻』マツノ書店、一九九〇年。七七頁）とみえるのも、ゆえなしとしない。

第二に旅宿経営は本陣化の直接的前提であり、その中心は八乙女と神楽男であった以上、その任に堪えうるのは、かれらであったことである。

第三に先にみた「鎌倉公方御社参次第」でも「御神楽銭百貫、是ハ八乙女請取」とみえたように神楽銭が八乙女宛に配当されるように、神楽の主体は、八乙女であったこと、それは、宝永六年八月十五日の放生会の「祭礼行列之次第」でも八乙女中心に行われていること、などから神楽男よりも八乙女の神事における立ち位置の重要性がその社会的位置に大きく影響を与えたと思われること。

これらの諸条件のうえに大石氏の本陣化がなされたと想定される。それは、社人が等しく認知したうえでのものであったがゆえに、近世末期まで変化をみなかったのである。(3)

以上、八乙女大石氏の旅宿が寛永十二年段階には本陣化していたと思われること、またその歴史的背景について三点にわたって見通した。

注

（1）この前後の専論には、岸本覚「鎌倉薩長藩祖廟と明治維新」（田中彰編『幕末維新の社会と思想』吉川弘文館、一九九九年）・「長州藩藩祖廟の形成」（『日本史研究』四三八号、一九九九年）がある。

（2）『神奈川県皇国地誌　相模国鎌倉郡村誌』（神奈川県図書館協会、一九九一年）に「和田義盛之墓　鶴岡八幡社前置石町平民大石若世宅地ノ内ニアリ五輪ノ石浮屠ニテ文字ナシ土人相伝ヘテ義盛ノ墳墓ト云フ」とみえる。近世末期から近代にかけては、「和田義盛」末孫説と併せて屋敷内の「和田義盛之墓」が喧伝されることになる（「明治19年大石家銅版画」『図説鎌倉回顧』）。

（3）島津藩のみならず御三家水戸藩の利用（小丸俊雄編『東光山　英勝寺御用留』私家版、一九七三年。『鎌倉志料第十一巻』六一頁）。幕府朱印状が各寺社に渡された「雪下村」「御旅宿」とは、具体的には本陣を指した（『鎌倉志料第十一巻』四一三頁・四一五頁。「亀谷山記録（一五）」『鎌倉』一二〇号）。

第四部　雪の下の世界と社人・非社人の活動

第一章　八幡宮門前の旅宿について

——文政四年段階の状況——

これまで十八世紀初頭にはほぼ特定化される二十四軒の「御門前中旅籠屋」が存在し、その多くが八幡宮の「門前」（表門）と西門（裏門）前の小袋坂、馬場町、岩谷堂周辺に存在したことを見通した。以下、その具体的な情景を検討したい。その点、やや後年の文政四年（一八二一）正月十七日の火事の様子を記した二編（㈠㈡）は、はなはだ示唆的である。[1]

㈠は、火事を見聞した鎌倉の日蓮宗寺院長勝寺日統の直話を記した大田蜀山人（四方赤良）「一話一言　巻四十七　○鶴岡山炎上事記」（『日本随筆大成別巻一話一言6』吉川弘文館、一九七九年）の「正月十七日昼後より南風吹出夜に入風倍〳〵強く、夜五ツ時前の頃雪の下村置石町東側あめや藤兵衛宅より出火あり、南風にして無程同町西側に火移り、両側南より北の方へ宮居を差て火勢吹かけ申候」「社檀に納有之宝物・什器類過半焼失」「裏御門夫より供僧」「九ヶ院・小別当共類焼、供僧・小別当とも什物・古文書等不残僧侶の法衣迄も焼失と云り」「供僧の院々焼亡して余炎後の山林に焼入、六本杉夫より山の茶屋焼亡して南風不止、山中深くやけ入」「武州久良岐郡釜利谷村の近辺まで山林凡三里程焼亡」「雪の下置石町火元より風上にて人家東頬四軒西頬八軒災を免る、其余南方不残焼亡」「火元あめや藤兵衛も八幡の社人也と云」と記す。

㈡は、十方庵大浄「遊歴雑記」(『市史紀行地誌』)に「当年巳の二月石見宅の半町も筋向より出火し(中略)南風はげしく(烈)両側へ焼広がり、雪の下の町大半焼失し、表通り西は一町余焼込別当も類焼し、東は半町余りやけ(焼)失ぬ、尤此地表側のみ家作有て裏手は畠などなれば家数約百余軒も類焼せしならんが、左はいへ段かづら(葛)通り見ぼ《ママ》しき家々は皆焼亡しける(中略)本社・廻廊須臾の間に焼失しける」「是によつて雪の下の町並、ゑのしま(江の島)の開帳に付、普請とりいそぎ(中略)小池石見は今唯小屋掛にて酒食をひさぎ、(松尾)滝右衛門は家作出来せしかどもいまだ店をひらかず、石見が向ふ成池田隼人は漸く普請仮成出来し(中略)是を止宿とさだめ(中略)申の半刻隼人が宅へ罷りぬ。雪の下類焼して天行賑ふは、此節長谷の観音前と鶴が岡西門通り坂路の旅籠やなりけり」と記す。

この㈠㈡の記事から文政の火事の火元が「八幡の社人」「雪の下村置石町東側あめや藤兵衛宅」であったこと、その「筋向」にあたる「雪の下西側小池石見方」が煽りを受けて被災し、隣接する松尾「滝右衛門」のこと、さらに小池「石見が向ふ成池田隼人」[2]の罹災状況などが確認される。「小池石見方」は神楽男、松尾「滝右衛門」は八乙女、「池田隼人」は伶人であった。社人「あめや藤兵衛」(職業飴屋か)も同様の可能性が高いものの、特定はしえない。

ここに大石氏のことはみえないが、文政十一年二月十七日「拙宅(大石)普請ニ付小池新太夫方借請賄仕候」(「御屋形様御参詣並御名代記留」『鎌倉』七七号)とか嘉永五年(一八五二)四月十三日の「拙宅(大石)差支ニ付小池江相頼」(「御屋形様御参詣並御名代記留(続)」『鎌倉』七八号)とみえ、罹災といい普請といい、小池との極めて近い関係にあったことが窺われる。これは、八乙女・神楽男という関係と同時に隣り合わせという事情によるところ大であったと思われる。(3)明治の配置図にも、富田・大沢・山崎（「（松尾）滝右衛門」）・小池、大石が地番続きで確認される。また「石見が向ふ成池田隼人」も、同様に置石を挟んだ「向ふ成」（東側）に伶人池田義雄が確認される。火元「あめや藤兵衛」も、社人と想定される所以である。

すなわち、(一)(二)などの記事から神楽男小池・八乙女松尾・伶人池田家などの被災状況が窺われ、かれらが生活圏を同じくしたことが裏付けられ、また記載のなかった富田・大沢(4)・坂井などの八乙女・神楽男の多くの罹災が想定された。

ところで、先の「遊歴雑記」は「一話一言」より以上に「雪の下西側」の情景を伝えるが、東側＝「向ふ成」については、伶人池田隼人のことに言及するのみである（記主が「昼餉」をとり、また「止宿」した関係からか）。ただ「南風はげしく両側へ焼広がり、雪の下の町大半焼失し、表通り西は一町余焼込別当も類焼し、東は半町余りやけ失ぬ」と記す通り、同様な被害を受けたのであった。

その際、東側の様子は西側に比べて不明なところが多いが、その点、先述の享保二年（一七一七）三月の太宰「湘中紀行」には、「雪下」「逆旅」「館主松尾氏」とともに「本祠伶工」を「世業」とする「老人」「鴨氏」と「其子弟」「少年」「二人」（笛を吹く大石氏＝「伶工石生」と篳篥《ひちりき》を吹く「鴨氏」）などがみえて、東側の一端が窺われる。また寛政九年（一七九七）八月の田良道子明甫「相中紀行」（『市史紀行地誌』）に「雪の下の旅亭に至て宿す。宿する所の旅亭ハ雪の下の社人加茂左京なるもの丶家なり」とみえ、先の伶人加茂家による旅宿経営が裏付けられる。当時門前の東側には加茂氏が三家あったので、「老人」「鴨氏」、篳篥を吹く「鴨氏」、「加茂左京」が如何なる関係にあるかは確定し難いが、緊密に関わり合った一族には違いない。またこの大石氏は、「風土記稿」に伶人大石丹司勝義＝「笙の役なり」とみえる家である。

このように門前の東側の加茂氏・大石氏と西側の松尾氏とは、置石（作道）を挟んで対峙する形であったのある。その距離は、松尾旅宿で吹いた太宰の笛の音が加茂・大石両氏に聞こえる程のものであった。音を通じて八乙女松尾氏―伶人加茂・大石両氏―太宰春台間で展開された文化交流の一齣であった。なお、享保三年没とされる辻頼母（「風土記稿」）、宝暦十三年十月付建長寺山門再建勧進牒（「鎌倉建長寺近世史料（三）」『三浦古文化』一一号）の「置石」「頼母」、文政十年七月十五日付福山結制納下牒（「建長寺近世史料（一二）」『鎌倉』一〇四号）の「雪下辻右近（兼隆）」という辻氏も「羯鼓を役とす」（「風土記稿」）伶人であった。明治の配置図にも、門前の東側にみえる。この加茂・大石・辻の他にも、明治の配置図から神楽男吉田、八乙女黒川・小坂・小島などの存在が想定され、その間の有機的な繋がりが十分想定される。

以上、八幡宮の「宮ノ前」の東西の屋敷の配置状況を見通すと、東側はほぼ順に承仕山口、伶人加茂一族・池田・大石・辻諸家などが続き、その後に八乙女小坂・黒川・小池・小島、神楽男吉田などの諸家が続く形にみなされる。それに対して、西側はほぼ順に八乙女富田(5)・大沢・山崎、神楽男小池家、八乙女大石家、神楽男村岡・坂井・小池・坂井・鈴木家と続く形になっている。この結果から、東側は伶人を中心にして、それに若干の八乙女・神楽男が加わるのに対して、西側は八乙女・神楽男を中心にして、伶人は存在しないという一大特徴が看取される。東西でかなり顕著な相違をもって社人同士が対峙していたかにみえる。これが中世段階のあり方をどこまでふまえたものかは不明にしても、一つの近世的到達点であったことには違いなかろう。

注

（1）　なお、それ以前の寛保三年（一七四三）二月十三日にも「晩五ツ前ゟ雪下大火、置石自鉄《くろがね》井観音谷正覚院坂之下迄、夜八ツ前相止候」（『鎌倉志料第五巻』一一二頁）というかなりの規模の火事が確認されるが、その影響や被害の状況については不明である。

（2）　伶人池田隼人（良成）は、嘉永三年（一八五〇）五月の海岸御備場役人の旅宿した宿の主人としてみえる「御

宿　隼人」と同人であろう（『市史近世史料一』二一七）。

（3）火事前の文政二年四月に鎌倉を訪れた十方庵大浄は「遊歴雑記」で「雪の下小池石見が宅に憩ひて昼餉したゝめぬ」と記している。嘉永四年の江戸町人中川某「江の島鎌倉金沢旅行日記留」（『鎌倉』一二号）に「鎌倉雪の下泊　一、八百廿四文　小池旅籠代」とみえる。また火事後の文久二年八月に鎌倉に立ち寄った出羽本生（秋田県由利本荘市）城下の有力商人今野蔵松の姉いとの「参宮道中諸用記」（『本荘市史史料編Ⅳ』一九八八年）には、「一、鎌倉　神主小池石見　泊　一、七百五拾文　宿料」と具体的である。

（4）嘉永元年（一八四八）三月の遠馬《えんば》の際の御用宿に「雪之下村御宿滝右衛門」と本陣（大石氏）、小池、大沢、富田が指定されている（『市史近世史料一』二三〇）。また嘉永四年の中川某「江の島鎌倉旅行道連れ三人笑ひ」（『鎌倉』一二号）にも「彼八幡前雪の下小池何某に足を止めぬ、此並び取付は、こいけ（小池）、隣を松を（松尾）、大さわ（大沢）、角や（角屋）、丸屋とて皆旅籠屋なり。爰を雪の下といふ」あり、その軒並みの様子が裏付けられる。なお、大沢屋については、文化六年の扇雀亭陶枝「鎌倉日記」に「雪の下大沢屋新右衛門とかいへるにて昼のしたためす」、天保十年の原正興「玉匣両温泉路記」（板坂耀子編『江戸温泉紀行』平凡社、一九八七年）に「比企が谷、妙本寺を見て雪の下へ出れば、日も山の端へ落れば、大沢屋と云宿へとまり（泊）定めぬ」「口ずさみつゝ大沢の宿へかへり、高どの（殿）より見るに、此あたり（辺）はなべて（並）旅人のやど（宿）する家なれば、をとめ（乙女）らの門にいでゝ、かしがましきまで立さわげども、ふせ（伏）屋のみ多く、田舎のさま也」とみえて、大沢屋が「高どの（殿）」（二階建て）らしいことや若い娘の客引きの様子などが知られる。以後も、嘉永三年の海岸御備場役人宿「御宿　専助」（『市史近世史料一』二一七）、『山ノ内村御用留』の嘉永七年条に「細川様御役人衆」「雪の下大沢御泊り」、安政二年の李院の妻「江の島紀行」（『市史紀行地誌』）に「鶴が岡の三の鳥居前、雪の下なる大沢にてしばし休らひ」「ゆきの下大沢へ立寄れば日暮ぬ」などとみえる。

（5）角屋＝角庄（後に角正）の明治前期の写真（『図説鎌倉回顧』、『100年前の横浜・神奈川　絵葉書でみる風景』有隣堂、一九九九年）、『明治一五〇周年記念　激動の鎌倉』（鎌倉歴史文化交流館、二〇一八年）においても、二階建ての様子が窺われる。関東大震災で倒壊したが、昭和四十七年（一九七二）四月以降の「富田かく女の談によれば、旅館角正にはわざと茅葺の一棟をを保存してあったが、総二階百畳敷の部屋があって、鎌倉一の宿屋であった」（鈴木『鎌倉への道』）という。因みに一八九七年（明治三十）の「鎌倉江の島　手引草」（『珍籍鎌倉文庫』村田書店、一九七七年）には、「鎌倉郡鎌倉町字雪ノ下鶴ケ岡八幡宮表鳥居角旅館並料理店　対鶴館　角屋正左衛門事　富田省三」とみえる。なお、同書には「祖先より五十八代継続致し伝来の古書画骨董陶器漆器刀剣古金襴切類沢山古今彫刻品等有之候」ともみえる。特にその「古書」が如何なるものであったのか注目される。当然修史館重野安繹の鎌倉史料調査の際に「逆旅主人富田省三ノ所蔵弘安三年院宣一巻ヲ得タリ」と確認された弘安三年五月五日付亀山上皇院宣がそのなかに含まれていたに違いない（拙稿「弘安三年五月五日付亀山上皇院宣の伝来考証――特に『富田文書』をめぐって――」『鎌倉遺文研究』四七号、二〇二一年）。写真11は、その跡地の近影である。

写真11　富田屋（角屋）跡地

写真12　鶴岡八幡宮太鼓橋（戦前絵葉書）

第二章　八幡宮西門周辺の世界Ⅰ

――社人たち――

それでは、もう一つの「御門前中旅籠屋」にみえる八幡宮西門（裏門）の世界は、如何であろうか。そこには、すでに水戸光圀「鎌倉日記」段階には「若宮ヨリ西脇ノ町屋」と記される程の世界が形成されていたし、扇雀亭陶枝「鎌倉日記」段階には「総門（西門）を出れば、家つづき（続）にて巨福路坂なるに」、十方庵大浄「遊歴雑記」段階には「鶴が岡西門（裏門）通り坂路の旅籠」の「天行賑ふ」が記される世界が展開していた。「鶴が岡西門通り坂路」に旅宿が集住していたことは間違いない。そのなかで罹災した大石氏が「巨福呂坂篝屋庄兵衛宅」に本陣を仮設したのであった。以下、その世界の人びとを検出してみたい。

①文政七年（一八二四）二月、小袋坂石塔に「当所石井氏」「奉進拝秩父鎌倉三浦　三十三霊場　石井氏」（内田「小袋切り通しとその付近」、三浦『鎌倉の史跡』）とみえる石井氏。先述のように石井氏の祖は、㊀天文九年（一五四〇）十二月五日付北条氏綱判物写（「鶴岡造営日記」戦北一七六）と㊁天正九年（一五八一）十一月十四日付北条家朱印状（「石井文書」戦北二二八八＝神八六七八）の宛所の三人「（小池）新大夫　坂間大夫　六郎五郎」の一人「六郎五

郎」とされ、㈡文書を伝来せしめた家である。石井氏は、以後も貞享五年（一六八八）九月付鶴岡八幡宮領永高書上覚（『市史近世史料一』一四八）に「一、高百五拾文　石井　神事之砌諸社人催之鐘撞役料」、宝暦十一年（一七六一）十二月十六日付「相州川東」（「逗子東昌寺文書」）に「一、石井庄司殿　海光院目代」、寛政八年（一七九六）前後の「谷文晁好古紀行」（『森銑三著作集第三巻 人物篇三』中央公論社、一九七一年）に「岩瀬氏出示古文書、石井甚右衛門蔵」、「風土記稿」に「社人」「石井庄司儀昭」、文政十二年の石塔台石（内田「小袋切り通しとその付近」）に「小袋坂」「石井庄司」、天保十四年（一八四三）十月の庚申塔に「巨袋坂講中」「石井庄七」、安政五年（一八五八）三月付宗門人別改帳に「石井庄司」、安政五年七月十九日「馬場町石井庄司隠居」「石井保右衛門」「宗達政男信士」「芳春妙艸信士」「善道喜助信士」「能得平助信士」（「亀谷山記録（五）」『鎌倉』一〇七号）、万延元年（一八六〇）の庚申塔台石に「小袋坂講中」「石井庄司」などと多数確認される。中世には六郎五郎、近世には庄司、近代には先述の通り録（六）郎五郎を通称とした中世以来の社人であった。なお、明治の配置図では、「西脇ノ町屋」の一画を占める馬場町に面した在所が確認される。「小袋坂講中」は、「西脇ノ町屋」をも含めるものであったとみられる。旅宿との関係は、後述したい。

②文政十年七月十五日付福山結制納下帳（「建長寺近世史料（一二）」『鎌倉』一〇四号）に「一、金壱朱　小袋坂石川掃部」とみえる石川氏。石川氏は、先述のように確実なだけでもC「鶴岡事書日記」の明徳五年「公文石河法橋」・応永四年「社家代官石河」以降、F「鶴岡御造営日記」の「天文九年十二月五日」「銀番衆可被改事」に「石河掃部助」、寛永五年八月朔日付定書に「一、掃除事、社中者小別当幷神主・石川如先規可申付之事」、社人分名寄帳に「石川分」「合弐貫九百五拾弐文」「社人御免屋敷」＝「一、弐百三拾七文　石川」、貞享五年九月付八幡宮領永高書上覚に「一、高弐貫九百五拾弐文　石川役料」、宝暦十一年十二月十六日付「相州川東」に「一、石川掃部殿　荘厳・安楽目代兼」、宝暦十三年十月の建長寺山門再建勧進牒に「一、金弐朱」を寄附したとみえ

る「小袋坂」「石川掃部」（『鎌倉建長寺近世史料（三）』）、寛政元年（一七八九）五月に「石川掃部」、「石川掃部子息」「若輩」（『鎌倉志料第九巻』一三七頁）、文政十一年の「鎌倉攬勝考巻之三」の「鶴岡八幡宮並若宮神事行列之次第」に「御弓　神人石川掃部役之」、天保三年五月の「絵図写取　石川掃部㊞」（「扇ヶ谷村絵図」『鎌倉の古絵図（2）』鎌倉国宝館、一九六九年）、天保三年十二月の「鶴岡荘厳院目代　石川掃部」（『英勝寺御用留』）、天保十四年十月の鎌倉絵図『鎌倉――史蹟めぐり会記録――』（鎌倉文化研究会、一九七二年。二七五頁）に「石川市正㊞」、弘化三年十月の小袋坂の猿田彦大神石塔再興に「石川市正」、嘉永五年十一月付英勝寺領地図（『鎌倉の古絵図（3）』鎌倉国宝館、一九七〇年）に「鶴岡社人　石川市正㊞　岩瀬一学㊞」、「風土記稿」に「社人」石川掃部信清、「塔」（中略）「社人石川掃部預レリ」、慶応三年付「鶴岡日記（二）」に「石川掃部」、明治三年十二月付社務人戸籍に「御掃除指揮役」「石川清」などと多数確認される。通称掃部《かもん》・市正《いちのかみ》をほぼ世襲する中世以来の社人であった[1]。なお、明治の配置図でも小袋坂に在所が確認される。ただ旅宿との関係は、不明である。

③万延元年（一八六〇）の庚申塔台石に「小袋坂講中」「岩瀬主税」、また年代不明塔に「岩瀬主税」とみえる岩瀬氏。岩瀬氏は、永禄元年（一五五八）四月の古河公方足利義氏の社参の際の「社人岩瀬」を史料的初見として以降、貞享五年九月付永高書上覚に「一、高弐貫文　御膳師岩瀬役料」、享保十一年十月の鶴岡一山中掟（『市史近世史料二』一九八）に「主税印」、宝暦十一年十二月十六日付「相州川東」に「一、岩瀬一学殿　増福院目代」、宝暦十三年十月付建長寺山門再建勧進牒にみえる「馬場町」「主税」、寛政八年（一七九六）前後の「谷文晁好古紀行」に「岩瀬氏出示古文書、石井甚右衛門蔵」「鶴岡社司金子兵部家蔵（中略）岩瀬主人借来示」、文政九年九月の役人・諸方宿覚に「岩瀬一学」、天保三年五月の扇ヶ谷村絵図「役人大石兵伍（平）　岩瀬一学」、天保八年十二月の「岩瀬一学十二月十九日奉納牒共持参被致候」（「鹿山公私諸般留帳（五二）」『鎌倉』一二七号）、弘化二年付円覚寺領鎌倉郡極楽寺村絵図（『鎌倉の古絵図（3）』添付の天保十四年六月付「申上候口上覚」に「鶴ヶ岡八幡宮役人岩

写真13　丸山稲荷社

瀬一学と申者、当寺（極楽寺）江罷越申候」、「風土記稿」に「社人岩瀬一学尚継」「丸山稲荷社―社人岩瀬一学持」（写真13）「大供所（竈殿）―社人岩瀬一学預レリ」、弘化四年四月の「八幡宮御用留記」（『市史近世史料二』一五八）に「月番岩瀬一学」、嘉永元年三月付八幡宮領・宝戒寺領幷浄明寺村領地境界図（『鎌倉の古絵図（3）』）に「鶴ヶ岡（中略）地方兼帯社役人　岩瀬一学㊞」、嘉永五年十一月付英勝寺領絵図（『鎌倉の古絵図（3）』）に「鶴岡社人　石川市正㊞　岩瀬一学㊞」、安政五年三月付宗門人別帳に「手長御膳司岩瀬主税」「一学」、万延元年閏三月の「小袋坂講中」「岩瀬主税」(2)らによる「猿田彦大神」石塔建立（内田「小袋切り通しとその付近」、三浦『鎌倉の史跡』）、文久二年六月の「明王太郎金談ニ付、鎌倉岩瀬一学殿迄参り候」（『明王太郎日記上　堂宮大工が見た幕末維新』東海大学出版部、二〇一七年）、慶応元年六月七日に「鎌倉鶴ヶ岡山神主大伴左衛門幷ニ目代岩瀬主税両人の者共一山惣代と相成」（同前）、慶応三年付「鶴岡日記（二）」（『鎌倉』四九号）に「社役人岩

瀬主税」(3)、明治三年十二月付社務人戸籍に「神饌調進司岩瀬準三」など多数確認される。通称主税・一学をほぼ世襲する中世以来の有力社人であったのである。なお、明治の配置図では、①在所が石井氏と隣接しており、(4)同じ「小袋坂講中」であった。岩瀬と旅宿の関係は、役人・諸方宿覚や文久二年閏八月付日光准后（公猷法親王）宿割帳でも確認される。

④文政十二年（一八二九）の「小袋坂」の石塔に金子泰輔とみえる金子氏。金子氏は、先述の「香蔵院珎祐記録」の長禄四年（一四六〇）にみえる「金子」を史料的初見にして以降、文明十二年（一四八〇）の八幡宮の神事で奉納される角觝《かくてい》=相撲右長職金子駒房の存在が確認される中世以来の社人である。近世に入っても、それを家職とし、その役料が貞享五年（一六八八）付八幡宮領永高書上覚の「一、高五百文　神之相撲抜役料」「一、高四百文　神之相撲役料」であった。(5)金子氏は、その他、書上覚の「一、高弐貫七百五拾四文　小太夫手長役料」とみえる小太夫も、(6)「風土記稿」が金子氏を「御手長役」「小大夫」と記しているので、同氏の役料とみられる。寛政元年（一七八九）付「御殿司年中行事記」の「小太夫」、文政十一年（一八二八）の「鎌倉攬勝考巻之三」掲載「鶴岡八幡宮並若宮神事行列之次第」の「御杖　神人小大夫役之」も同氏であろう。相撲職と手長役・小大夫役を務めていたのであった。

そうした金子氏は、寛政八年前後の「谷文晁好古紀行」に「鶴岡社司金子兵部家蔵、兵部者金子十郎孫、又曰住吉小太夫孫」、宝暦十一年（一七六一）十二月十六日付「相州川東」の「一、金子泰介殿　香蔵院目代」、宝暦十三年十月付建長寺山門再建勧進牒にみえる「織部」、「風土記稿」の「社人」「金子泰亮勝佳」「天神・松童・源大夫・夷三郎合社」「社人金子泰亮預れり」「高良《こうら》明神社」「泰亮預れり」、天保二年（一八三一）二月の「金子泰輔」（『鎌倉――史蹟めぐり会記録――』鎌倉文化研究会、一九七二年。二一八頁）、天保三年五月付扇ヶ谷村絵図の「金子泰輔㊞」、天保十四年の「小袋坂講中」の石塔に「金子□□」、天保十五年の庚申講帳に「金子富蔵」（『道ばた

の信仰　鎌倉の庚申塔』一六三頁）、安政五年（一八五八）三月付宗門人別改帳の「金子織部[7]」、万延元年（一八六〇）の「小袋坂講中」による猿田彦大神石塔建立碑の「金子織部」、万延元年付庚申講中帳の「富蔵」、慶応元年（一八六五）の「金子左近」、慶応二年の「金子織部」「金子織部孫作太郎」、慶応三年の「織部」「左近」（『鶴岡日記（一）』『鎌倉』四八号）などと多数確認される。明治三年十二月付社務人戸籍に「神饌供執次」「金子真三郎」、明治の配置図でも小袋坂に金子真三郎とみえる。特に「金子泰亮勝佳」段階の「相州文書」には、五通の伝来文書が確認される。ただ家系的に泰輔（泰介・泰亮）系と織部系が存在したようで、この前後、泰亮勝佳後に織部系の金子富蔵＝金子織部・金子左京＝真三郎がみえる通りである。金子富蔵と金子織部は同人で金子織部富蔵、その子息が左京真三郎ということであろう。

　ところで、金子氏と旅宿との関係は通称織部を使用した社人は金子氏だけであるので、享保十一年（一七二六）十月の「御門前中旅籠屋」の一軒織部は同氏に比定され、その関係が確認されることは、先述の通りである。ただ文政九年の役人・諸方宿覚には、織部の名前はみえない。或は、当時旅宿を経営していなかったのであろうか。そのことと絡んで検討すべきは、金子氏と丸屋との関係如何である。丸屋の史料的初見は役人・諸方宿覚であるが、それは、相前後する絵図・名所記の板元＝「鎌倉丸屋富蔵」と同一体であろう。それ以降は、天保九年（一八三八）四月の「鶴ヶ岡丸屋」（『相中留恩記略』）、天保十一年七月の「当所休泊渡世仕候富蔵」（『八幡宮御用留記』）、天保十五年正月七日の「一、三百五拾八文　かまくら　丸や（屋）休」（『瀬戸佐野斎宮道中入用覚』佐野『瀬戸神社』七二六頁）、弘化四年（一八四七）六月の「小袋坂富蔵」（同前）、嘉永七年（一八五四）正月の「小袋坂丸屋富蔵」（『山ノ内村御用留』）、安政二年三月の「百性（姓）丸屋富蔵」（『雪ノ下組合村々書上帳』『市史近世史料一』一七）、安政五年四月の「小袋坂丸屋」（『山ノ内村御用留』）、安政六年六月八日の長岡藩士河井継之助「塵壺」（『市史紀行地誌』）にみえる「裏門（西門）前丸屋に宿」、文久二年（一八六二）八月の「丸屋富蔵」（『御屋形様御参詣并御名代記留』『鎌倉』

七八号)、文久二年閏八月の「丸屋留蔵《ママ》」(「日光准后宿割帳」『鎌倉近世史料十二所編』四六七頁)、元治元年(一八六四)九月の「丸屋富蔵」、明治三年付社務人戸籍の川瀬敬次郎母きく＝「百姓富蔵娘」、明治十三年九月の「丸屋富造《ママ》」(『市史近世史料二』一二五頁)などが確認される(8)。

このように丸屋富蔵が屋号と名前(通称)であったとすれば、当然名字が問われよう。その点、後の明治十八年七月付鎌倉保勝会寄附金簿(『市史近代史料二』二四八頁)には、「長谷　三橋与八」「角庄事　富田省三」らと並んで「丸屋事　岩沢作太郎」とみえ、丸屋の経営者は当時岩沢作太郎であったのである。この人物は、金子織部富蔵の孫である。岩沢氏は、寛政十一年(一七九九)正月吉日の庚申供養塔に「小袋坂町」「岩沢平助」、先の庚申講中帳の記事に金子富蔵と並ぶ岩沢竹次郎、万延元年の庚申塔台石の「小袋坂講中」「岩沢竹次郎」などとみえ、さらに明治の配置図にも小袋坂の入り口に岩沢作太郎が確認されるという具合である。その身分は、非社人にして百姓であった。それゆえ、「当所休泊渡世仕候富蔵」と記されたものと推察される。

すなわち、金子泰亮勝佳が岩沢氏出身であったとみられること、金子織部富蔵の孫が岩沢氏の養子となっていることなど、両氏が身分を越えて緊密な一家をなしていたと推察される。それが富蔵の共有に象徴されたのである(9)。そこには、社人金子氏と百姓岩沢氏の在所が隣接していたことも背景にあったかと思われる。その意味で、金子氏独自の旅宿の存在は確認されないが、両家一体の旅宿としての丸屋とみなされよう。

⑤役人・諸方宿に指定された追川俊蔵(尚正)。追川氏は、「風土記稿」に「内膳某　延享三年死の時今の氏に改む」と記され、それ以前は坂間氏と称したという。その坂間大夫は、C「鶴岡事書日記」で明徳五年(一三九四)六月の「酒間大夫」を史料的初見とし、「快元僧都記」にも「坂間父子」「坂間部屋」(その詰所か)以下随所に窺われたことは、先述の通りであり、天正九年十一月十四日付北条家朱印状の宛所の三人「新大夫　坂間大夫　六郎五郎」の一人としてみえることも、先述の通りである。社人分名寄帳で「諸社人」の一人「酒間分」、「社人御

免屋敷」「坂間」、貞享五年永高書上覚に「坂間太夫　手長役料」、寛政元年九月の「御殿司年中行事記」に「酒間」、宝暦十一年十二月十六日付「相州川東」に「一、及川俊蔵殿　我覚院目代」、文政九年の役人・諸方宿覚に「追川俊蔵」、文政十一年の「鎌倉攬勝考巻之三」の「鶴岡八幡宮並若宮神事行列之次第」に「御手箱　神人酒間大夫役之」、天保三年五月付扇ケ谷村絵図「追川俊蔵㊞」、「風土記稿」で「社人」「追川俊蔵尚正」「三島・熱田両社の神事あり、社人追川俊蔵持」、安政五年付宗門人別改帳に手長方神官小頭追川内膳、文久元年七月に松源寺世話人追川内膳、慶応三年の「鶴岡日記（二）」に追川左《内》膳、明治三年付社務人戸籍に神饌供執次追川央など多数確認される。役人・諸方宿に指定される岩瀬、小浜屋、井筒屋、丸屋、明石屋、山崎屋、箒《ママ》屋、加茂将曹は、いずれも小袋坂を含めた「若宮ヨリ西脇ノ町屋」の旅宿であったと思われ、追川俊蔵も同様と思われる。明治の配置図でも、追川央の在所は「西脇ノ町屋」の一郭を占める馬場町をへた岩谷堂に面して在する。追川氏は、確実に中世以来の社人であった。旅宿との関係も、役人・諸方宿覚にみえる通りである。

⑥岩瀬氏や追川氏と同様に役人・諸方宿に指定された加茂将曹（弘化四年五月十八日没。「鶴岡八幡宮伶人先祖書」『市史近世史料一』一八七）。加茂将曹は伶人加茂四家（文司・将曹・伊織・健司）の一家で、寛永十七年付地方改帳に伶人長右衛門分（↓加茂将曹）、「御免屋敷」として加茂屋敷長右衛門、「風土記稿」に加茂将曹和蔭、安政五年付宗門人別改帳に給人方加茂靫負、慶応三年の「鶴岡日記（二）」に伶人加茂靫負、明治三年付社務人戸籍に加茂政雄、加茂将吾、加茂登、加茂玄造などとみえる加茂氏の一族である。

そもそも、加茂氏自体の史料的初見は、先述の通りF「鶴岡御造営日記」の「天文九年十二月五日」「銀守漆番之事」「三番　賀《加》茂太夫」である。明治の配置図では、加茂三家（文司・伊織・健司）は八幡宮ノ前の東側に確認されるが、この加茂将曹家だけは、⑤の追川俊蔵に隣接して確認される。文政九年の役人・諸方宿覚に加茂文司がみられるので、加茂四家のうち二家が宿所に指定されたことになる。寛政九年の田良道子朝甫「相中紀行」

に「長谷小路を経て雪の下の旅亭に至て宿す、宿する所の旅亭ハ雪の下の社人加茂左京なるものゝ家なり」とみえる「社人加茂左京」（文政元年七月八日没）家とは、八幡宮の「宮ノ前」東側に住した加茂三家の一家と推察される。「風土記稿」には「後年戦争の頃多離散して、加茂余三朝末と云者のみ、当所加茂屋敷に住居し、社役を勤む」という「加茂屋敷」がみえる。寛永十七年付地方改帳の伶人長右衛門分、「社人御免屋敷」の加茂屋敷長右衛門が天和三年九月には当時加茂将曹分とみえる。この加茂将曹和蔭家が他三家と種々異なる点、文政九年付役人・諸方宿覚で加茂文司＝役人宿に対して加茂将曹和蔭＝諸方宿であったこと、嘉永七年（一八五四）七月付無尽積金議定書（神近三四八。「鶴岡八幡宮蔵多家資料」）で「仲間八軒」として加茂登・加茂玄蕃・大石左門・辻内記・池田隼人に続いて加茂将吾が最後の八番目の署判者であること、それは、安政二年八月付伶人出勤依頼状（『市史近世史料一』一八三）でも多主計・加茂登・加茂玄蕃・辻内記・大石左門・池田隼人に続いて加茂将吾が最後の八番目の署判者であること、小袋坂を含めた「若宮ヨリ西脇ノ町屋」に住したことも、この一家が唯一加茂氏の出身地を自称する京都太秦《うずまさ》姓を使用続けたことと（「風土記稿」「鶴岡八幡宮伶人先祖書」）、なんらかの関係が想定される。伶人加茂家正嫡の可能性である。ただ「相州文書」段階の「加茂文書」伝来家が健司家であって将曹家ではなかったことを如何考えるか問題が残されていよう。

以上、社人で近世段階に西門（裏門）・小袋坂・馬場町・岩谷堂周辺の居住が確認される①石井氏、②石川氏、③岩瀬氏、④金子氏、⑤追川氏、⑥加茂将曹を検討した。小袋坂居住とその講中たることが明確な①石井氏、②石川氏、③岩瀬氏、④金子氏・「若宮ヨリ西脇ノ町屋」の⑤追川氏・⑥加茂将曹とに大別されるものの、いずれも中世、南北朝・室町・戦国期以来の社人であった。またそのなかで旅宿経営が確認されるのは、③岩瀬氏、④金子氏＝岩沢氏、⑤追川氏、⑥加茂将曹であったことを見通した。

そのなかでも、それ以前の享保十一年の「御門前中旅籠屋」のなかに確認される主税が③岩瀬氏に、織部が④

金子氏とすれば、⑤追川氏も⑥加茂将曹も通称として記載されている可能性も高いし、そこでは通称不明で特定されていない人物のなかに①石井氏、②石川氏が含まれていた可能性も、これまた否定できない。

注

（1）ただ「鶴岡社務記録」の康永二年（一三四三）四月二十四日条にみえる「相模国小石河《ママ》公文兄弟」との関係は不明である。

（2）なお、高野山高室院文書・相州川西月牌帳（『新横須賀市史資料編古代・中世補遺』三二五六）に「相州鎌倉雪下岩瀬四郎左衛門為子立之　道春禅定門　菩提　元和八年六月廿六日同正月七日入道」がみえる。或は、一族であろうか。

（3）この人物は、万延元年（一八六〇）十月二十二日「鎌倉鶴ヶ岡八幡大門前」（下馬四ッ角といわれている）で起きた英人殺害事件の際に「鶴岡八幡宮社役人」（「イワセ＝チカラ」）として「フナバシ＝ゲンジ《ママ》」＝舟橋郡司とともに「証人」役を務めている（『市史近世通史編』。岡田章雄『鎌倉英人殺害一件』有隣新書、一九七七年）。その後の関係史料に文久二年（一八六二）八月朔日付神奈川御奉行所等宛相州鎌倉鶴岡社家休泊同業富田織衛・同所名主壮介連署状（「岡本新弌氏所蔵文書」『市史近世史料一』二九九）がある。

（4）なお、『明王太郎日記上　堂営大工が見た幕末維新』（東海大学出版部、二〇一七年。一九三頁）の文久元年（一八六一）十月二十八日条に「鎌倉八幡宮様参詣。左ニ岩瀬宅へ参り申候」とみえ、西門からみて「左」にあったことが知られる。白井永二『鎌倉』（角川文庫、一九七〇年）は、「駐車場の南に崩壊寸前になっている藁屋根二階建ての家があるが、御膳司《ごぜんし》岩瀬家の旧宅で、八幡宮祀職の家の唯一の遺構である」と記すが、現在は存在せず。

（5）なお、その「神事相撲」の実態については、「薬師堂の後に四本柱土俵まふけたり」「近国のとりて（取手）ども、みな裸程に色々の犢鼻褌、しろと（素人）行司のしまらぬもおかしく、先十二三の子供よりはじめ、半元服、後は大すまふ（相撲）、野毛新田の熱鉄、さがみ（相模）の金碇、伊豆の黒岩など、こと〴〵しく名のる」（「鎌倉三五記」）というものであった。遡って天文九年十一月二十一日にみえる「於下宮、神楽・相撲、神馬・太刀以下、従太守（氏康）進献」（「快元僧都記」）も同様なものであったと思われる。

（6）なお、「弘安四年鶴岡八幡遷宮記」にみえる「宣命使二人　二王大夫　小大夫経重」の小大夫経重が金子氏か否かはなお確定し難い。

（7）なお、この宗門人別改帳には住み込みとして「下男弐人　下女四人」が記載されているが、それ以外の日雇人を含めると相当数の使用人が想定され、旅宿丸屋の繁栄の程が窺われる。これは、後述の川瀬氏の猿茶屋の場合と同様である。

（8）なお、富蔵自体の史料的初見は、文化四年（一八〇七）六月十五日付雪ノ下村青梅聖天修復金貸附議定書（『市史近世史料二』一四八）である。ただこの富蔵が金子富蔵か丸屋富蔵かは不明である。

（9）なお、正徳二年（一七一二）来迎寺木造阿弥陀如来坐像銘札及び胎内文書（『鎌倉地方造像関係資料――第七集――』）に「一、百文　同町（大蔵町）丸ヤ（屋）久兵衛」、文久二年閏八月の日光准后宿割帳に「丸屋留蔵《（ママ）》」と並んで「置石」「留《（富）》蔵」がみえるという具合に、丸屋と富蔵は、商人の富の代名詞として広く使われた。それは、大黒屋や恵比寿屋などと同じである。

第三章　八幡宮西門周辺の世界Ⅱ
――非社人たち――

この地域には、第二章でみた社人以外の様々な人びと＝非社人が確認される。例えば、近世中後期以降、安永四年（一七七五）の「岩谷堂丁　久右衛門　馬場丁　仲右衛門　坂町　五兵衛　同　忠右衛門　同　和斎」（『道ばたの信仰　鎌倉の庚申塔』一六〇頁）、安永七年八月に報国寺地蔵講の鬮を落とす「小袋坂　吉右衛門」「小袋坂　万吉　同所　忠右衛門」（『鎌倉志料第七巻』二七七頁）、天明八年（一七八八）三月道造供養塔の「当所願主藤蔵庄八」（内田「小袋切り通しとその付近」、三浦『鎌倉の史跡』）、寛政六年（一七九四）二月付庚申供養決算書の「久右衛門　喜右衛門　六兵衛　与兵衛　忠右衛門　仙蔵　権四郎　庄八」（『鎌倉』一三号）、寛政十一年正月吉日の庚申供養塔の「小袋坂町　鈴木庄八　岩沢平助　蔵並金次郎　磯部弥右衛門　鈴木惣兵衛　早川□□　以下不明」、「小袋坂町　鈴木庄八　岩沢平介など八名連名」、享和元年（一八〇一）十一月の横浜市戸塚区深谷の専念寺本堂棟札に「棟梁大工鎌倉小袋坂葉山喜右衛門安蔵」（『神奈川県近世社寺建築調査報告書（本文篇）』一九九三年。四六二頁）、享和三年の岩谷不動参道所在の塔に「構《(講)》中　岩谷堂　小袋坂　久右衛門　□□□□　同忠左衛門　同忠六衛　同五郎□」（『道ばたの信仰　鎌倉の庚申塔』一一九頁）、文化五年（一八〇八）四月十二日遠馬につき人足役勤方覚（『市史近世史料二』二二八頁）に「小袋坂藤蔵御宿」、文化十五年正月付庚申仲間控に「山崎屋」「岩瀬」「石井」「大喜」「井筒屋」「半次郎」「小浜屋」「音右衛門」、天保十四年十月の庚申塔に「巨袋坂講中　川瀬杢左衛門　磯部弥兵衛　倉並金兵衛　早川□□　鈴木□□　戸川□□　田中秀五郎（小浜屋）　金子□□　石井庄七　平川□□　桜井□□　以下不明」（『道ばたの信仰　鎌倉の庚申塔』一六二～一六三頁）。弘化四年（一八四七）六月付訴願状（『市史近世史料二』二七二頁）の（小袋）「坂　弥助　（平川）熊二郎　（田中）源次郎　（内田）源蔵」、「雪ノト村　字小袋百姓　長吉」（飴売り）、「小袋坂富蔵　同善《ママ》右衛門　同川瀬杢左衛門」、万延元年の庚申塔台石の「小袋坂講中　岩瀬主税　金子織部　石井庄司　小池半次郎　平川熊次郎　田中源次郎　田中増五郎　鈴木紋次郎　内田源蔵　□□《早川カ》吉右衛門　倉並金兵衛　岩沢竹次郎　川瀬杢左衛門」（『道ばたの信仰　鎌倉の庚申塔』）、万延元年閏三月二十五日付小袋坂・馬場町庚申講講中帳（『鎌倉』一三号）に「岩瀬氏」「（川瀬）杢左衛門　（岩沢）竹次郎　（蔵並）金兵衛　（内田）源蔵　（田中）源次郎　（金子＝丸屋）富蔵　亀次郎　（石井）庄司　（平川）熊次郎（文久二年の八幡宮の灯籠にみえる「地形方当所　熊次郎」と同人か）　（田中）増五郎　（鈴木）紋次郎　（早川カ）吉左衛門」、文久二年四月に「小袋坂源蔵」（『亀谷山記録（一四）』『鎌倉』一一九号）などとみえる人びとである。「小袋坂町」の総体的な発展を示すものである。**写真14・15・16**を参照。

　ここには、先の社人①石井氏、②石川氏、③岩瀬氏、④金子氏、⑤追川氏やその同族が確認される一方で、非社人の葉山・藤蔵・鈴木・岩沢・蔵並・磯部・早川・田中・内田・平川などの諸氏も多数確認される。（内田）源蔵などは、八幡宮への参詣者の案内人を務めたり（「八幡宮御用留記」）、小別当大庭氏の触口（「鶴岡日記（二二）」）として活躍するなど、八幡宮の様々な活動を底辺から支えた人物であった。

　以上の点からしても、役人・諸方宿に指定された小浜屋、井筒屋、明石屋、山崎屋、箒屋《ママ》が社人経営か非社人

写真14　小袋坂「入口」(鶴岡八幡宮側)

写真15　小袋坂石塔群

写真16　小袋坂「奥地」（現在建長寺側へは行き止り）

経営が注目されるので、以下、検討したい。

⑦小浜屋は、文政十二年の石塔に「小袋坂」「小浜屋秀五郎」（内田「小袋切り通しとその付近」、三浦『鎌倉の史跡』）とみえるので、小袋坂に所在したことは間違いなし、秀五郎の名乗りも確認される。また文化十五年の講中名にも、「小浜屋」が確認される。その名字は、天保十四年の庚申塔銘の「巨袋坂講中」に「田中秀五郎」とみえるので、田中姓と確認される。これも非社人である。

⑧井筒屋は、寛保二年（一七四二）六月の「雪ノ下岩谷堂　三左衛門」（「安齋松平氏所蔵」『鎌倉近世史料長谷・坂ノ下編』鎌倉市教育委員会、一九七五年）を史料的初見として以降、宝暦十三年（一七六三）十月の建長寺山門再建勧進牒にみえる「馬場町」「井筒屋三左衛門」、明和六年（一七六九）の「雪下　三左衛門」（「安齋松平氏所蔵」）、安永五年（一七七六）の「大久保三左衛門」（同前）、「雪下井筒屋三左衛門」「井筒屋」（『鎌倉志料第七巻』二四頁）、安永六年の「井筒屋忠蔵」（「安齋松平氏所蔵」）、安永八年の「雪

之下　預主　三左衛門」(同前)、天明八年（一七八八）・寛政元年（一七八九）・年未詳の記事の英勝寺「御用達町人」＝「井筒屋三左衛門」(『英勝寺御用留』)、寛政十一年の「井筒屋三左衛門」(「安齋松平氏所蔵」)、享和二年（一八〇二）の「鶴岡八幡様　一、金百疋　井筒屋ち」(佐野『瀬戸神社』七〇六頁)、文化十五年正月庚申仲間控（『道ばたの信仰』一六二頁）の講中「井筒屋」、安政二年正月の「雪下横町大蔵橋本西御門覚園寺大町迄一反、井筒屋ち坂之方江上り、建長寺前山之内大船村迄」(「亀谷山記録（三）」『鎌倉』九四号)、文久元年（一八六一）十二月の「馬場町　井筒屋」(「亀谷山記録（一三）」『鎌倉』一一八号)という具合に確認され、「雪ノ下岩谷堂」「馬場町」に所在し、そこからの小袋「坂之方江上リ」という位置関係も追認される。

この井筒屋の主人は、史料的初見の「雪ノ下岩谷堂　三左衛門」とほぼ同日の「雪下　大久保三左衛門　同三右衛門」が同事案の関連文書であるので、大久保氏に比定される。嘉永五年二月の「亀谷山記録（一）」(『鎌倉』九一号)に「大久保氏井筒屋三左衛門」とみえる通りである。文久二年五月三日の「馬場町大久保造酒之介倅十三才」(「亀谷山記録（一四）」『鎌倉』一一九号)ともみえる。大久保氏は、「風土記稿」で「下社家四人舟橋・大久保・清水・安田四家あり、役料を配附す、其内大久保采女は、古文書二通を蔵す[1]」、文化十三年付神器等焼失調書に「社中番人」「四人前」、文政二年付鶴岡八幡宮並若宮神事行列之次第（「鎌倉攬勝考巻之三」）に「御幣」「下社家二行勤之」、明治三年付社務人戸籍に「御拝殿番下社家」「大久保喜内」とみえる。社人とはいえ、神主大伴氏の「内」者(「下社家」「神主役人」)であったのである[2]。

なお、井筒屋は、文政十年（一八二七）七月付福山結制納下牒（「建長寺近世史料（一二）」『鎌倉』一〇四号）に「饗応設斎」として「一、金参両　深川　井筒屋半兵衛　設斎料」、「施入」として「一、金壱歩　深川　井筒屋弥七」とみえる江戸深川の井筒屋との関係も想定されてよい。江戸と鎌倉を繋ぐ役割を果たしていたとみえる。

⑨明石屋は、文政四年の「遊歴雑記」に「鶴が岡西門通り坂路の旅籠」「八幡の西坂なる明石屋」とみえるが、

それ以前の正徳・享保（一七一一〜一七三五）頃とされる絵図の「版元　明石屋六兵衛」（白石「江戸時代の鎌倉絵図――諸版略説――」）と同一体とすれば、十八世紀初頭には存在していたことになる。(3) その後の文政十二年の石塔に「小袋坂」「明石屋正右衛門」、安政六年（一八五九）の「明石屋講金弐歩取ニ来遣之」（「亀谷山記録（七）」『鎌倉』一一〇号）、文久元年（一八六一）の「一、坂の　明石屋徳兵衛　一、馬場町　明石屋富次郎」（「亀谷山記録（一三）」『鎌倉』一一八号）などとみえ、小袋坂・馬場町に所在したことは確実である。(4) 井筒屋と屋敷を並べていたのである。その旅宿主氏名は不明であるが、早い段階からの活動と一族派生の様子から社人の可能性もあろう。

⑩山崎屋は、文化十五年の講中名にも確認されるし、文政十二年の石塔にも「小袋坂」「山崎屋万吉」とみえるので、小袋坂に所在し、万吉の名乗りも確認される。とすれば、安永七年（一七七八）八月の「小袋坂　万吉」（『鎌倉志料第七巻』二七七頁）、文化四年（一八〇七）六月付青梅聖天社修復金貸付議定書にみえる「万吉」との関連が想定される人物とみなせよう。ただその旅宿主の氏姓が不明で、社人か非社人かは確定しえないが、「万吉」の名からも非社人の可能性が高いか。

⑪箒屋は、本陣大石氏が火事の後に一時本陣を移した「巨福呂坂篝屋庄兵衛宅」との関連が問われよう。その点、ともに小袋坂周辺なことは間違いないので、同一の可能性も想定される。「箒」と「篝」の草書体は極似するので、いずれかであろう。箒屋は屋号から専門職能箒屋の可能性を示唆するし、篝屋《かがりや》は篝火《かがりび》との関係を示唆するが如きである。その点では、「風土記稿」で「火振免」（火振り＝松明などを振り回すこと）＝「二月・十一月初卯《はつう》の日、神事の時此役あり」とする「社人」、社務人戸籍の「殿頭守夜本番」役とみえる石井氏の存在が注目される。元治二年（一八六五）三月に八幡宮の「火方之手」「火方役」について「石井庄司ニ会合」とみえるのも理解される（「亀谷山記録（一九）」『鎌倉』一二六号）。とすれば、旅籠の確認されない「社人」石井氏の可能性が指摘される。その際には、「箒屋」ではなく「篝屋」ということになろう。ただ石井氏は代々庄司を通称とし、庄兵衛

は確認されていない。その点が残された課題である。

以上、八幡宮の西門（裏門）、小袋坂、馬場町、岩谷堂周辺には、第二章でみた社人以外の様々な人びと、非社人の葉山、藤蔵、鈴木、岩沢、蔵並、磯部、早川、田中、内田、平川などの存在が確認され、八幡宮の様々な活動を底辺から支えた様子が窺われる。また役人・諸方宿に指定された小浜屋、井筒屋、明石屋、山崎屋、箒（ママ）屋で氏姓が確認されたり想定されたりしたのは、小浜屋の非社人田中秀五郎と井筒屋の「下社家」大久保氏、篝屋の可能性も高い社人石井氏であった。それ以外は、なお不明である。

注

（1）天正二年閏霜月五日付北条氏繁寄進状写（「相州文書所収鎌倉郡鶴岡八幡宮下社家大久保釆女所蔵文書」戦北一七四五＝神八二五六）と慶長四年七月二十三日付鎌倉中宛彦坂元正手形写（『鎌倉市史史料編第一』）の二通である。いずれも流入文書であって伝来文書ではない。前者は、或は神主大伴氏の伝来文書であろうか。神主家の目代は下社家が担っていたので、その関係からの伝来ではなかろうか。なお、伊藤一美「鶴岡八幡宮と玉縄北条氏繁」（『戦国史研究』二八号、一九九四年）を参照。

（2）貞享五年（一六八八）付永高書上覚に「触口二人　役料」、社人分名寄帳に「触口与次右衛門分」「触口与右衛門分」、神器等焼失調書で「社中番人」は「新番二人・触口二人」とみえる俗人である。

（3）神田茂「鎌倉の古版絵図」（『金沢文庫研究』一三五号、一九六七年）は「弘文荘待売古書目第十八号（昭和二十四年十月号）二〇四番「相州鎌倉之図、延宝天和頃刊、縦約65、横約45㎝、図の上部中央に大きく、鶴ケ岡八幡宮を出し、下部に由比ケ浜にて漁する舟と人とを画く、左下に小さく板元明石屋久兵衛、田舎版らしく稚拙の趣あり、少しく筆彩」とある。明石屋板は沢氏の著書には見えないもので、寸法からしても、縦図の標準的なものであり、記述によれば初期のものらしい。」（原文のまま）と記す。「明石屋久兵衛」は「明石屋六兵衛」であろうか。ただ「延宝天和頃刊」「初期」とはみなし難いように思われる。

（4）この点、島本千也『鎌倉・都市の記憶』（私家版、一九八八年）は、「明石屋は一一〇（一一二？）にあった」

＝「磯部弥兵衛」か「内田源蔵」に推定されているかにみえる。確かに磯部・内田両氏とも、先述の通り寛政十一年の庚申供養塔の「小袋坂町」「磯部弥右衛門」、天保十四年の庚申塔に「巨袋坂講中」「磯部弥兵衛」、弘化四年の願上状の（小袋）坂「源蔵」、万延元年の庚申塔台石の「小袋坂講中」「内田源蔵」、万延元年の庚申講講中帳の「源蔵」などとして散見されるし、内田源蔵は小別当大庭氏の触口を務める人物であるが、通称で一致する人物が確認されず、なお検討を要しよう。

第四章　八幡宮西門周辺の世界Ⅲ

――猿茶屋と岡崎氏・川瀬氏――

八幡宮の西門（裏門）周辺の象徴的存在は、猿茶屋であった。その歴史と実態の検討を通じて当該地域の特徴を鮮明にしたい。

猿茶屋の史料的初見は、①『英勝寺御用留』の天明八年（一七八八）八月十日条「今日御夕膳後より小袋坂の猿御覽遊ばされ度く出御仰せ出され候間、御歩行にて入らせられ候、猿へ御菓子下され、それより八幡社内へ入らせられ、池の際弁天の社の後にて御遊慰、御弁当等上り、御供へも下され、七半時比帰御遊ばされ候事、但猿茶屋へ弐百文遣し候事、八幡社内にて富田屋より酒壱升取寄せ、敷物等借り候に付き、弐朱下され候事」という記事である。当時すでに猿茶屋は有名で、英勝寺主の幼女＝清玉は遊びに行き猿にお菓子を与えたというのである。以降、②寛政十年（一七九八）の「鎌倉勝概図」に「さる茶や」、文化六年（一八〇九）の扇雀亭陶枝「鎌倉日記」に「総門を出れば、家つづきにて巨福路坂なるに、猿茶屋と云に休て、酒筒をひらき、鰺《あじ》ぬたてふ物作せぬ。庭の真なかに、大きやかなる猿をつなぎ置たり。此茶屋店は、江戸より遠乗の騎しや休足の所なり」とみえる(1)。③文政十年（一八二七）の火事の際に「山の茶屋焼亡」（『一話一言巻四七』）とみえるのも、「猿茶屋」のことであろう。④天保九年（一八三八）閏四月の「程ヶ谷より金沢道さる茶屋迄駕」（『相中留恩記略』）、⑤安政二年（一八五五）三月付雪ノ下組合村々書上帳（『市史近世史料一』一七）に「社家猿楽《ママ》屋杢左衛門」などとみえ、その史料的終見は⑥安政六年三月の猿茶屋の法事（『亀谷山記録（八）』『鎌倉』一一一号）である(2)。

この①～⑥をみる限り、猿茶屋は近世中後期のものとみられるが、「寛永十九年（一六四二）以降、（中略）元禄十六年（一七〇三）迄の、約六十年の間に本絵図の制作が行われた」とされる「相州鎌倉之本絵図」（飯島秀民「東北大学附属図書館蔵『相州鎌倉之本絵図』」『三浦古文化』三四号、一九八三年）にみえる小袋坂の建長寺側に他と形態を異にする建物を②「鎌倉勝概図」の「さる茶や」と同一体とみなせれば、その存在は、近世前期にまで遡りうることになろう。

この猿茶屋の主人「杢左衛門」が川瀬氏であることは後述の通りであるが、その主川瀬氏の史料的初見は、小袋坂大御坊稲荷社の天保十三年（一八四二）十一月吉日付手洗鉢（『としよりのはなし』鎌倉市教育委員会、一九七一年。四二頁）の「願主川瀬」である。以後、天保十四年十月付庚申塔に「巨袋坂講中」「川瀬杢左衛門」、弘化四年（一八四七）六月二十八日付連署一札（『八幡宮御用留記』）に「小袋坂」「川瀬杢左衛門」、安政三年九月付長州様普請方御役所御役人中宛大工（川瀬）杢左衛門普請見積書（『市史近世史料一』二九三）、安政四年十月吉祥日付英勝寺棟札（『鎌倉――史蹟めぐり会記録――』八一頁）に「大工棟梁　河内長右ヱ門長義　同世話役　河瀬杢左ヱ門棟治」、安政五年三月付宗門人別改帳に「川瀬杢左衛門」(3)、万延元年三月付庚申塔台石に「小袋坂講中」「川瀬杢左衛門」という形で確認される(4)。

ただこの川瀬氏の動向は、八幡宮の大工岡崎氏のそれと緊密に結びつくものであった。それは、慶長九年（一六〇四）八月十五日付八幡宮寺棟札写（『鶴岡八幡宮文書』）の「当社大工　岡崎左右衛門尉能継」以降、元和七年

（一六二一）三月五日付岡崎久平宛左衛門尉（岡崎左右衛門尉能継か）手形写（「相州文書所収鎌倉郡岡崎宇右衛門所蔵文書」）・同日付（岡崎）久平宛（岡崎）喜太郎証文写（同前）、寛永十七年（一六四〇）付社人分名寄帳の「諸社人分」として「大工杢左衛門分」「大工宇右衛門分」と「社人御免屋敷」「一、弐百文　大工屋敷　杢左衛門」、寛文八年（一六六八）八月十日付八幡宮棟札の「当社大工　岡崎宇左衛秀兼　岡崎源内金治(5)」、貞享五年（一六八八）九月付永高書上覚の「一、高壱貫文　大工二人役料」、元禄十七年（一七〇四）二月二十二日付鎌倉中太子講大工中間帳（『市史近世史料一』二五六）の「雪下　宇左（ママ）衛門㊞　源内㊞」、文化十三年（一八一六）付八幡宮文化度神器等焼失調書の「御宮大工分」「一、布衣　弐人前」（岡崎宇右衛門　岡崎源内）、文政十一年（一八二八）付御作事方御用記録の「鎌倉方大工持場之分」に「大工肝煎岡崎宇右衛門　岡崎源内」、文政十一年の「鎌倉攬勝考巻三」の鶴岡八幡宮並若宮神事行列之次第の「御大工両人二行」、「風土記稿」の「大工棟梁　二人あり」＝「岡崎宇右衛門（中略）其子左衛門尉は、慶長九年社頭再造の時棟梁たり」・「岡崎源内　宇右衛門の分家なり、左衛門尉の子、木工（杢）左衛門尉を祖とす」という具合に、関係史料では岡崎氏のみ確認され、大工川瀬氏が確認される史料的初見は、先述の安政四年十月吉祥日付英勝寺棟札の「大工棟梁　河内長右ヱ門長義　同世話役　河瀬杢左ヱ門棟治」である。次いで、安政五年三月付宗門人別改帳の「御大工　岡崎右衛門」・（御大工）「川瀬杢左衛門」という具合である。

こうした岡崎氏と川瀬氏の関係をみる限り、八幡宮「大工二人」の実態が文政期〜安政期にかけて「岡崎宇右衛門」・「岡崎源内」（祖岡崎杢左衛門尉）から「岡崎宇右衛門」・「川瀬杢左衛門」へ大きく変化したことが知られる。当然「岡崎源内」と「川瀬杢左衛門」の関係が問われるが、史料的に確認されるのは「岡崎源内」に代わって、その通称杢左衛門を襲封した川瀬氏の登場ということであった。その変化は、天保十三年十一月吉日付石灯籠の「願主川瀬」を史料的初見にして以後、天保十四年十月付庚申塔の「川瀬杢左衛門」、弘化四年六月付一札の「川瀬杢左衛門」とみえることでも裏付けられる。

とすれば、②「鎌倉勝概図」にみえる「さる茶や」やそれ以前とみられる「相州鎌倉之本絵図」段階の屋敷の主人は、「岡崎源内」であったことになる。旅宿経営の主体でもあった大工岡崎氏の地位をそのまま「川瀬杢左衛門」が引き継いだのである。川瀬氏は、八幡宮の大工という地位と小袋坂の旅宿主という二つの地位を同時的に承継したのであった。その交代の背景として想定されるのは、「岡崎源内」の没落である。代わって登場する川瀬氏がその通称杢左衛門を襲封し、また「大工　二人」制を維持したのをみると、川瀬氏は、他所者《よそもの》というよりも岡崎氏周辺にしてかつ当地とも有縁な氏族であったと推察される。その背後に川瀬氏独自の族的発展があったことはいうまでもなかろう。

そうした大工川瀬氏を考える場合、その前提である岡崎氏とその「大工　二人」制（岩谷堂の宇右衛門家と小袋坂の源内家）が何時頃まで遡及しうるかは重大な問題である。その点、岡崎氏の史料的初見は文明十年（一四七八）六月二十五日付江戸平河天満宮（千代田区平河町）建立棟札写（『北区史資料編古代中世1』）の「大工岡崎七郎左衛門国重」（扇谷上杉氏＝太田氏との関係からの活動か）で、次いで、慶長九年（一六〇四）八月十五日付八幡宮棟札写（「鶴岡八幡宮文書」）の「当社大工　岡崎左右衛門尉能継」である。

ただ南北朝期の延文三年（一三五八）の八幡宮「大工左衛門大夫国吉、著狩衣」（「大庭文書」神四三三五＝南関二八〇三）は『鎌倉市史史料編』の指摘するように岡崎氏に比定されること、それより遡る貞和元年（一三四五）十二月の「大工狩衣」（「鶴岡社務記録」）も同人の可能性が高いこと、「快元僧都記」にみえる天文二年（一五三三）五月の「当社之大工又三郎祖母」・天文三年閏正月の「当社大工」・天文八年七月の「当社大工」＝「大工左衛門大夫」・天文九年七月の「当社一引棟太郎左衛門」なども岡崎氏に比定されること[6]、天文十九年伊豆山旧蔵鐘銘追刻（神三〇〇三）の「大工秀吉」も、天文二十一年付由井浜大鳥居造営記録（「鶴岡御造営日記」）の「岡崎　大工事者御祖計也大工飛弾《（驒）》守被物一重　兄弟二千疋也」・「鶴岡大工」「大工子両人、右《（マヽ）》衛門大夫清原信吉、弟神三郎清吉」の「大工飛弾《（驒）》守」＝「大工前飛驒秀吉」（「岡崎卯右衛門が家蔵古記」「風土記稿」）と同人の岡崎氏（清原姓）に比定されること（湯山「鶴岡八幡宮の大工――戦国期・鎌倉の寺社付属職人――」『鶴岡八幡宮の中世的世界』初出一九八九年）などから、岡崎氏の南北朝期からの八幡宮の大工としての活動と天文年代の兄弟制による活動が確認されるのである。[7]

そこで問題となるのは、兄弟制・「大工　二人」制と川瀬氏との関係如何である。その前に慶長九年八月十五日付八幡宮寺棟札写の「当社大工　岡崎左右衛門尉能継」、元和七年三月五日付岡崎久平宛左衛門尉手形写・同日付（岡崎）久平宛喜太郎証文写、寛永十七年付社人分名寄帳の「大工杢左衛門分」「大工宇右衛門分」の理解が問題となるが、この点、「風土記稿」は、「先祖を飛驒守と称す、其子左衛門尉は、慶長九年社頭再造の時棟梁たり、元和七年三月、其子久平に与へし、職業の譲状、今に蔵す（中略）」・「岡崎源内　宇右衛門の分家なり、左衛門尉の子、木工《（杢）》左衛門尉を祖とす」と記す。「大工飛弾《（驒）》守」の子息「左衛門尉」＝「岡崎左右衛門尉能継」。「岡崎左右衛門尉能継」の子息久平＝宇右衛門家。「左衛門尉」＝「岡崎左右衛門尉能継」の子息「木工《（杢）》左衛門尉」＝源内家、という関係と解される。とすれば、岡崎久平宛手形の発給者左衛門尉は「岡崎左右衛門尉能継」にして、岡崎喜太郎は久平の弟で「木工《（杢）》左衛門尉」＝源内家と理解されるのではなかろうか。この推移は、中世的な兄弟制から近世的な本家・分家制＝「大工　二人」制への変化であったと評価される。

すなわち、八幡宮大工岡崎氏の活動は南北朝期には確認され、戦国期には兄弟制の展開をもたらし、近世には本家・分家制として展開した。これは、先述の応永期の「巨福路坂番匠」＝岡崎氏の可能性を一段と高めようし、兄弟制から本家・分家による「大工　二人」制の展開であった。その一角に川瀬氏が食い込んだことになる。

それは、当然身分的にもそれに規定されることになる。川瀬杢左衛門は、宗門人別改帳の最後に（御大工）「川瀬杢左衛門」にして社人中最低額の役料が記され、社務人戸籍の殿頭守夜本番川瀬敬次郎も、「風土記稿」や宗門人別改帳の対象外であった「下社家四人」の前に記載されるという位置であった。社人とはいえ、あくまでも商職人「大工」（「宮大工」）であったのである。それは、そのまま「岡崎源内」に遡及されるものであったと推察され、中世以来ハレの舞台で活躍してきた岡崎氏も、八幡宮の身分秩序上では最下位に位置付し、やはり商職人の一人として扱われたのであった。その経営する猿茶屋が、旅宿としての利用客の面で大きな差別をうけたのも、当然であった。猿茶屋は、諸方宿にも含まなかったし、大名・家臣が宿泊用として富田屋＝角屋・「大沢」屋・「小池」屋・「松尾」屋を利用した際でも、「日雇万下宿」として利用されたのであった。その限りでは、猿茶屋は、⑦小浜屋、⑧井筒屋、⑩山崎屋などと同じレベルの旅宿であったのである。

写真17　源頼朝の墓（戦前絵葉書）

なお、小袋坂の茶屋が猿茶屋と呼ばれた背景には、小袋坂の交通・運輸手段としての牛馬の厩と緊密な関係があったと推察される。牛馬の厩の守護神としての猿の存在である。絵図・日記に観光スポットとして紹介される猿茶屋の背後に交通・運輸手段としての牛馬がいたのである。島津藩一行の源頼朝（写真17）・島津忠久墓参の際に御馬用として利用されたり、①「鎌倉日記」に「此茶屋店は、江戸より遠乗の騎しや（者）休足の所なり」とみえるように旗本の遠馬の際の「馬口洗水」場として利用されたりしたのが、猿茶屋であったのである(8)。猿茶屋の原点は、猿ではなく牛馬の厩にあったのである。

以上、猿茶屋の問題を大工岡崎氏・川瀬氏との関わり合いから検討した。川瀬氏は、小袋坂の「番匠」以来の系譜的繋がりが想定される岡崎氏の職能と地位を引き継ぐ形で登場したこと、猿茶屋はすでに岡崎氏段階には存在し、旅宿と牛馬の厩を構える存在であったこと、猿は牛馬の守護神としてのものであったこと、八幡宮の身分秩序では岡崎氏と同様に最下位に位置付けられていたこと、それゆえに旅宿として猿茶屋も大名・家臣用ではなく「日雇方」用のレベルであったこと、などを見通した。

注

（1）茶屋が一種の客引きの見世物に鳥獣類を利用した例には、その他、文化六年（一八〇九）四月「雪の下八幡の御社近迄行廻りて、赤橋といへる橋のわき（脇）のかたに出茶屋有、孔雀を置て人にみする」（扇雀亭陶枝「鎌倉日記」）という孔雀の例が知られる（江戸浅草に「孔雀茶屋」もあったという〈「我衣」〉）。これは、牛馬と猿との関係のようなものではなく、単なる客寄せの見世物と思われる。

（2）その後のものであるが、『御鎮座八百年記念　鶴岡八幡宮』（一九九一年十月。横浜高島屋ギャラリーの展覧会図録）・『御鎮座八百年　鶴岡八幡宮』（鶴岡八幡宮、一九九一年十一月）掲載の明治四年五月境内絵図に小袋坂「葬事門」の前に画かれた「社家」は、川瀬氏の猿茶屋であろう。

（3）なお、この宗門人別改帳には、住み込み「下男弐人　下女三人」が記載されていて、それ以外の日雇人を含めると、その旅宿繁栄のほどが窺われる。その点は、先述の丸屋の場合と同様である。

（4）猿茶屋＝川瀬氏は、杢左衛門（「棟治」）―某（夭死）―啓次郎―瀧三と次第した。安政五年（一八五八）三月は杢左衛門段階、翌年三月二十一日の「猿茶屋法事ニ行待《（逮）》夜也」は杢左衛門の子息の死去のものとみられる。一八七〇年（明治三）十二月現在は啓次郎段階。その子息瀧三は『としより　の　はなし』の一九六五年当時七十歳であった。瀧三の談話は、小袋坂の往時を偲ぶ貴重な記録である。小袋坂の志一稲荷に大江広元の墓があり島津氏が毎年参拝にきていたという話など一考を要しよう。

（5）この前年の寛文七年の逗子神武寺薬師堂棟札（『神奈川県近世社寺建築調査報告書（本文篇）』）に「大工鎌倉鶴岡住岡崎吉兵衛」がみえる。これは、岡崎氏も宇右衛門家・源内家以外にも多様な族的展開があったことを示している。またその間で浮き沈みがあったことは、源内家の没落の示すところであり、それに絡んで周辺の多様な諸氏の活動があったことは、川瀬氏の登場の示すところである。こうした軌跡は、覚園寺大工渋谷氏の場合も同様である（拙稿「戦国期都市鎌倉の商職人の軌跡――鎌倉番匠渋谷氏の場合――」『千葉大学人文研究』四八号、二〇一九年）。また中世以来「鶴岡」「大工職」をめぐる番匠間の対立があったことは、「快元僧都記」や「鶴岡御造営日記」が縷々記すところである。

（6）この「当社之大工又三郎」はさることながら「大工左衛門大夫」も、従来「どこの大工か未詳」（『戦国遺文後北条氏編補遺編』頭注）とされてきたが、前条閏六月一日条の「当社大工」と同人と解されること、延文三年の八幡宮「大工左衛門大夫国吉」の存在、天文十九年伊豆山旧蔵鐘銘追刻の「大工秀吉」＝岡崎飛驒守秀吉の「大工子両人、右衛門大夫清原信吉、弟神三郎清吉」の存在などから岡崎氏に特定されてよい。なお、関口欣也『増補鎌倉の古建築』（有隣新書、二〇〇五年、二〇五頁）に建長寺山門の大扁額に「天文八亥六月廿三日　雪下大工左衛門大夫信吉」の墨書が発見された旨の報告がある。

（7）なお、「弘安四年鶴岡八幡遷宮記」には「弘安造営御沙汰之時、大工者号大夫一郎国末、而大工安堵之後号二郎大夫、仮殿造営之時者、着指貫畢、後造営之時、成左衛門大夫畢、良治正遷宮記云、大工国末云々、是正義歟、両所記相違畢、予正和四年五月十三日、相対于当大工国末法師子息、相尋名字之処、左衛門大夫国弘卜申、此一族者、国字於為片名云々、信乃僧都良尋同被聞之了」とみえる。

（8）その際の先触状が川瀬瀧蔵氏蔵として伝来する（『市史近世史料一』二三一・二三二）。それゆえ、猿茶屋は、遠馬茶屋とも呼ばれたという（『としより　の　はなし』）。杉谷文吾「鎌倉紙魚風土記（三）（五）」（『鎌倉』三号・七号、一九五九年・一九六二年）。なお、文化五年（一八〇八）四月十二日遠馬につき人足役勤方覚（『市史近世史料一』二二八）に「御案内迄雪ノ下株にて取賄、小袋坂藤蔵御宿」にみえる藤蔵氏は、天明八年（一八三七）三月「道造供養塔」に「当所願主藤蔵庄八」（三浦『鎌倉の史跡』）ともみえ、両者の関係が注目される。

第五章　八幡宮西門周辺の世界Ⅳ
——坂・峠・境——

これまで縷々言及してきた八幡宮西門（裏門）の世界の重要性は、すでに鎌倉末期の年未詳十月十六日付（釼阿）宛金沢貞顕書状（「金沢文庫文書」鎌二七一六六＝神二二〇三＝『金沢文庫古文書第一輯武将書状篇』一九五二年。一九七）に「去夜火事、近々之間、驚入候之処、無為無事候、為悦候、中江入道家焼失候了、不便候、主者在国候歟、岩屋堂者相残候之由承候、兼又西御門殿何事聞候らん可承存候」とみられる通りである。武蔵六浦庄釜利谷を本拠に金沢称名寺領下総下河辺庄などで多方面な活躍をみせた中江入道が岩屋（谷）堂に屋敷（出先機関）を構えていたのである。岩屋堂には金沢顕時・貞時邸があったとされるので（前田元重・福島金治「金沢文庫文書所収『宝寿抄』紙背文書について」『金沢文庫資料目録——書状編1——』神奈川県立金沢文庫、一九九二年）、金沢北条氏の都市鎌倉との関わり合いの重要な場であったと推察される。岩屋堂には、その他、佐野太郎基綱、進士判官代、工藤右衛門尉などが屋敷を構えていたといわれる（『吾妻鏡』『鎌倉市史総説編』吉川弘文館、一九五九年。高柳光寿氏執筆）。そうした延長上に先述の八幡宮の大工岡崎宇右衛門の岩屋堂居住が存在したとみられるので、八幡宮関係者がそれなりに居住していた可能性も高い。

　その点からも、小袋坂の原点をなすかにみえる、室町期の「鶴岡事書日記」応永七年（一四〇〇）六月条の「一、重禁人、於巨福路坂番匠許被忌事、重禁人者、社務兒《児》遠州加子殿子息」という記事が注目される。ここでの「重禁人」(1)は、加子《かこ》遠江守の子息であった。加子氏は、供僧最勝院賢円＝加子三河入道息（「鶴岡八幡宮寺供僧次第」）、若宮別当弘賢＝加子七郎息（「鶴岡八幡宮寺社務職次第」）などとみえる程に八幡宮と関係の深い氏族であった(2)。その延長上にこの度の「社務兒《児》」が登場したに違いない。加子氏は、同時代的にも二郎が鎌倉公方足利満兼の代始め社参に「御幣役」を勤めるなど（「鶴岡事書日記」）、「在府奉公」する「足利氏一門」（山田邦明「鎌倉府の奉公衆」『鎌倉府と関東――中世の政治秩序と在地社会――』校倉書房、一九九五年。初出一九八七年）でもあった(3)。それゆえの殿付きであろう。その子息が「社務」人ながら重罪(4)を犯したのである。

　そうした「社務」人の「重禁人」が「巨福路坂番匠」に預けられたのは、忌＝ケガレを祓うためであったとみられる。罪はケガレとされ、それを祓うために「巨福路坂」は相応しい地であったのである。坂や切通は、「商業と交換の栄える地」「刑場」「集団墓地」の世界とされ、特に「巨福路坂」は建長寺の地獄谷に連なる円応寺＝閻魔堂の再建された坂であった（石井進『日本の中世1中世のかたち』）。

　その際、具体的には「巨福路坂番匠」とあるように「番匠」に預けられたのであった。南北朝・室町期に「番匠」が小袋坂に住し、八幡宮の一種の刑吏の役割を果たしていたこと自体、その淵源は不明とはいえ、小袋坂と八幡宮の具体的な関係を示す点で注目される。その「番匠」は、先述の通り八幡宮の大工岡崎氏に系譜的に繋がる可能性が高いこと、その岡崎源内の跡を継承したのが川瀬杢右衛門であったこと、その川瀬氏経営の牛馬用の厩を構えた猿茶屋が坂・峠・境の象徴的な存在であったこと、などを考えると、そこに何らかの役割が託されていた可能性は否定できないのではなかろうか。

また戦国期の事例であるが、永正十一年（一五一四）八月付円応寺木像奪衣婆《だつえば》坐像胎内墨書銘(5)にみえる仏所弘円が各方面への勧進を行った際の「こふくろさか（小袋坂）ニわき者ありて、勧進てつたい（手伝）申也」という記事に注目したい。「勧進てつたい」の「わき者」とは、勧進銭徴収に長けた人物（商職人など）であったと推察される。人の行き会う場で鍛えられた算術能力が発揮されたのであろう。なお、後年であるが、正徳二年（一七一二）十二月付来迎寺阿木造阿弥陀如來坐像造立に奉加した「小袋坂町　能因」＝出家者もいる（『鎌倉地方造像関係資料――第七集――』）。

さらに近世の事例であるが、鎌倉絵図刊行をめぐる八幡宮との対立で主導的役割を果したとみられる板元「坂治右衛門」が小袋坂の人物であったことも注目される。かれは、宝暦十三年（一七六三）十月の建長寺山門再建勧進牒に「一、銭百文　小袋坂　治右衛門」ともみえる富裕な人物であった。またそこにみえる「同（小袋坂）吉右衛門」は、安永七年（一七七八）の「報国寺地蔵講」の「落䈵」主体「小袋坂　吉右衛門」と同人であろう。「報国寺地蔵講」には、「小袋坂　万吉」「同所　忠右衛門」もみえる。その他、享和元年（一八〇一）十一月付横浜市戸塚区深谷専念寺本堂棟札にみえる「棟梁大工鎌倉小袋坂葉山喜右衛門安蔵」（『神奈川県近世社寺建築調査報告書（本文篇）』）の活動も知られる(6)。多種多様な商職人が集住する世界であったのである。

以上、八幡宮西門（裏門）の世界は、中世以来小袋坂の坂・峠・境に象徴される聖俗相俟った人びとの集う場であった(7)。そのなかで、有徳人や番匠などの活躍や罪人のケガレを祓う場となるなど、多様な世界が現出されたのであった。西門（裏門）とはいえ、門前には違いなく、南門（表門）と一体となって八幡宮の「雪の下」世界を構成していたのであった。

注

（1）この「重禁」とは、「おもいきそく。おもいいましめ。苛法。酷法。厳法」にして、それに絡む「重禁錮」は「旧刑法で、一定の場所で定役に服せしめる刑。十一日以上五年以下の期間」（『大漢和辞典』）とされる。なお、八幡宮関係では、他に「八幡宮御殿司職一方系図」（『鶴岡叢書第四輯鶴岡八幡宮寺諸職次第』）に永尊「正和五年八廿五補、依重禁辞之」、賢仲「永享三十二廿依孔子被補也、同八年三月依重禁辞之」などとみえる。

（2）この点は、中田愛「中世後期の雪下殿と鑁阿寺」（『地方史研究』三八七号、二〇一七年）に指摘がある。

（3）「足利一門」全般については、谷口雄太『中世足利氏の血統と権威』（吉川弘文館、二〇一九年）を参照されたい。

（4）この加子遠江守の子息で社人の「重禁人」たる理由が注目される。子供の犯罪については、網野善彦・横井清『日本の中世6都市と職能民の活動』（中央公論新社、二〇〇三年。横井氏執筆分）が鎌倉期の京都での寺僧の子供による「宝物『金物』」略奪の様子を紹介する。また子供のみならず成人にして社人による宝物に係わる犯罪については、「香蔵院珎祐記録」などが種々記するところである。社人小池新大夫・宮下部は、「宮ノ金物数ヶ度トリ、或ハ質ニヲキ、或ハ売タル事」嫌疑で検断所に「禁籠」されたのであった（「香蔵院珎祐記録」）。「神物」・「仏物」を「僧物」や「人物」に移す行為は、特に重罪とされたという（笠松宏至『法と言葉の中世史』平凡社、一九九三年）。それが社人であったがゆえに、子供でも「重禁人」化されたのではなかろうか。その他、「鶴岡社務記録」は、「狂人」「稲荷神主子息」（五大堂稲荷社）の「召取」を伝えている。

（5）『大日本史料第九編之五』（一九二八年）永正十一年雑載。三山進「円応寺の彫刻と鎌倉仏師」（『鎌倉彫刻史論考』有隣堂、一九八一年）、『鎌倉震災史――歴史地震と大正関東地震――』（鎌倉国宝館、二〇一五年）などに収載される。特に後者は、貴重な写真版（東京国立博物館提供）を掲載する。

（6）寛政六年（一七九四）二月の「喜右衛門」（『鎌倉』一三号・『道ばたの信仰　鎌倉の庚申塔』）と文化四年（一八〇七）六月付青梅聖天社修覆貸付議定書（『市史近世史料二』一四八）の「小袋坂町内」喜右衛門は、同人であろう。

（7）この点に絡んで、先述の鎌倉幕府の正和二年五月八日付禁制、元徳二年九月十三日付禁制、鎌倉府の貞治元年十二月二十七日付禁制、至徳三年十一月十三日付禁制、永享四年十一月十五日付禁制などで「当社谷々在家人居住事」が対象となっているのは、「当社谷々」＝「雪下谷々」の小袋坂などの谷々に社人のみならず一般住人の居住が進み、それをめぐって種々対立が生じていたことを物語ろう。早くに文永六年（一二六九）二月十六日付別当宛関東御教書（「神田孝平氏所蔵文書」神五七三＝鎌一〇三七八）で「八幡宮谷々事、僧坊之外在家相交之由、有其聞、甚不穏便、早可被停止甲乙人止住之状」とみえるので、「僧坊」と「在家」＝「甲乙人」との鬩ぎ合いが起こっていたのである。ただその点は、その後の後北条氏段階以降の禁制には継承されていない。それは、何を意味するのであろうか。

第五部　史跡都市鎌倉の展開と社人・非社人の活動

第一章　中世鎌倉の旅宿の様相
——戦国期を中心に——

第四部各章でみた近世における八幡宮の両門前での旅宿整備が史跡都市鎌倉の展開と表裏一体の関係にあったことは、いうまでもない。その先蹤となった中世の旅宿は如何なる形で存在したのであろうか。その点を改めて確認したい。

紀行文などで特定の旅宿名を記したものが確認されないことは、鎌倉期の「海道記」（『中世日記紀行集』岩波書店、一九九〇年）が「御霊ノ鳥居ノ前ニ日ヲ晩《くら》シテ後、若宮大路ヨリ宿所ニツキヌ」（鈴木『鎌倉への道』は後の文章から「扇ケ谷あたりらしい」とする）とか久我雅忠の娘二条の「とはずがたり」が「荏柄、二階堂、大御堂などいふ所ども拝みつゝ、大倉の谷といふ所（中略）近きほどに宿をとりて侍り」などの記す通りである。「十六夜日記」（『中世日記紀行集』）も「東にて住む所は、月影の谷とぞいふなる、浦近き山もとにて、風いと荒し、山寺（極楽寺）の傍なれば、のどかにすごくて、浪の音松風絶えず」とみえる。これらの「宿所」「宿」「所」の実態は不明とはいえ、随時寄宿しうる場が存在したことを示そう。

その点、より後年の戦国期の後北条氏による八幡宮再建工事の様子を記録した「快元僧都記」には、以下のような「宿所」がみえる。

○天文二年閏五月晦日「大道寺上倉、神主方ニ宿所」、
○天文三年閏正月二十日「雑賀《さいか》屋敷ニ新造屋形被相建、鶴岡造営之間可有巡見計也」（『神奈川県史通史編1原始・古代・中世』〈佐脇栄智氏執筆分〉は「宝戒寺屋敷と同じであろう」とする。
○天文四年八月十日「奈良□左衛門、神主亭ニ窖等料理畢、明日帰宅之由申」
○天文六年六月十一日「真里谷八郎太郎物詣、鶴岡へ参著」「翌日江島へ参、当社神主方ニ一宿」
○天文九年九月二十二日（太守）「今日法（宝）戒寺屋敷被移」
○天文九年十一月二十三日「香象・相承・浄国三院為御礼、（大道寺）屋敷へ参」「氏康比企谷（妙本寺）ニ在陣罷出」
○天文十年二月五日「遠山甲斐守神主亭假宿」

これからは、神主大伴家の宿所や接待所としての重要性を示すものである。その利用者は鎌倉代官大道寺盛昌、江戸城代遠山綱景、上総真里谷武田信応、奈良大工という当時の都鄙の有力者であるので、一般庶民が神主大伴家を利用することはまずなかったと思われる。それは、小別当家も、同様であろう。

とすれば、数年間工事のために在鎌倉した京下の職人・関東各地の職人以下一般労働者（「人夫二千余人」ともみえる）たちは、自前の小屋掛けだけで充足されたかはいささか疑問である。社人たちの屋敷以下が自在な役割を果たしたことは、十分考えられる。供僧坊も同様であろう。この点は、先述の貞治元年十二月二十七日付鎌倉公方足利基氏禁制に「一、供僧幷社司・社官住所、軍勢等寄宿事」とみえて以降、至徳三年十一月十三日付鎌倉公方足利氏満禁制、永享四年十一月十五日付鎌倉公方足利持氏禁制に引き継がれたものである。これは、「軍勢等」

の旅宿として随時利用を示すものである。鎌倉幕府段階の禁制にはみられず、南北朝期以降の軍事的緊張にともなう一項であったと思われる。(1)

その意味で、社人屋敷や供僧坊以下が旅宿の役割を果たすこと自体は、八幡宮の聖俗両界に向けて当然の成り行きであったと思われる。(2)ただこの度の八幡宮での遷宮の際のように「宮人・参詣之人衆、満鎌倉中」・「見物貴賤群集、不知其数」・「人夫二千余人宮中充満」という状況の出来の場合、そうした旅宿だけで対応しえたかはやはり疑問である。八幡宮関係者以外の様々な町人レベルでの旅宿の存在も、当然見越さねばならなかったと思われる。旅宿確保の問題は、後北条氏にせよ八幡宮にせよ、喫緊の課題であったはずである。

その点は、別途新たな問題を惹起せしめたのであった。後北条氏（氏綱・氏康）は、天文九年の遷宮に合わせて「御社中法度之事」を制定し、その第一条に「一、御社中落書仕者、見合可搦捕事」を掲げているが、それは、天文十三年の「鶴岡社中法度之事」に「一、巡礼・往来之者、楽（落）書之事、カタク可停止事」(3)、永禄六年の「御社中掟条々」に「一、御社中ニ繋馬事、幷往来之者致不浄儀、堅可禁事」という具合に継受される重要な一項であった。「巡礼・往来之者」の増加が「社中法度」（禁制）を生んだのである。その背景に後の金沢――鎌倉――江之島（弁財天）――大山（石尊大権現）詣で――後のお伊勢詣に繋がる動き――が諸国の老若男女を巻き込んで展開され始めていたのである。

ところで、この度の遷宮後の天文十三年に鎌倉を訪れた連歌師宗牧の「東国紀行」(4)には、「愛阿弥鎌倉よりむかひにきたれり、しるべしてむかし（昔）の跡など問きくほど、暮がたに成てつきたり、旅宿は太守より後藤がた（方）へおほせつけられ、清閑をそへられ、幻庵より多田など案内者とてくはへられたれば、いづかた（何方）もおぼつかなからず、旧跡のたびね（ママ）其感有りあり、けふ（今日）は三月一日早朝先鶴が岡八幡宮参詣、松の木のま（間）のさくら（桜）さかりにて石清水臨時の祭、舞人のかざし（翳）におもひまがへられたり、近年御遷宮、あけ（緋）の玉がき（垣）よりはじめ、見るめ（目）もかゞやく春の光、わづかにむかし（昔）おぼえたり、まづ金沢一見すべしとていそぎ侍れば、後藤案内いたしてうち（打）いづる（出）ほど、め（目）にちかき谷々」とみえ、さらに武蔵金沢から戻りに絡んで「かまくら（鎌倉）へくれば、妙法寺住持たる（樽）などたづさへられ、迎にとてきたられしかば、又ゑひ（海老）をかさねて、暮すぎたるほど旅宿につきたり、蔭山藤太郎来りて一座（連歌会）の望のよし内議申たり」「西脇清九郎はこゆるぎ（小動）までといひしを、所々の案内者して、やう〳〵けふ（今日）わか（別）る」とみえて、当時の鎌倉での旅の情景が生き生きと描写されている。

ここから、宗牧が江の島から極楽寺坂を越えて鎌倉に入るに際し、愛阿弥なる阿弥号を名乗る人物が迎えにきたこと、その旅宿は北条氏康によって鎌倉小代官後藤氏に命じて用意されていたこと、氏康からの清閑と北条幻庵からの多田などの案内人の配慮で旧跡見学が叶ったこと、この間に日蓮宗寺院妙法寺（大町）、蔭山藤太郎（図書助＝「長門入道（家広）子息形《刑》部左衛門尉」。「鶴岡御造宮日記」）、西脇清九郎（「堀之内村並木氏文書」戦北二一八＝神六七六四）などとの交流があったこと[5]、などが知られる。なお、その後のことであるが、禅僧東嶺智旺も京下りの際に、氏康から「太守印判」以下の配慮をえて鎌倉と金沢八景を見学している[6]。同様な次第と認識される（「明叔録」井上禅定・玉村竹二『円覚寺史』春秋社、一九六四年）。

もちろん、この例は、後北条氏の全面的支援の賜物であり、京下りの著名な連歌師宗牧ゆえと解することも可能であろう。ただそれにしても、愛阿弥なる現地の人物、氏康からつけられた清閑、箱根権現（箱根神社）長綱（幻庵）からつけられた多田氏など、実に多様な人物が鎌倉旧跡の案内人として登場していることは、注目される。清閑は不明であるが、多田氏は走湯山（伊豆山＝伊豆権現）の社人であるので（天和二年〈一六八二〉二月付走湯山社家多田源太夫「御神楽作法次第之事」白井『鎌倉風草集』七一頁）、八幡宮との関係から鎌倉の事情に詳しかったからのことと推察される。天文年代の鶴岡八幡宮再建の際、箱根権現長綱自身、度々鎌倉を訪れているし[7]、伊豆山我観房・同宿和泉も、神主大伴時信に随伴して北条氏綱の使者として上野国に赴いている（「快元僧都記」）。先述の天文十九年伊豆山旧蔵鐘銘追刻の「大工秀吉」＝岡崎飛騨守秀吉の存在も、その八幡宮ト伊豆山の関係上のものであったし、「六所大明神之棟札・走湯山之棟札」（「快元僧都記」）をもとに八幡宮再建の際の棟札が作られるなど、その関係の深さが窺われる。それ自体は、鎌倉期以来のものであったのである。

すなわち、こうした案内人がすでに都市鎌倉にとって必要不可欠な存在となっていたのである。それが当然ながら旅宿の問題と結びつくことはいうまでもない。宗牧の旅宿が妙法寺でないことは確実であるが、宗牧は旅宿の「亭主のかたへ」と記しており、八幡宮関係の供僧坊や神主屋敷ではなく、その他の屋敷であった可能性が高い。連歌を通じた世界も想定されよう。宗牧は、「松雲軒旅宿」、「平野源助」、「笘屋」、「小寺」、「小庵」、「旅宿慶雲寺」（横浜市神奈川区本町）などを旅宿としたのであった。

その意味では、戦国期の後北条氏段階にはかなり整備された人的関係をふまえた史跡都市鎌倉＝「鎌倉旧跡」（「快元僧都記」）観が成立していたとみられる。それは、すでに文明十八年（一四八六）の堯恵「北国紀行」（『中世日記紀行集』）に「建長・円覚の両寺巡見して、雪下といふ所を分侍るに、門碑遺跡数知らず、あはれなる老木の花、苔の庭に落て道を失ふかと見ゆ」と、「門碑遺跡」の所在地＝鎌倉論を展開していることにも繋がろう。そうした事態（内在的条件）を前提にしてこそ近世的展開が準備されたのであった。決して上からの所為だけではなかったのである。

まず徳川家康は、慶長五年（一六〇〇）六月二十九日に「神主（大伴）時孝於宅御休息」した後に「少別当（大庭氏）江入御」し「止宿」（「鶴岡八幡宮神主大伴系譜」「風土記稿」）している。次いで、先述のように舟橋秀賢は、慶長十六年十一月八日に「称名寺・龍花《（華）》寺、寺々有之、及晩到鎌倉、方々令見物〇《於雪下》一宿」し、翌日宿の亭主の案内で建長寺（写真18）・円覚寺（写真19）・東慶寺などを見物している（「慶長日件録」）。また西洞院《にしのとういん》時慶は、慶長十八年三月二十三日に金沢称名寺（写真20）をへて鎌倉に入り神主家に泊っている（「時慶記」）。

ここでも、高貴な人びとの間でも、神主家や小別当家は、特別な存在であったことが窺われる(8)。ただその一方で、「於雪下一宿」を取るものもいたのである。これは、「宿」がかなり充実した旅宿となっていたこと、またその一環として宿主の案内人としての役割も定着化していたことを物語ろう。旅宿主と現地案内人の一体化である。

それが、慶長年代であったことは、中世との連続性を示すと同時に事態の急速な展開を想定せしめようか。

写真18　建長寺山門（戦前絵葉書）

写真19　円覚寺舎利殿（戦前絵葉書）

写真20　金沢称名寺

注

（1）もちろん、禁制（制札）が軍事的緊張のみならず在地・民衆とのするどい緊張関係の産物であることは、川合康『源平合戦の虚像を剝ぐ』（講談社学術文庫、二〇一〇年。初刊一九九六年。五〇頁）の指摘の通りである。

（2）例えば、長禄四年（一四六〇）段階「当学頭扶持人」「我宿所ニ宿ヲ借」とみえる（「香蔵院珎祐記録」）。供僧香蔵院自体が「宿所」なのか別途「宿所」を構えていたのかが問われよう。この点、例えば、永正三年（一五〇六）八月日付土岐政房禁制（「愚渓寺文書」）に「一、於寺内、俗人借宿并軍勢陳（陣）事」との禁止項目もあり、「寺内」での「俗人借宿」の存在が現実的であったことを示している（仁木宏「戦国時代都市史研究入門」『歴史評論』八五二号、二〇二一年）。「軍勢等」の「等」に「俗人」も含まれ、それを生業とする供僧が存在したのであろう。それは、天文九年十一月二十一日付北条氏綱法度（「鶴岡御造営日記」戦北一七五）が「一、御社内之物、或質物売買之儀、互ニ悪党可為同前事」と禁じたことと同源で供僧・社人たちの旅宿や金融業に深く関わっていたことと表裏一体の現象であった。これも後述の社人たちの「内業」の先蹤であろう。

（3）この落書《らくしょ》の問題は、京都本能寺でも、天文十一年十二月三日付法度で「一、落書之事、不可沙汰、若有披露者、其人可為主」（「本能寺文書」『本能寺史料中世篇』思文閣出版、二〇〇六年）とみえるくらい、時代的問題であった。この「落書」＝「楽書」は、「いたずら書き」の類であろう。

（4）以下の記事は、寺院といい登場人物といい、『鎌倉市史社寺編』、『戦国人名辞典』（吉川弘文館、二〇〇六年）などで未紹介な貴重なものである。

（5）西脇氏については、滝川恒昭「戦国期江戸湾における小林氏の動向」（真鍋淳哉編『旧国中世重要論文集成相模国』戎光祥出版、二〇二〇年。初出二〇〇二年）に詳しい。玉縄北条氏関係の人物とされる。それゆえの活躍と解される。

（6）この点は、拙稿「後北条氏家臣福室氏に関する一考察――特に相模三崎城・上総中尾城・武蔵金沢での動向に注目して――」（『里見氏研究』創刊号、二〇二二年）でも言及した。

（7）幻庵は、後に「鎌倉ニ者、幻庵可有在陣候」（「正木文書」戦北五七五＝神七〇八三）とみえ、戦時下での鎌倉在陣が知られる。ただその在所は、不明である。或は、特定の寺院であろうか。

（8）　後年の元文元年（一七三六）の正遷宮の際の将軍名代戸田越前守、宝暦十一年（一七六一）の正遷宮の際の将軍名代老中阿部伊与守正右、文政十一年（一八二八）の正遷宮の際の将軍名代老中水野出羽守忠成の旅宿は、いずれも「神主宅御旅館」とみえる（「鶴岡八幡宮神主大伴系譜」）。

第二章　鎌倉絵図・鎌倉名所記の刊行Ⅰ
――社人を中心に――

史跡都市鎌倉は、必然的に旅宿整備と相俟った様々な事業をもたらした。それを象徴するのが、鎌倉絵図・鎌倉名所記刊行（以下、絵図・名所記と略す）であった。問題は、それと社人との関係如何である。その点を沢寿郎『鎌倉の古版絵図』・『鎌倉古絵図・紀行――鎌倉古絵図篇』（東京美術、一九七六年）、白石克「『鎌倉名所記』諸版について」（『斯道文庫論集』一四輯、一九七七年）・「江戸時代の鎌倉絵図――諸版略説――」（『三浦古文化』三四号、一九八三年）、加藤紫識「『鎌倉名所記』――版行とその周辺――」（『東洋大学大学院紀要』三八集、二〇〇一年）、『企画展　鎌倉めぐり』（神奈川県立金沢文庫、二〇一二年）などを参照しつつ検討したい。

第一は、富田氏の場合である。「現存する鎌倉図の中でも最も古い」とされるものは「明暦・万治頃」（一六五五～一六六〇）の「相州鎌倉之図」であるが、その板元は不明である。ただ「万治～寛文前後」（一六五八～一六七二）とされる「金沢之絵図」には「鎌倉雪下宮ノ前富田屋庄兵衛板本」とみえる。「富田屋庄兵衛」は八乙女富田王部家で、富田氏のこの方面での活躍は、貞享三年（一六八六）七月吉日の「鎌倉絵図」＝「斎藤氏富田屋庄兵衛板行」、元禄四年（一六九一）の「鎌倉絵図」＝「富田屋庄兵衛」、元禄十六年の「鎌倉絵図」＝「板本　元禄拾六年　斎藤六郎左衛門」、「宝永頃」（一七〇四〜一七一〇）の「鎌倉絵図」＝「新板元　斎藤七郎左衛門」、「享保頃」（一七一六〜一七三五）の「新板鎌倉名所鑑」＝「板元　雪下　富田屋庄左衛門」、同時期の「新版鎌倉名所記」＝「板元富田庄左衛門」などと窺われる。(1)この限りでは、絵図・名所記の刊行を併せて行い、その期間は、ほぼ十七世紀前半から十八世紀前半とみなされる。

この富田屋が旅宿を経営していたことは、享保十一年（一七二六）十月付門前中旅籠連判証文の「庄左衛門」以降知られるので、その営業の一環としての絵図・名所記刊行であったと思われる。ただ旅宿富田屋は、寛政十二年（一八〇〇）九月十日に「雪下町角屋庄左衛門」（『鎌倉志料第十巻』一九頁）に通称角屋としてみえて以降、天保六年（一八三五）四月の「御家老調所笑左衛門殿　角庄」（「御屋形様御参詣並御名代記留」『鎌倉』七七号）、嘉永三年（一八五〇）五月の海岸御備場役人「筒井様」の旅宿「角庄」（『市史近世史料一』二一七）、文久二年（一八六二）九月の「角屋休息所」（「亀谷山記録（一五）」『鎌倉』一二〇号）、元治元年（一八六四）五月五日の「鎌倉浄国院へ罷出申候、角屋一宿仕」（『明王太郎日記上　堂宮大工が見た幕末維新』）などと、通称角庄（角屋庄左衛門。明治中頃以降は「角正」）と呼ばれるほどに発展していったが、絵図・名所記の刊行は十八世紀前半以降確認されなくなる。その背景が問われよう。

第二は、富田氏に次いでみえる松尾氏の場合である。延宝六年（一六七八）の「鎌倉絵図」に「新板開之　鎌倉小坂郷雪下住　松［尾□］」とみえる。松尾氏は、八乙女山崎守王家である。松尾氏は、その他にも「元禄ごろのものと思われる」「江之島図」に「鎌倉雪下宮ノ前　松尾七左衛門尉板本」（『鎌倉の古版絵図』本文二九頁）とみえる。

その松尾氏の旅宿経営は、享保二年（一七一七）九月に儒者荻生徂徠の弟子太宰春台らが宿泊した「館主松尾氏」（『湘中紀行』）以降、享保十一年十月付連判状の（松尾）「七左衛門」、享保十八年十月付神楽方改役領帳の「雪下　滝右衛門」、宝暦十一年（一七六一）十二月付「相州川東」の「松尾滝右衛門」、宝暦十三年十月付建長寺山門再建勧進牒の「置石」「滝右衛門」、享和元年（一八〇一）正月の一鶴堂白英「三浦紀行」の「雪の下松尾滝右衛門方に宿る」、文化十四年（一八一七）九月の毛利藩士村田新左衛門（清風）の「鎌倉雪之下松尾滝右衛門と申者方宿仕候」（『村田清風全集上巻』七六頁）、文政九年（一八二六）九月の役人・諸方宿の「松尾滝右衛門」、弘化四年（一八四七）六月付一札の「置石町」「松尾作右衛門」、文久二年（一八六二）八月二十二日の「御下宿」「松尾滝右衛門」（『御屋形様御参詣並御名代記留（続）』『鎌倉』七八号）、文久三年十一月二十一日の「明王太郎、鎌倉松尾滝右衛門宅へ泊り申候」（『明王太郎日記上　堂宮大工が見た幕末維新』）などで「七左衛門（尉）」から「滝右衛門」への変化をともないながら一貫して確認される。

ただこの松尾氏の絵図・名所記刊行は、十八世紀以降確認されていない。旅宿と併せて絵図刊行を行っていたものの、その後絵図刊行がなされなくなったものと推察される。それ自体は、富田氏と同様で、やはりその背景が問われよう。

第三は、「宝永・正徳」（一七〇四〜一七一五）の絵図に「新版元　鈴木新兵衛」とみえる鈴木氏の場合である。この鈴木氏は、寛永十七年付地方改帳に「左近分」とみえて以降、元禄十六年八月の「鈴木左近」（『鎌倉地方造像関係資料――第三集――』）、享保十八年五月の「鈴木右京」、寛政九年十月の「鈴木左近」、「風土記稿」の「職掌」「鈴木主馬尚綏」、文政九年の役人・諸方宿の「鈴木主馬」、安政五年付宗門人別改帳の「鈴木丹宮」、明治三年付社務人戸籍の「神楽男」「鈴木丹治」などとみえる社人である。その宿名は不明にせよ、旅宿業は明白である。なお、「神楽師家系」として「鈴木丹治家系」や「行太々神楽忌切　口伝」「御鈴　鈴木氏」なども確認される（白井『鎌倉風草集』七七頁）。

その他、その関係は不明であるが、寛政十一年正月吉日の庚申供養塔に「小袋坂町　鈴木庄八（中略）鈴木惣兵衛」、「小袋坂町　鈴木庄八」、天保十四年十月の庚申塔に「巨袋坂講中（中略）鈴木□□」、万延元年の庚申塔台石に「小袋坂講中（中略）鈴木紋次郎」、万延元年閏三月二十五日付小袋坂・馬場町庚申講講中帳に「（鈴木）紋次郎」などとみえる小袋坂の鈴木氏も確認される。

第四は、明石屋の場合である。「正徳・享保」（一七一一～一七三五）刊の絵図に「版元　明石屋六兵衛」とみえる。明石屋自体については、先述した通り、文政四年（一八二一）の「遊歴雑記」に「八幡の西坂なる明石屋は身近き縁者なれば止宿せよと」、文政九年の諸方宿の「明石屋」、文政十二年付石塔台石に「小袋坂」「明石屋正右衛門」、安政六年（一八五九）の「明石屋講」（「亀谷山記録（七）」『鎌倉』一一〇号）、文久元年（一八六一）の「一、坂の　明石屋徳兵衛　一、馬場町　明石屋富次郎」（「亀谷山記録（一三）」『鎌倉』一一八号）などとみえる。西門（裏門）・小袋坂・馬場町所在の旅宿であった。ただ一対で刊行されたと思われる明石屋刊行の名所記は、現在確認されていない。またその旅宿主も不明であるが、先述のように社人の可能性は高いと思われる。

第五は、梶田氏の場合である。寛政三年（一七九一）の「鎌倉名所記」に「板元岩谷堂　表具屋（印記）[2]」とみえ、また「寛政末頃」の「鎌倉名所記」に「板元鎌倉岩屋堂前表具屋［梶田］」とみえる。白石『鎌倉名所記』諸版について」は、「鎌倉絵図の版元にこの名を聞かない。屋号から見て八幡宮の表具師（梶田姓）ではないかと思われるが、いかなる家であるか、今の所わからない」とされる。ただ梶田氏は、貞享五年（一六八八）九月付永高書上覚に「仁王大夫　手長役料」とみえて以降[3]、「風土記稿」の「社人」「梶田判事頼蔭　雪下村に住す、御手長役を勤む」「代々仁王大夫を以て通称とす」「仁王門」「社人梶田判事預れり」、寛政元年九月付「御殿司年中行事記」の「梶田」、文政十二年付「鶴岡八幡宮並若宮神事行列之次第」の「御箭　神人仁王大夫役之」、安政五年付宗門人別改帳の「梶田藤吾」、慶応元年～三年の「鶴岡日記（一）（二）」の「梶田右近」、明治三年付社務人戸籍の「神饌供取次　梶田厳」などとみえる。明確に社人である。明治の配置図にも「梶田清兵衛」「雪ノ下岩井堂一四五」とみえる。ただ梶田氏の旅宿経営の有無は、なお確認されていない。

第六は、丸屋富蔵の場合である。「文政頃」（一八一八〜一八二九）の絵図に「八まん宮表門前　丸屋富蔵板」（「御免鶴ケ岡総画図不許翻刻」）とみえて以降、「文政・天保」（一八一八〜一八四三）の「鎌倉絵図」に「八まん宮表門前　丸屋富蔵板」（「御免鶴ヶ岡総画図不許翻刻」）などとみえる。『「八幡宮表門前』と記しているが、本当は旧巨福路坂に曲る左角にあった旅籠屋である」（『鎌倉の古版絵図』三三頁）。

ただ天保十年五月七日に江戸の原正興「玉匣両温泉路記」（板坂耀子編『江戸温泉紀行』平凡社、一九八七年）は「小袋坂の切通しの、茶うるふせ屋（伏屋）にて休み、鎌倉の絵図もとめてゆくに、八幡裏門出たれば」と記しているが、この「茶うるふせ屋（伏屋）」が「丸屋富蔵板」や「板元　明石屋六兵衛」板の絵図の板元丸屋か明石屋の可能性が高いものの、なお確定しえない。丸屋は、先述の通り非社人岩沢氏と社人金子氏による一体的な旅宿と推察されるし、明石屋も社人の可能性が高く、ともに旅宿と同時に板元となっていたのである。

第七は、戸川氏の場合である。「天保・弘化」（一八三〇〜一八四二）の「鎌倉一覧図」が「戸川版」と推定され、「江戸末」の「鎌倉惣図江之島金沢遠景」に「新刻戸川氏蔵板」、「江戸末」の「鎌倉惣図江島金沢遠景」に「鎌倉雪之下戸川氏蔵板」、「江戸末」の「鎌倉総図江之島金沢遠景」に「新刻　戸川氏蔵板」という具合で確認される。

この戸川氏については、従来「雪之下住」とされるだけであるが、「風土記稿」に「先祖は戸川大炊亮時実の裔孫にて勘大夫天正十一年三月二日死と称すと云伝ふ」とみえ、それは、戦国期の元亀三年（一五七二）三月二十一日付北条家裁許朱印状写（「相州文書所収鎌倉郡我覚院文書」戦北一五八六＝神八一一二）みえる「相承院」「永善代戸川善三郎」に繋がる可能性は大いにあろう。戸川氏が戦国期には存在していた可能性大である。近世には、貞享五年九月付永高書上覚に「戸川役料」、「風土記稿」に「社人」で「相撲免」「焚火免」をうる「戸川文平」、安政五年付宗門人別改帳に「戸川兵衛」、慶応三年の「戸川兵衛」（『鶴岡日記（二）』）、明治三年付社務人戸籍に「御弊殿番戸川安造」に連なる社人に間違いない。戸川氏は、明治六年にも「江の島金沢鎌倉名所記」を刊行している。この雪ノ下系の戸川氏は、文平―兵衛―安造―菊太郎の系統である。その旅宿は、役人・諸方宿覚、文久二年閏八月付日光准后宿割帳ともにみえる。同時に板元でもあったのである。

第八は、二之宮氏の場合である。「安政頃」（一八五四～一八五九）の「鎌倉絵図」に「鎌倉雪之下二之宮蔵板」（「御免鶴ヶ岡総画図不許翻刻」）とみえる（白石「江戸時代の鎌倉絵図――諸版略説――」）。二之宮氏は、「安政改正新版鎌倉名所記」以降でも戸川と同様に明治（三年）になっても名所記を刊行している。この二之宮氏も、従来「雪之下に住む板元」とされるだけであるが、「風土記稿」に神官七人の一人として「二宮多門　先祖多門は天正九年死すと云ふ」、安政五年付宗門人別改帳に「二ノ宮牧太」、明治三年付社務人戸籍に「神吏」「二ノ宮牧太」とみえることから、社人とみて間違いない。その間に安政七年二月付二ノ宮牧太宛相承院・目代富田庄左衛門・同織衛一札（「御屋形様御参詣并御名代記留（続）」『鎌倉』七八号）も確認される。また文久二年閏八月付日光准后宿割帳の「牧田」は二ノ宮「牧太」とみられるので、旅宿経営も確認される。在所は門前の西側にあり、先の鈴木の隣にあたる。なお、後述の通り、『鎌倉の俳人　江戸～明治』にみえる俳人「牧士　雪ノ下村」との関係も、想定されるところである。

以上、雪ノ下在住の絵図・名所記刊行の板元を列挙してみた。その特徴を指摘すれば、第一に十七世紀前半には確認される八乙女富田・松尾両氏の旅宿業と絵図・名所記刊行というセット経営は十八世紀初頭には絵図・名所記刊行がみられなくなり、以後旅宿専業となったとみられること、第二に富田・松尾両氏に代わって十八世紀初頭から鈴木・明石屋・梶田・金子・戸川・二之宮などの新たなほぼ社人とみられる人びとによる絵図・名所記刊がみられるようになり、そのうち鈴木・明石屋・戸川・二ノ宮の旅宿経営が確認されること、などを見通した。その間の大きな変化が推察される。社人とはいえ、富田・松尾両氏と鈴木・明石屋・梶田・金子・戸川・二之宮諸氏では、その八幡宮における位置や経済力で格差が存在したことも明白であった。

注

（1）富田氏は本姓斎藤といわれるので、斎藤氏富田屋庄兵衛、斎藤六郎左衛門、斎藤七郎左衛門は同族ではなかろうか。「風土記稿」以降神官とみえる富田源司や明治三年付社務人戸籍の富田亀一の系統とも何らかの関係が想定される。その系統は、旅宿富田屋とみえる。

（2）例えば、「宝永七年寅正月吉日」の刊記のある「細身かまくらゑづ（鎌倉絵図）入りあんない（案内）かがみ（鏡）」の「板元は不詳だが表紙に『岩』の字の紋様があるから、あるいは岩屋堂の表具屋板かとも思うが、たしかではない」（沢『鎌倉の古版絵図』六二頁。表具屋は同書の正誤表による）とされる。

（3）なお、二（仁）王大夫の関係では、「鶴岡社務記録」の建長三年（一二五一）三月にみえる「二王大夫清時」や弘安四年（一二八一）の「鶴岡八幡遷宮記」にみえる「宣命使二人　二王大夫　小大大経重」の存在が注目されるが、そく梶田氏か否かはなお検討を要しよう。

第三章　鎌倉絵図・鎌倉名所記の刊行II
――非社人を中心に――

第二章では、富田・松尾両氏と同様に早い段階から旅宿として確認される社人大石・加茂・大沢氏[1]などによる絵図・名所記刊行のことを触れえなかったが、それは現在その痕跡が窺われないからである。それは、旅宿が一様に絵図・名所記を刊行していた訳ではなかったこと、その業務から撤退するものや逆に第三者の参入もありえたことを示唆する。本章では、そうした推移と関わると思われる人びとの絵図・名所記刊行を検討したい。

第一は、「寛文頃」（一六六一～一六七二）とされる「相州鎌倉之本絵図」の板元「大和屋庄左衛門」の場合である。やはり「寛文頃」とされる「相州鎌倉之本絵図」の「刻本　高橋庄左衛門」である。この両人が同人であろうことは、白石克氏の指摘の通りである。ただ「大和屋がどこかは全くわからない」（白石克「江戸時代の鎌倉絵図――諸版略説――」『三浦古文化』三四号、一九八三年）とされる。

とはいえ、この大和屋と「福本家文書」（『鎌倉市文化財総合目録古文書・典籍・民俗篇』四四〇頁）にみえる「年未詳版本　大和屋喜兵衛広告」の「大和屋喜兵衛広告」とが関連ありとすれば、庄左衛門も喜兵衛もいたことになり、より一族的な活動を行っていた家であったことになろう。また「相州鎌倉之本絵図」には、小袋坂の途中に他と異なる一字の記載が確認され、それは後の寛政十年（一七九八）の「鎌倉勝概図」の「さる茶や（猿茶屋）」に繋がる可能性が高く、その微細な描写は或は鎌倉在住の人物ではないかとも推測される。ただ社人高橋氏も、旅宿大和屋も、ともに現在確認されていない。

第二は、宝戒寺門前の大坂屋・常陸屋・家根屋《やねや》の場合である。この三軒については白石論文に紹介があるが、それに若干の関係史料を加えて検討したい。まず絵図の板元として「延享、寛延のころが上限でもあろうか」（一七四四～一七五〇）とされる「大坂屋孫兵衛板行」とみえて以降、「宝暦・明和ごろと推定される」（一七五一～一七七二）絵図の「鎌倉雪の下宝戒寺門前　大坂屋孫兵衛板」、「宝暦・明和ごろと推定される」「鎌倉雪の下宝戒寺門前　島田伊三郎板」、「明和から安永初期」（一七六四～一七八〇）と推定される」「鎌倉雪の下宝戒寺門前　常陸屋伊三郎板」、「天明・寛政」（一七八一～一八〇〇）の「大坂屋孫兵衛」、「享和・文化」（一八〇一～一八一七）の「鎌倉雪の下宝戒寺門前　大坂屋孫兵衛板」、「文化」（一八〇四～一八一七）の「鎌倉雪の下宝戒寺門前　大坂屋孫兵衛板」（「御免鶴ヶ岡総画図不許翻刻」）、「江戸末」の「鎌倉雪の下宝戒寺門前　大坂屋孫八板」（「御免鶴ヶ岡総画図不許翻刻」）、「文化頃」（一八〇四～一八一七）の「鎌倉雪の下宝戒寺門前　島田伊三郎板」（「御免鶴ヶ岡総画図不許翻刻」）、「文政頃」（一八一八～一八二九）の「鎌倉雪の下宝戒寺門前　常陸屋伊三郎板」（「御免鶴ヶ岡総画図不許翻刻」）、「文政頃」（一八一八～一八二九）の「鎌倉雪之下宝戒寺前家根屋四郎右衛門板」（「御免鶴ヶ岡総画図不許翻刻」）、「嘉永頃カ」（一八四八～一八五三）の「鎌倉雪の下宝戒寺門前常陸屋伊三郎」（「御免鶴ヶ岡総画図不許翻刻」）、「嘉永三年」（一八五〇）の「鎌倉雪之下宝戒寺門前　常陸屋伊三郎板」（「御免鶴ヶ岡総画図不許翻刻」）など、次いで名所記の板元として文化刊（「御免鶴ヶ岡総画図不許翻刻」）の大坂屋孫兵衛、文化刊の「鎌倉大蔵町　常陸屋伊三郎」（写真21）、文政刊の家根屋四郎右衛門、嘉永刊の常陸屋伊三郎、安政四年刊の常陸屋伊三郎、「明治初」刊の大坂屋孫八に至るま

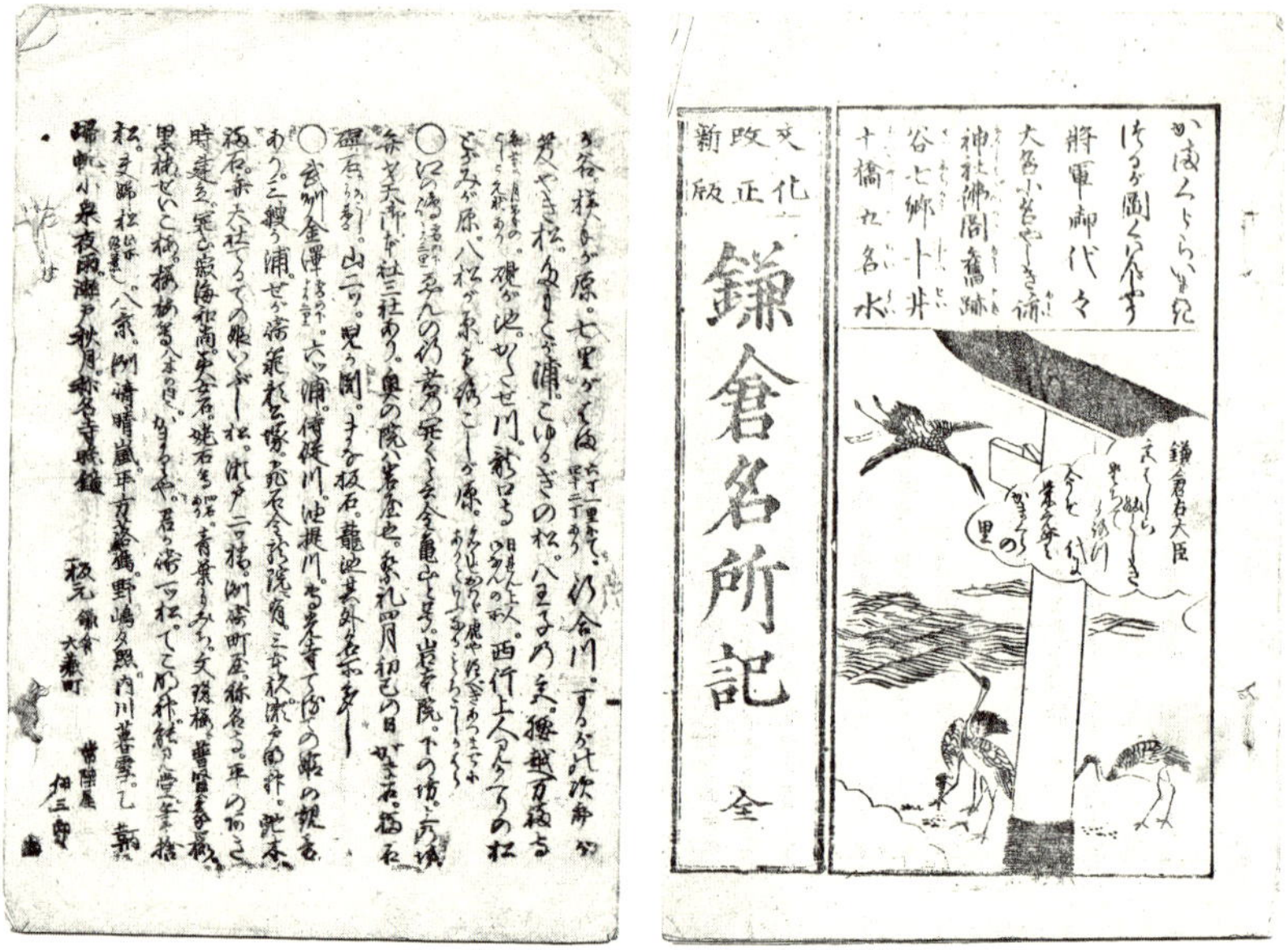

写真21　「鎌倉名所記」(筆者蔵)　左:裏、右:表

で、それぞれ確認される。大量な絵図・名所記刊行である。「江戸中期以降の絵図は名所記と一組で販売されていた」（白石「『鎌倉名所記』諸版について」）という。また包紙の存在から名所記と絵図は一緒に包まれて販売されていたのではないかという（『企画展　鎌倉めぐり』）。

ここにみえる大坂屋孫兵衛・孫八と常陸屋伊三郎＝島田伊三郎・家根屋四郎右衛門は、雪ノ下とはいえ宝戒寺門前に集中的に存在したのであった。白石「『鎌倉名所記』諸版について」は、大坂屋孫八の孫久吉氏の談「大坂屋は明暦の振袖火事以後、江戸より鎌倉にきた家で、回遭（漕）問屋を営み」云々を伝えている。『鎌倉の古版絵図』も、「現在の島田家具店。同家には絵図や名所記の板木が保存されている由である」（一九六五年当時）と記している。(2) 白石「江戸時代の鎌倉絵図」は、常陸屋・島田氏を「大坂屋の親戚」と記す。大坂屋・常陸屋の島田氏は、社人として確認されない所以である。

このうち、大坂屋孫兵衛と思われる「大坂や《（屋）》」は、安永五年（一七七六）四月段階に建長寺関係者（『鎌倉志料第七巻』二一一頁）、寛政四年（一七九二）二月の大坂屋孫兵衛宛石渡鉄右衛門田地売渡し証文（「小町石渡家旧蔵」）、寛政十二年八月に「志主大坂や《（屋）》孫兵衛」（『鎌倉志料第十巻』二三二頁）、「寛政十二年カ」の瀬戸社御初穂控帳（佐野『瀬戸神社』六八七頁）に「元日鶴岡　一、金百疋　大坂屋孫兵衛殿施主」とみえる。[3] 大坂屋孫八と常陸屋伊三郎＝島田伊三郎は、文政十一年（一八二八）付石塔（宝戒寺）に「島田孫八」「島田伊三郎」（『道ばたの信仰　鎌倉の庚申塔』）とか天保三年（一八三二）二月付妙見碑（西御門八雲社）に「常陸屋伊三郎」（『鎌倉――史蹟めぐり会記録――』二一八頁）とみえ、また天保三年の記事にも「大坂や《（屋）》孫八」として英勝寺「御用達町人」（『英勝寺御用留』）としてもみえる。天保十二年四月の「大坂や《（屋）》」（「大工手間金払帳」『鎌倉近世史料扇ガ谷編（二）河内家（二）』鎌倉市教育委員会、二〇〇二年。二三頁）も同人であろう。明治十六年（一八八三）段階にも「小町村」「島田孫八」がみえるという具合である（『鎌倉近世史料西御門編二階堂編浄明寺編（下）』鎌倉市教育委員会、一九八一年）。

また家根屋四郎右衛門も、寛延四年（一七五一）正月付手広熊野神社棟札に「宝戒寺前屋根方源助」、宝暦七年（一七五七）七月付報国寺鐘楼棟札写に「板屋師　源助」とみえる（『鎌倉市文化財総合目録建造物篇』鎌倉市教育委員会、一九八七年）。宝暦十一年十二月の建長寺仏殿用材木調達に奔走した「屋祢や四郎右衛門」「隠居源介」（『鎌倉志料第五巻』一八四・一九七頁）、宝暦十三年十月の建長寺山門再建勧進牒に「金壱両」を寄附したとみえる「宝戒寺前屋祢師　四郎右衛門」、安永四年（一七七五）十一月に建長寺山門再建の功で「祝儀」「金壱両」をえた「家屋根四郎右衛門」（「建長寺近世史料二」『鎌倉』八六号）、天明三年（一七八三）二月付妙見碑（西御門八雲社）に「家根屋四郎右衛門」（『鎌倉――史蹟めぐり会記録――』二一八頁）、天明三年六月付円覚寺山門棟札に「屋根屋　四郎右衛門」（『鎌倉市文化財総合目録建造物篇』）、天明六年の「家根屋　三右衛門　四郎右衛門」・「江戸深川也　家根屋　三右衛門／相主　鎌倉　家根屋　四郎右衛門」（『英勝寺御用留』）、寛政二年（一七九〇）の「家屋根四郎右衛門」（同

前)、文化十一年(一八一四)十月の「在家寄附」者として「家屋根四郎右衛門」(『建長寺近世史料四』『鎌倉』八八号)、文政十年(一八二七)七月に「家根屋隠居」(『鎌倉』一〇四号)、天保三年に英勝寺「御用達町人」「家根や四郎右衛門」(『英勝寺御用留』)、天保十二年四月に「や根や四郎右衛門」(『大工手間金払帳』)・十一月に「宝戒寺　四郎左(右)衛門」、安政二年(一八五五)正月の記事に「屋根屋四郎右衛門」「屋根四郎隠居」(『亀谷山記録(三)』)、安政四年十月吉祥日付英勝寺棟札(『鎌倉──史蹟めぐり会記録──』八一頁)の「家根屋　同(棟梁)四郎ヱ門」、安政五年三月の記事に「屋根四郎隠当」(『亀谷山記録(五)』『鎌倉』一〇七号)、万延元年(一八六〇)十二月の記事に「屋根屋四郎右衛門」(『亀谷山記録(一二)』『鎌倉』一一五号)、「宝戒寺前四郎右衛門」(『亀谷山記録(一四)』『鎌倉』一一九号)などとして数世代にわたって通称四郎右衛門の襲用が確認される氏族である。八幡宮、建長寺、寿福寺、英勝寺、大工河内氏などと深い関係を持った有力商人であったのである。

この四郎右衛門家の氏名は不明であるが(4)、英勝寺の普請の際に「屋根方」を「落札」した際に「一、金百六拾五両三分　右江戸深川也　家根屋　三右衛門／相主　鎌倉　家根屋　四郎右衛門」とみえるので、もともとは江戸深川出身で宝戒寺門前に進出してきた一族であって、社人ではなかったのである。建長寺住職が寺院再建の際、家根屋四郎右衛門をともなって白銀町高須屋善八・深川伊勢屋を訪ねて材木調達を行っているのも、そうした関係を前提にしたものとみられる(『鎌倉志料第五巻』一八四頁)。

なお、これら大坂屋・常陸屋・家根屋の旅宿との関係が注目されるが、文久二年(一八六二)閏八月付日光准后宿割帳に「宝戒寺」「四郎右衛門」「忠蔵」(宝戒寺境内領地図『鎌倉の古絵図(3)』)がみえるので、家根屋の旅宿経営が確認される。「忠蔵」も大坂屋関係者であった可能性が高いので、その経営は大いにありえよう(5)。「宝戒寺前　宅間屋重蔵」もみられる(『鎌倉近世史料西御門編二階堂編浄明寺編(下)』三三六頁)。

第三は、「寛政刊」の「鎌倉名所記」にみえる「版元　屛山下　英富」の場合である。英富については他に確認されないが、同時代とみられる俳人「大蔵　英富」（『鎌倉の俳人　江戸～明治』）と同人ではなかろうか。大坂屋（島田）や屋根屋（斎藤か）とは異なる第三の人物であろう。なお、屛風山は、宝戒寺（山号金龍山）の裏山である。

第四は、「文政頃」（一八一八～一八二九）の絵図の「版元　鶴岡表御門前雪之下　小林弥三郎」（『御免鶴ヶ岡総画図不許翻刻』）、文政刊「鎌倉名所記」の小林弥三郎の場合である。門前の小林弥三郎はこの例しか知られていないが、社人に小林氏は確認されていない。また旅宿経営も確認されていない。今後の関連史料の発掘が待たれる。

第五は、「鎌倉名所記」や絵図の板元として確認される⿱𠆢吉と天明四年の「鎌倉名所記」の「鎌扇人」の二人の場合である。この点、白石「『鎌倉名所記』諸版について」は前者を「鎌倉在住の版元と思われるが、今の所どういう家かわからない」、後者を「いかなる人かわからない。『鎌倉扇ヶ谷住人』ということであろうか」とされる（『企画展　鎌倉めぐり』も踏襲）。また『鎌倉の古版絵図』は「⿱𠆢吉は江戸日本橋米沢町一丁目の地本問屋加賀屋の商標として知られているが、この図の板元⿱𠆢吉はおそらく鎌倉住であろう」とされる。

すなわち、基本的に十八世紀初頭から十九世紀前半にかけて絵図・名所記刊行の板元として登場してきた人びとは、社人とはいえ、富田・松尾両氏などより立場も経済力も劣るかにみえる二之宮・梶田・戸川諸氏などと江戸出身の大坂屋、常陸屋、家根屋などの非社人で、後者の多くは旅宿以上に多様な生業を兼務する新興商人であったこと、またその活動の場所が八幡宮門前ではなく宝戒寺門前に集中していること、などを見通した。観光地化↓観光産業の発達は、他分野からの参入をもたらしたのであった。

なお、「御免鶴ヶ岡総画図不許翻刻」の文言入りの絵図・名所記は文化年代以降にみられるので、時期的には絵図・名所記刊行の板元の変化と呼応しよう。当初丸屋や二之宮という社人の刊行のものに確認されるが、それが大坂屋・常陸屋など巨大な新興商人のものにも確認され定番化するに至る。

問題は、それと御免文言の登場との関連性如何である。その関連性は、形式の横型から縦型という変化と対応して「鶴岡の統制が明確に打出されたことを示している」（沢寿郎『鎌倉古絵図・紀行――鎌倉古絵図篇』東京美術、一九七六年）とされて以降、八幡宮側の「許可制」「出版統制権」の問題として理解されているかにみえる。[6] ただ社人間の主導権争いや新たに参入した大坂屋などからの主体的要請の側面もあったのではないか、八幡宮との御免料を媒介とした版権の寡占化への動きではないか、という見通しも立てられようか。

注

（1）文政十一年正月の吟花「杉田埜語」（『三浦古文化』六号）に「法開《(宝戒)》寺に入り。弐三丁にて雪の下たの大沢屋専助かたの奥座敷にて午飯をたふべぬ。爰にて当地案内者七十九翁善兵衛を倩ひ、賃三百文やりき。絵図を買て引合せながら嚮導せり」とみえる。

（2）なお、『鎌倉市中央図書館近代史資料室だより』七号（二〇一一年）掲載「『鎌倉絵図』を再現」で「屋号『大坂屋』に残る版木」が紹介されている。

（3）金沢瀬戸社を追放された佐野大和勝衛は、「鎌倉宝戒寺門前」に「借家」し「仲間」の助けをうけて十三年間生活したという（佐野『瀬戸神社』三九二・六四七・六五二頁）。そこには、瀬戸・鶴岡を繋ぐ宝戒寺門前の大坂屋孫兵衛の援助があった可能性もある。ただ白井『鎌倉風草集』（四一頁）には、瀬戸社佐野庄三郎氏の談として「佐野家は昔鎌倉市小町の宝戒寺に近く屋敷があった。瀬戸神社の神庫に賊が入ってからこちらに住むようになった。だから昔から鶴岡八幡宮の神楽をやる家だった」とみえる。

（4）明治初期の八幡宮領雪ノ下村田高取調帳（『市史近世史料一』一四九）に「岡本分」の「宝戒寺前四郎右衛門」、「相良分」（相承院分）の「宝戒寺前忠蔵」も同人であろうか。一四九や一八五にも「法《(宝)》戒寺前忠蔵」「法《(宝)》戒寺忠蔵」「法《(宝)》戒寺門前忠蔵」がみえる。

（5）明治十四年にみえる「屋根屋斎藤吉蔵」（『鎌倉近世史料西御門編二階堂編浄明寺編（下）』三三六頁）は、「嘉永頃」とされる宝戒寺境内領地図の門前の四郎右衛門の隣家吉蔵と繋がるとすれば、斎藤氏であったことになる。四郎右衛門も同族ではなかろうか。大坂屋・常陸屋が島田氏一族経営であったのと同様である。

（6）例えば、『企画展　鎌倉めぐり』、鈴木良明「鎌倉絵図と在地出版」（『近世仏教と勧化——募縁活動と地域社会の研究——』岩田書院、一九九六年。初出一九九四年）など。

第四章　史跡都市化と八幡宮Ⅰ
――享保年代を中心に――

第二章と第三章で絵図・名所記の板元に十七世紀末から十八世紀初頭にかけて大きな変化があったことを見通したが、それは、それだけ観光地化・観光産業の発達が他分野からの参入をもたらした結果であった。それ自体、鎌倉の地域経済の変化を前提とするものと評価される。その変化の実態を検討したい。

その点で、まず注目されるのは、享保十一年（一七二六）十月付一山規法・覚（『市史近世史料二』一九八）の成立である。それは、第一に近年「門前之者共」が小別当を「別当」と「申習」したことで「参詣之御衆中」が「了簡（了見）違」を犯すに至ったと供僧中から認識されたこと、それは「板元之者共」が絵図に「別当と書改商売」していること（「不届之重科」）と相俟っての事態であったこと、第二に「参詣之御衆中」から「御殿御用」用として「御神殿」に奉納されるべきの「初尾（初穂）」と「十二院・神主・小別当」＝「三方衆」に割り当てられるべき「神宝披露」の「御礼」（謝礼）がなされていないということ、などであった。

第一は、その背後に小別当の暗黙の意向があって、それをふまえての「門前之者共」「板元之者共」「門前中旅籠屋」の行為であったと推察される。例えば、元禄十六年（一七〇三）の「鎌倉絵図」＝「板木　元禄拾六年斎藤六郎左衛門」（沢『鎌倉の古版絵図』・『鎌倉古絵図・紀行――鎌倉古絵図篇』東京美術、一九七六年）には「べっとう」（別当）とみえるが、これは「誤記」（沢「大伴神主の旧居など」『鶴岡叢書第一輯大伴神主家系譜集』鶴岡八幡宮、一九七六年）ではなく、明らかに意図的な行為であったのではなかろうか。また先例とされた「職掌伊与」（神楽男小坂伊与）を「神主」と「偽」ったこと（「罪科」）も、同様な「職掌伊与」側の暗黙の意向が認められよう。ともに供僧・神主・小別当・社人間の八幡宮での身分秩序に絡む問題であり、いずれも供僧が問題視したものである。第二は、「参詣之御衆中」による「初尾」（初穂）と「神宝披露」の御礼という実益に絡む問題であった。それは、「初尾」＝「御殿司」、「神宝披露」の御礼＝「三方衆」のそれぞれの収益にして活動の重要な財源となっていたからであった。

そこで、時の会所供僧等覚院は、両問題解決のために一山規法を纏め、「門前板元之者、平左衛門、名主、年寄、門前中旅籠屋共」を集めて、その写しを渡し関係者への周知を命じたのであった。特に「門前中旅籠屋」には「参詣之御衆中」への周知徹底を命じ、本陣大石平左衛門以下「門前中旅籠屋」二十四軒に了解の連判状を提出させたのであった。

このように、これらの事態は、八幡宮の供僧・神主・小別当、「門前之者共」・「板元之者共」・「門前中旅籠」、「参詣之御衆中」という諸階層間で出来した問題であった。そのなかには、供僧・神主・小別当という八幡宮内部の副次的矛盾が存在したとはいえ、主要な矛盾は八幡宮と「門前中旅籠」間にあり、そのあり方を根本的に規定したのは、「参詣之御衆中」の動向であったとみなければならない。「参詣之御衆中」のもたらす社会的富をめぐる諸階層間の対立激化が、ことの本質であったのである。「参詣之御衆中」の増加と門前旅宿の発展は表裏の関係にあり、絵図・名所記の作成・販売は、その副産物であった。中世段階では確認されない絵図・名所記の作成・販売は、その発展の質的展開を示すものである。その門前旅宿の多くが社人の「内業」であった以上、その発展が既往の身分秩序を変化せしめるに至るのも必然であった。すでに「職掌」(神楽男)が「神主」を名乗るという事態も、起こりえていたのである。

ところで、問題の「板元之者」で、供僧作成の一札に印を捺したのは、「雪下村」の彦兵衛・金平・治右衛門と極楽寺村の喜太夫の四人であった。その後の四人をみると、喜太夫と金平は改めた絵図を提出したものの、それは両人をして「不如意なるものに候得共」「相改差上候」「無念ニ候」といわしめる行為であった。しかし、当初彦兵衛＝「置石吉兵衛」と「坂治右衛門」は訂正絵図を提出しなかったので、雪下村名主所左衛門・年寄平左衛門・(松尾)七左衛門・忠兵衛(年代的に宝暦十三年十月付建長寺山門再建勧進牒の「馬場町　忠兵衛後家」と関係あるか)を会所等覚院に呼び出し期限までに提出しなければ、「板木取上」の意向を伝えたのである。その結果、「置石吉兵衛」は「板行」を名主所左衛門(「若宮小路」)に提出し、また小袋坂の治右衛門も「板行」を改めたのであった。

すなわち、八幡宮は、「板行」認可権の主張をもって事態収拾を図ったのである。認可云々は当然対価としての金銭授受をともなった以上、その授受をめぐる対立が潜在的に存在していたに違いない。それに対して、いわば公然と抵抗する板元が、それなりに存在したのである。その背後には、或は一体的であった資縁者としての旅宿が控えていたという事情があったかと思われる。いずれにせよ、この享保十一年十月付一山規法・覚の成立は、その諸階層間の鬩ぎ合いの所産であったといわねばならず、そこに八幡宮の強固な「許可権」を自明の理とすることにはよほど慎重でなければならない。

第五章　史跡都市化と八幡宮II
——天保・弘化年代を中心に——

第四章では、鎌倉の観光地化・観光産業の発達にともなう地域経済の変化が享保年代に収斂される諸問題として立ち現れたことをみた。それを第一段階とすれば、その第二段階は、それから一世紀後の天保・弘化年代に収斂された諸問題であったと思われる。それは、①弘化四年（一八四七）六月二十八日に小袋坂留蔵・同善右衛門・同川瀬杢左衛門、置石町次助・同富田庄右衛門・同大沢専輔・同松尾作右衛門・同小池石見・同小島忠右衛門、名主金左衛門、本陣大石平左衛門らが鶴岡御一山・役人中に提出した連署状に示された諸問題である（『市史近世史料二』一五八）。連署人のうち、金左衛門は置石町の名主、社人大石は本陣としての立場とみられるが、その他の小袋坂の（丸屋）留《（富）》蔵・川瀬杢左衛門と置石町の富田・大沢・松尾・小池・小島は、社人かつ旅宿主としてのものである。小袋坂の善右衛門も次助も、社人ではないが、旅宿主であったとみられる。

そうしたかれらが訴えた内容は、社人が「御仕役」以外に「内業」としての「旅人休泊渡世仕候」過程で起こった問題、具体的には「追々商用向繁昌仕、休泊渡世之家数も相殖候ニ付、去天保年中ニ至リ休泊渡世もの相互ニ□合、他村江荷物案内として旅人引連罷越候者江酒食与へ、或者酒代等を差遣し候故、案内人之儀も余分之酒代差出候方江而巳旅人休泊不同相成、自ラ家業之さひれ（寂）候を相厭ひ、過当酒代互ニ差出候様成行候故、商内之利潤も薄く、右等之儀相募候而ハ、自然其家々之衰微も可相成哉之風聞御聴ニ達し候」と語られるものであった。観光産業の発展が旅宿間の過当競争を生み、案内人を通じた「骨折銭」（「酒代」「心付」）負担で「家業之さひれ（寂）候」「家々之衰微」出来の現実性であり可能性であった。

その背景と絡む問題は、②雪ノ下村置石町の百姓喜兵衛が「農業之間、茶漬飯蕎麦商ひ、亦者神仏拝礼之旅商人等安旅籠ニ而、聊之渡世仕来候ニ付、御用御役人中様・御大家様当村御泊り之節、御下宿被仰付来相勤罷在候」と述べたような事態の出来であった。喜兵衛は、農間稼（渡世）として「安旅籠」を営み参詣人・商人から「御用御役人中様・御大家様」の宿泊まで引き受けていたのである。それは、日光准后宿割帳に「二軒茶屋喜兵衛」（弘化四年四月「置石町百姓喜兵衛」『市史近世史料一』二七〇頁と同人ならん）とみえる通りである。非社人による「茶屋」「安旅籠」の役割が増大していたのである。

それは、また次のような問題とも表裏一体の関係であった。③雪ノ下村惣代以下の連署状には、「雪ノ下村御門前百性（姓）私共、農業之間、御社中参詣之旅人案内之稼仕候」とみえることである。その案内人には、大蔵の四名、置石の五名、横川の四名、小袋坂の四名、都合十七名がみえる。大蔵の富次郎は雪ノ下村の名主代年寄、置石町の次助は先の連署状や日光准后宿割帳（『近世史料十二所編』四六六頁）・御祠堂金請取覚帳（『鎌倉近世史料扇ガ谷編（二）河内家（二）』五六頁）などにみえる次助、丹司は別途「丹司殿」とも記される伶人大石氏、横川の永助は雪ノ下村の惣代、小袋坂の源蔵は内田源蔵と称し小別当大庭氏の触口であった。百姓連署状とはいえ、そのなかには社人がいたり、一様に有力な百姓の連判状であった。そのなかの次助が先述の通りとすれば、ここに案内人と記された十七名も同業者であり、旅宿主の可能性が極めて高い。そこに「茶屋」「安旅籠」「案内者」の一体的な構図が見えてこようか。

　これは、なにも雪ノ下村に限られる訳ではなく、④長谷村・坂ノ下村・極楽寺村の百姓においても同様であった。坂東三十三所観音霊場第四番長谷観音と高徳院（鎌倉大仏）を抱えるこの地域の人びとは、その鎌倉の観光二大スポットの関係から八幡宮への案内人ともなって行動したのであった。まさに「村々之内柔弱之者并子供等ニ至迄、往来・旅人荷物持運、或者鎌倉中参詣所道案内、日雇稼致来候」とみえる通り、「病身」「老人并子供」・女性に至るまでもが荷物持ちから案内人まで務めていたのである。巡礼・往来者・旅人用の「荷物宿」は、日光准后宿割帳でも確認される重要な施設（準旅宿）であった。また⑤「御社中輪蔵内拝借仕、日々参詣之旅人江飴菓子商ひ仕」たり「御社中仁王門之内拝借仕、日々参詣之旅人江餅菓子商ひ仕」る百姓もいたのである。[1]諸国からの多くの参詣人――鎌倉寺社詣・史跡めぐり―大山詣り―伊勢参りなど複合的な人びと――は、受け入れ態勢としての茶屋・旅宿のみならず荷物宿・案内人・荷物持ち・飴菓子・餅菓子売りまで多様な存在を構造的に生んだのである。まさに格好な百姓の農間稼の対象となったのである。

　もちろん、こうした状況が八幡宮のみならず関係者に様々な対立と矛盾を生んだことはいうまでもない。八幡宮は、当然ながらその対応に追われたのである。八幡宮が行った処置への「詫状」として提出されたのが、先の①～⑤の事柄であった。案内人が雪ノ下村のみならず長谷村・坂ノ下村・極楽寺村の百姓に及んだ以上、その間でも利害対立が存在したのであった。そこでの最大の問題は、旅人―案内人―旅宿間で取沙汰される「骨折銭」の扱いであった。案内料は当然としても、それ以外の「骨折銭」が余得として大きな比重を占めていたからである。それが農間稼の実態であったのである。それなくして「小前之もの及困窮候」と誇張する程のものであったのである。

　そこで、八幡宮がとった最初の対策は、長谷村・坂ノ下村・極楽寺村の「案内人御社中江立入」・「以荷持案内之もの（者）二ノ鳥居内江立入」禁止であった。それに対して、その三ヶ村は、「骨折銭」を受け取らないと誓い、立入り禁止の解除と村の「荷持・案内」人に「役人」からの「鑑札」（「会釈」＝礼銭支払いを前提に）を申請したのであった。また雪ノ下村には「他村より入込候荷持案内之もの（者）」の「二之鳥居前」「大蔵口建長寺前」「雪ノ下村岩屋迄」への立入り禁止の保護を加えたが、三ヶ村の嘆願をふまえて、従来通り「荷持案内人幷外村より召出候案内人ニ至迄御社中迄立入」を許す代わりに案内人は「骨折銭」を受け取らない、また旅人を強引に贔屓宿に連れ込まないことなどを確約し、みずからも「旅人宿引」の範囲を「小袋坂宿屋者赤橋前迄」、「置石宿屋ハ二ノ鳥居迄」として内部規制を行ったのである。

すなわち、この天保・弘化段階に八幡宮が直面した課題は、諸国からの参詣人の急増にともなう百姓による案内人、荷持、「安旅籠」、「骨折銭」という「渡世稼」対策であった。本質的には、渡世稼が社人による旅宿経営を危機に追い込んだのである。享保段階の「御門前中旅籠屋」二十四軒、文政段階の「御宿」二十四軒は、社人を中心とした一種の公的な旅宿であった。それでは対応しきれない圧倒的な多数の人びとを「安旅籠」が引受けていたのである。雪ノ下村百姓喜兵衛が「御用御役人中様・御大家様」の宿泊も担っていたという通りである。「御用御役人中様・御大家様」というのは、鶴岡再建工事にともなう役人・諸方宿や日光准后の参詣宿などのみならず、延享二年（一七四五）の秤役人の鎌倉村々の秤改めの際の役負担としての「旅籠割合」（宿泊代村負担）など種々かつ多様であったのである（「十二所村諸用留」『鎌倉』一五号）。日光准后の際も荷持宿＝七軒は社人であるが、旅宿三十二軒中社人十三軒・非社人十九軒という具合で、百姓の「安旅籠」がより多くの役割を果たしていたことが窺われる。

こうした百姓による「安旅籠」と江戸と結びついた大坂屋などの新興商人の登場は、旧来の社人を中心とした八幡宮・都市鎌倉の地域経済を根本から変化せしめるものであったに違いない。社人たちは、後述のように「仲㊥間」として結集し、既得権の堅持と同時に百姓として行動したり百姓と婚姻関係を結んで一体化したりして対応したのであった。「骨折銭」の問題は、社人が百姓の要求を無視しえなかったばかりでなく、八幡宮も社人の意向をふまえるだけでは立ちゆかず、百姓の意向をふまえざるをえなくなったことを示す一件であった。弘化四年六月二十八日の連署状も時代が生んだ産物であったのである。

以上、第一段階の享保年代に収斂される問題をふまえて第二段階の天保・弘化年代に収斂される問題を検討してきたが、一世紀という時間の経過のなかで明確化したのは、社人中心の八幡宮・鎌倉支配から百姓中心の支配への変化であった。第一段階の「参詣之御衆中」のもたらす社会的富をめぐる八幡宮と旅宿間の対立が、第二段階では百姓が案内人などとして農間稼の対象として活動し、その問題がより明確化したのであった。参詣人の急増にともなう史跡都市鎌倉と観光産業の発展は内在的発展のみならず外部資本の移入によってなされた側面も強く、これは三都（江戸・大坂・京都）共通にみられる普遍的な現象で都市鎌倉固有な問題ではなかったのである。それは、列島規模で展開される商業資本を中核とする経済構造に食い込まれて行く過程でもあったのである。近代化の波は、この古都鎌倉にも確実に押し寄せていたのであった。

注

（1）万延元年（一八六〇）十二月二十日の「置石富田織衛殿入来被申候者、昨夜上州中野村之人物拾六人同行致、伊勢参宮之積之所、其内壱人昨夜ゟ急病出来、今夕死去仕候」「金弐百疋惣謝礼、法名者　西遊参心信士　上州邑楽郡中野村　中村庄吉四十九歳」（「亀谷山記録（一二）」『鎌倉』一一五号）とみえ、お伊勢参りの十六名が富田屋＝角庄に泊っている最中での病死者の出来であった。一行の願いで富田氏の菩提寺寿福寺に埋葬したというのである。また寛政十二年（一八〇〇）九月十日の「雪下町角屋庄左衛門「　」旅人武州川越南町井上利右衛門「　」此「　」施餓鬼修行仕度由相願候段願申「　」」（『鎌倉志料第十巻』一九頁）もあり、宿泊人との多岐にわたる交流の様子が知られる。

第六章　史跡都市鎌倉と案内人
——旅宿・茶屋・老若男女——

第五章でみたように、史跡都市鎌倉を下から支えたのは、旅宿と案内人であった。案内人自体の存在は、すでに戦国期にも確認されたが、その具体的な姿が明確になるのは、近世中頃以降であった。代表的なものからその実態を検討してみたい。

①明和四年（一七六七）の江戸の富裕な女性某「東路の日記」（『市史紀行地誌』）に十三日「雪のした（下）てふ人やどり（宿）するところなり。そこにとまり（泊）ぬ」「道しるべ（標）せんといふ翁のはべる（侍）をいざなひ（誘）て」「名有処々を見侍らんとて行に、彼の道しるべ（標）する翁のさはさへづり出んとて古きことども物がた（語）り聞ゆるに、口の香のいたくあしけ（悪）ればとて、幸当がせちにいと（厭）ひてよき（避）なんとすれど、かなたはひたすらによりそひてつばらかにをしへ聞えんとす」「例の香のやるかたのなければ、もてる笠にてよき侍れどかひなかりつとかた（語）り侍りしはいかにかは」「十四日けふ（今日）は江の島の御神にまうづ（詣）る日なれば」「例の翁をもともなひ（伴）侍る」などとみえる。

この女性の宿泊した雪之下の旅宿名は不明であるが、そこで案内役を申し出た「翁」について「名有処々」(名所)を廻ったというのである。「翁」＝老人の案内人で、その「古きことども物がたり」を堪能したものの、「口の香のいたくあしけ」に悩まされたというのである。煙草の匂いであろうか。翌日の江の島まで寝食をともにする老人の案内人もいたのである。この「翁」は、宿泊した旅宿となんらかの関係のあった人物に違いあるまい。

②寛政元年(一七八九)三月付乱橋喧嘩一件始末(「小丸俊雄氏所蔵文書」『鎌倉近世史料乱橋材木座村編』一九六七年、二四三。鎌倉市教育委員会)に「乱橋村名主善右衛門と申者は義公様(光圀)此地へ御登の節、御案内申上候御縁を以、是迄代々御出入も仕候」とみえる。(1)延宝二年(一六七四)の水戸光圀「鎌倉日記」成立の背景に、こうした現地の案内人がいたことを忘れてはならない。

③寛政十二年(一八〇〇)の遠山伯龍「桜かざし」(早稲田大学中央図書館蔵)に「稲村か崎の海辺へ出る所に二軒茶屋と唱ふ二軒茶屋あり、此所に憩ひしに茶屋のあるし(主)碇屋関六といふもの元弘三年五月廿三日の古戦物語りいたし聞る、こゝより鎌くら(倉)へ入るものゝ案内をも業とす」とみえる。この「二軒茶屋」とは、後の安政二年(一八五五)の清河八郎「西遊草」(小山松勝一郎校注『岩波文庫　西遊草』岩波書店、一九九三年)に「腰越を過ぎて海辺を歩み、三拾余町ばかりもいたるに、鎌倉へ入口の茶店二軒あり。是より鶴ケ岡へ五拾余町なり。此茶店にて午食をいたす」とみえる「茶店二軒」と同義であろう。

とすれば、伯龍が休息した茶屋は、その一軒でその主人が碇屋《いかりや》関六であったということであろう。その点、「現在の稲村ケ崎郵便局のあるあたりで小字で追揚と呼ばれている所」(稲村ガ崎1―15―18)に「茶屋の子孫にあたる家が二軒残っている。両方とも『高橋』姓である。そのうちの一軒、高橋茂さんの家が『ばばあ茶屋』と呼ばれた家であるといわれている」「高橋茂さんの隣、屋号が『いかりや』の高橋辰夫さんの家」(島本『鎌倉・都市の記憶』一三二頁〜一三六頁)といわれるので、この「二軒茶屋」とは、高橋両家経営の茶店で、伯龍が休息した茶屋の主人＝碇屋関六とは、この高橋辰夫家に繋がる人物ではなかろうか。

すなわち、安政二年（一八五五）三月の雪ノ下組合村々書上帳（『市史近世史料一』一七）に「一、農間茶屋渡世、江戸ゟ右側　百性《(姓)》(2)山本屋　竹次郎」「一、同　江戸より左側　同袖ヶ浦　市郎右衛門」とみえる、高橋家の竹次郎系が屋号を山本と称する「ばばあ茶屋」、市郎右衛門系が屋号を「いかりや」と称する茶屋ということではなかろうか。後述の⑬嘉永四年（一八五一）の「江の島鎌倉金沢旅行日記留」（『鎌倉』一二号）にも「是より雪の下迄雨　七里ヶ浜山本　一、百文　わらじ（草鞋）茶代」とみえる。

④文化六年（一八〇九）の江戸商人扇雀亭陶枝「鎌倉日記」（『市史紀行地誌』）に「いなむらの崎の茶屋に休。ばゞが茶屋といふ由。ここにて鎌倉の絵図をひさぐ。家とじ（刀自）我は顔に古都の講談す。其いへるところ古歌などのかなちがい(3)、となへ違の詞のはし、はらをか〻へる事になん」「長谷なる三ツ橋といへるにて、ひる（昼）のした〻めする」「爰は泊宿有所なり」「久女は亦駕籠にて鎌倉米町へいそぐ。長谷小路にて源七なるもの、むかいに出たるとて来りしに逢ふて伴ひ過る」「雪の下八幡の御社近迄行廻りて、赤橋といへる橋のわきのかたに出茶屋有。孔雀を置て人にみする。くれ（暮）方寒ければ、やどり（宿）に帰りぬ」「あるじ（主）の女房たち」「朝かれい（朝餉）過して早々したくして、皆うち連、源七なる者をあない（案内）とし」「小雨降出ければ、牛に乗てもどらんと約せしもむなしく、傘かりて源七が家にかへりぬ」などとみえる。

ここで注目されるのは、陶枝らが江の島から鎌倉に入る前に「いなむら（稲村）の崎の茶屋」＝「ばゞが茶屋」で絵図を購入し「家とじ（刀自）」の「講談」を聞き爆笑したということである。この「ばゞが茶屋」は、それ以前の「安永年間（一七七二―八〇）であろう」（白井永二編『新装普及版鎌倉事典』東京堂出版、一九九二年）とされる川村栄寿「湘南紀行」（『風土記稿』）に「浜尽抵稲叢村、過茶坊、有老媼、客至、輙説源義貞伐北条氏時、大館次郎者、戦死于此時、因欲以□鎌城地図、極可厭矣」とみえる「茶坊」・「老媼」と同一体であろう。また文化二年（一八〇五）九月付大島完来「江の島」（『市史紀行地誌』）に「一ひら（片）の紙に図してかまくら（鎌倉）山の古戦場を物がたるあやしき茶店に憩ひて　絵ときする媼に打れな秋の蠅（升）古」とみえるのとも、同一体であろう。とすれば、後の⑪天保九年（一八三八）七月一日付「富士大山道中雑記　附江之島鎌倉」（『相模国紀行文集』）に「一、袖ヶ浦茶屋有、此所にて鎌倉絵図并名所記等商ふ茶屋の婦人、絵図講訳《ママ》を致す」「鎌倉入口袖ヶ浦山本にて休足、絵図講訳《ママ》」とみえるのも、同一体であろう。「ばゞ（婆）」「家とじ（刀自）」「老媼」「媼」「婦人」の共通性である。

すなわち、江の島と鎌倉を繋ぐ重要な通過点であった腰越―小動《こゆるぎ》―七里ヶ浜―稲村ケ崎には、後の⑨の十辺舎一九「金草鞋」にも「はまべよりかまくらみち（鎌倉道）いるところにちやや（茶屋）あり」とみえ、また「鎌倉日記」にも「床机ならべたる茶店」とみえるので、「二軒茶屋」が存在してもなんら不思議ない。それだけ人の往来の激しい地域であったのである。この地域の特徴を嘉永六年（一八五三）十二月に関白九条尚忠は、「江ノ島巡見と志さし彼これ道を行けるに七里ヶ浜といふ所に出たり爰より予も歩み行けるに総体此浜辺は白砂計にて見事に美しき事去なから地形高低なれは歩みかたく覚ゆれとも亦こゝよりも富士をなかめつゝ行けるこそ一入面白く思ふ」と的確に表現して、一首詠んでいる（『御東行記』『九条尚忠文書第二巻』日本史籍協会、一九一六年）。

ところで、陶枝らの案内人は、「源七なる者をあないとし」「長谷小路にて源七なるもの、むかいに出たる」「源七が家にかへりぬ」などとみえる人物である。「宿」に差配された近在の人物とみられる。その「宿」名は不明であるが、「雪の下、泊宿軒をつらねたり」の一軒であることは間違いないが、「雪の下大沢屋新右衛門とかいへるにて昼したためす」とあるので、大沢屋（八乙女家）以外であったようである。

なお、陶枝らは、移動に駕籠を利用しつつも、雨の際などには牛利用もありえたようである。江の島などの砂道では、牛が利用されたというから、一つの交通手段としては存在したのであった（⑨十辺舎一九「金草鞋《かねのわらじ》」、⑫「玉匣両温泉路記」）。

⑤文化十一年（一八一四）の武蔵狭山藩士岩下恭久「鎌倉三勝日記」（『相模国紀行文集』）に「大倉通り雪の下なる、角屋てう富田何かしの宿りへ着き侍しは」「巳の刻近く舎り（宿）を立出るに、案内にことなれたる吉兵衛なるものを先にたてゝ」「裏門の方へ出るに此辺りは社家十二坊あり、神主大伴山城なるものをはしめとして、社家伶人八乙女合せて四十余家といふ。神領は永楽八百四拾貫文のよし、案内のもの（者）ゝかたりぬ」「案内のかたるには」「かねて光明寺へ参詣せはやと、案内にたのめをける」「案内のかたるに」などとみえる。

この岩下は、宿泊した角屋＝富田屋差配の案内人吉兵衛の世話で史跡めぐりをしたのであった。その際に知りえた社人配置などの情報――「四十余家といふ。神領は永楽八百四拾貫文」などは、ほぼ正確であり、吉兵衛が「案内にことなれたる」人物であったことが裏付けられる。もちろん、これは「鎌倉名所記」にも記されていることであり、案内人も熟読したうえで案内に臨んでいたのであろう。「鎌倉名所記」は、案内人の共通財産となる一種の手引き書であったのである。その作成自体、そうした人びとの知識が盛り込まれていたに違いなく、板元―旅宿―案内人の総意としての産物であったと推察される。それでも、案内人の現地説明では、当然それ以上のことが求められることもあったはずである。となれば、旅宿が「案内にことなれたる」人物を確保しうるか否かは、旅宿の集客力に係わる重大な問題であったに違いない。

⑥文政四年（一八二一）の宇都宮商人佐野屋の菊池民子「江の島の記」（『市史紀行地誌』）に武蔵金沢から「鎌倉にとてゆく〳〵朝比奈の切通しといへる所にいたる。岩がね（根）のこゝしきをきりとほし（切通）たるにて、嵯峩しき道なりけり。ゆきなやみつゝもたどりてしばし（暫）いこひ（憩）、ひるげ（昼餉）なンど物して、こゝより案内の人をたのみて八幡の大御神のみやしろにまうづ」とみえる。

ここでの問題は、民子が「しばし（暫）いこひ（憩）、ひるげ（昼餉）」を取った場所＝「こゝ」がどこかである。朝夷奈切通（写真22・23・24）の茶屋かそれとも十二所のそれかである。前者の茶屋は、後の⑧文政十一年（一八二八）正月付江戸住人吟花「杉田埜語」に「朝夷切通しを越て（中略）上り下り十町余也。これ鎌倉の入口也。巓に茶店めきたるかりや（仮屋）あり。まだ人も居らず往来ものわづかに匹夫の通りゆくのミ」、⑬嘉永四年（一八五一）三月付「江の島鎌倉金沢旅行日記留」に「金沢道朝比奈切通シ　一、六十四文　茶代」、⑭安政二年（一

写真22　明治前期〜中期　日下部金兵衛撮影
楠山永雄コレクション（神奈川県立金沢文庫写真提供）

写真23　朝夷奈切通（横浜市と鎌倉市の境）

写真24　朝夷奈切通石塔群（横浜市側）

八五五）の李院の妻の「江の島紀行」にみえる「朝比奈の切通しにかゝる」「武蔵・相模のさかひ（境）とかや」「此峠にてしばし休らひ」、安政五年四月付「安政五午とし四月三日江之島鎌倉金沢ゑ之旅行日記上下五人同月七日品川え着」（『相模国紀行文集』）にみえる「百十六文　金沢え之立場《たてば》切通し茶代」などからも窺われる。

ただその実態は、ほぼ同時代の⑫天保十年（一八三九）の「玉匣両温泉路記」に「登り詰たる処にはふせ家（伏屋）あれども、麓の里より昼斗来り物うる家にて、雨風の強ければとく（疾）帰りさりしと見えて人も居ず」と記されるものであったという。それは、先述の⑤文化十一年（一八一四）の「鎌倉三勝日記」に「朝比奈一盃水といへる有、いさゝかの滝（七曲の滝か）あり。こゝにしはし立休らふ」「十二そ（所）村にてしはし茶店に休らふ。こゝに塩なめ（嘗）地蔵の堂あり」、後述の⑱安政六年（一八五九）八月の小田切日新「東海紀行」（『市史紀行地誌』）にも「朝比奈洞道截岩為之黝暗、是為鎌倉東門、十二所村小憩、買鎌倉図一本」とある記述とも繋がろう。峠の茶屋よりも、当然里の十二所の茶屋の方が施設なの面で充実していたとみられる。絵図の販売も、その現れであろう。それからすると、「こゝ」は朝比奈切通しの茶屋よりも十二所のそれの蓋然性が高いのではなかろうか。後の⑲にみる祖祐「鎌倉日記」（『市史紀行地誌』）の「朝比奈の切通しを打越んと、峠の茶店に一同労を休」も同様と解せられる。

ところで、十二所村の茶屋は同村の百姓の経営と思われるが、朝比奈切通しの茶屋は境ゆえにいずれかが問われよう。その点、⑫でいう「麓の里より昼斗来り物うる家」という「麓の里」は、前後の記述からも十二所村を指すと思われる。それは、「十二所地誌新稿」（『鎌倉』三五号）が「峠の頂上鎌倉側にお茶屋があって通る人の休息所となっていた。多い時は三軒出ていたと云うから人も多く通ったであろう。大正の初めの頃は一軒（七十年位前）になってしまい、関東大震災の頃からはなくなってしまった。お茶屋店の跡も今は杉林となり僅かに石垣が残っているが気を付けないとわからない」と記すことに通じよう[4]。明治前期から中期にかけての日下部金兵衛撮影の古写真「峠の茶屋」（『特別展　愛された金沢八景――楠山永雄コレクションの全貌――』神奈川県立金沢文庫、二〇一七年。写真22）には、茶屋に向き合う形で建物らしきものがみえる。これも茶屋か。茶屋は、飲料水の確保を必須とするので近くに湧水などがなければ存立しえず（直良信夫『峠と人生』日本放送出版協会、一九七六年）、その点、十二所村側には三郎の滝・太刀洗水などがあるものの、金沢側には、それに匹敵するものはなく、おのずから十二所村の百姓の経営に結果したものと思われる。

ただ案内人は、金沢↓鎌倉は十二所村の百姓が、逆に鎌倉↓金沢は朝比奈村のそれが、それぞれ担うという了解があったのではないかと推察される。その案内役は、境＝峠の所在する両村において重要な農間稼になっていたからである。

⑦文政八年（一八二五）以前の江戸医師加藤曳尾「我衣」（『日本庶民生活史料集成第十五巻都市風俗』三一書房、一九七一年）に「稲村ケ崎、こゝに案内の者有り、四軒の百姓かわる〴〵つとむ。必案内頼むべからず、愚智無智の百姓にて、杜撰なることのみ物語也」「鎌倉八幡宮の三ノ鳥居前、西の角なるかどや（角屋）庄左衛門が宅に宿る。案内者たびや（足袋屋）藤四郎といへる六十斗の老人、至て柔和なる者にて、微細に古跡の来由を語る。順路をひきて七ツ時前より先年見ざる所を見物す」「案内者藤四郎が物語に云々」「荏柄の天神、霊宝等見まく思ひしかども、日中を過れば猶帰国をいそぐ。其帰路右の案内者藤四郎が妻、癇症にて物を恐るゝ事甚しとぞ」などとみえる。

この曳尾は角屋＝富田屋に宿泊し、その差配の案内人「たびや藤四郎」という「六十斗の老人」から「微細に古跡の来由」を聞いたという。「微細に」というところに史跡案内に精通した「老人」の骨頂が窺われる。これは、⑤の「案内にことなれたる吉兵衛」と同様で、角屋には、こうした人物が確保されていたのであろう。それが、角屋の旅宿としての評判を高めるものに通じたことも間違いない。この「案内のたびや」は不明だが、同社神楽師の一である小池民部がたび屋であったから、或いはその一族かとも想像される」「荏柄の付近に藤四郎の住居があった」（『日本庶民生活史料集成第十五巻都市風俗』）とされるが、その出典を現在確認しえていない。なお、『鎌倉――史蹟めぐり会記録――』（二九九頁）は、「寿福寺前の橋の東には足袋屋、呉服屋などがあったといふ」と記す。

こうした曳尾の案内人への見方からすれば、稲村ケ崎の「二軒茶屋」とそれに連なる鎌倉案内人は「四軒の百姓」が交代で務めていたが、「愚智無智の百姓にて、杜撰なることのみ物語」る存在でしかなく、「必案内頼むべからず」といい残す程のものであったのであろう。(5) ④でいう「家とじ（刀自）」の「講談」といい、案内人の「杜撰」さといい、雪之下の案内人との資質の違いが看取されたのである。川村栄寿のいう「ばゞが茶屋」の振舞を「極可厭矣」と記したのも同様であろう。

⑧文政十一年（一八二八）正月付江戸住人吟花「杉田埜語」に「法開寺（宝戒）に入り。弐三丁にて雪の下たの大沢屋専助かたの奥座敷にて午飯をたふべぬ。爰にて当地案内者七十九翁善兵衛を倩ひ、賃三百文やりき。絵図を買て引合せながら嚮導せり」「雪の下にハ大沢屋専助よし、旅宿もいたすといへり」「鎌倉案内者、老父と共に三木訥の話柄あれども」などとみえる。吟花は、昼食をとった大沢屋差配の案内者「七十九翁善兵衛」を「賃三百文」で雇い併せて絵図を購入し、それを手引きに史跡めぐりをしたのである。その「七十九翁善兵衛」も、①の「翁」、④の「源七」、角屋の⑤「案内にことなれたる吉兵衛」、⑦の「六十斗の老人」「たびや（足袋屋）藤四郎」と共通した資質を備えた人物であったに違いない。やはり旅宿―案内人―絵図販売が一対となっていたのである。その連携のうまさが結果として、吟花の「雪の下にハ大沢屋専助よし、旅宿もいたす（致）といへり」という評価を生んだのである。逆の場合は、旅宿の評価を落とすことになったのである。

⑨天保四年（一八三三）の十辺舎一九「金草鞋《かねのわらじ》」（『市史紀行地誌』）に「はまべ（浜辺）よりかまくらみち（鎌倉道）いるところにちやや（茶屋）あり。こゝにてかまくらのゑづ（絵図）をいだし、こうしやく（講釈）してこれをあ

きな（商）ふ」「こなたへわしがまたこうしやく（講釈）してきかせやうから、その十二もん（文）こつちへかへしなさい」「ゆきのした（雪之下）といふ。ちやや（茶屋）、はたごや（旅籠屋）おほし。かまくら（鎌倉）いつけんのひとは、こゝにてあんない（案内）をとりてよし」などとみえる。

この十辺舎一九は、雪之下に茶屋・旅宿が多いこと、鎌倉史跡見学のためにはここ稲村ヶ崎でその案内人を雇うとよい、と述べている。またそこの「茶屋」で、講釈婆による絵図の説明代として十二文取られたという。この講釈婆は、④の婆と同女であろう。「茶屋」＝「ばゞが茶屋」とみて間違いない。この辺の様子は、以下の⑪などでより明確化する。

⑩天保六年（一八三五）三月の俳人松雨「四親草《よしみそう》」（『相模国紀行文集』）に「稲村か崎に弧村あり、しはらく休らふ、此ほとり（辺）袖か浦といへるよし、眺望はよし」「少婦かまくら（鎌倉）の図なと持いて丶、其古ことを物語る」「雪の下旅館、かとや（角屋）に暫く憩ふ」などとみえる。「しはらく休らふ」所＝茶屋の「少婦」（「年の若い女子。少女」）が鎌倉絵図をもって史跡の講釈をしたというのである。これなどは、先の④「ばゞが茶屋」や後の⑪「茶屋の婦人」のイメージと極似する。「少婦」の茶屋か「ばゞが茶屋」かの問題である。ただ婆に小娘に一家で茶屋を経営していたということはありえようし、茶屋も売り手も複数ということは当然ありえよう。

⑪天保九年（一八三八）七月一日の「富士大山道中雑記　附江之島鎌倉」（『相模国紀行文集』）に「一、袖ヶ浦茶屋有、此所にて鎌倉絵図幷名所記等商ふ茶屋の婦人、絵図講訳（ママ）を致す」「一、此所にて鎌倉見物所案内之もの雇候事」などとみえる。ここでいう「袖ヶ浦茶屋」も、絵図・名所記を購入し、そこの婆の講釈を聞き、さらに案内人を雇ったというので、先述の通り④の稲村ヶ崎の「ばゞが茶屋」に間違いない。江ノ島方面から鎌倉に入る場合には、この稲村ヶ崎（「ばゞが茶屋」他）で絵図を購入し、また案内人を雇うのが常であったのであろう。後述の⑬嘉永四年（一八五一）付「江の島鎌倉金沢旅行日記留」には、「是より雪の下迄雨　七里ケ浜山本　一、百

文　わらじ（草鞋）茶代」とみえる。この百文は、草鞋と茶代の三人分と思われる。同日記では、この例と能見《のうけん》堂と神奈川台の間の「関」（横浜市保土ヶ谷区境木町）の茶屋（『四親草』）に「堺の茶店」、⑲祖祐「鎌倉日記」に「武相境木茶店に至、漸時休足す」とみえるのと同一体であろう）でも同様に「一、八十八文　わらじ茶代」とみえる。茶屋には、草履も草鞋も揃えられていたのである。

この「ばゞが茶屋」は、境の茶屋として江ノ島方面と鎌倉方面の両旅宿と結び付いて絵図・名所記などを常備し出店の役割を果たしていたのである。朝比奈切通しや小袋坂などの鎌倉への入り口は、規模の相違はあったにせよ、大略共通した要素を持っていたのである。その点、松谷文吾「鎌倉紙魚風土記（五）」（『鎌倉』七号、一九六二年）が「江戸時代、鎌倉見物の旅人が入って来るには戸塚口、江の島口、金沢口の三つが主要な道路であり、その街道の入口に、こうした茶店があって、鎌倉の絵図や名所記などを売っていたものであろう。すなわち、稲村ヶ崎の茶店が、江の島から来る客を扱ったと同様に、戸塚からの客のためには山の内あたりは、こうした茶店がきっとあったに相違ない。『鎌倉勝概図』の板元が山の内の金華堂だというのは、その方面の需要に応えたことを物語るのではあるまいか。また、金沢からの客には、十二所に茶店があり、そこで絵図を買ったということを記した無名氏の紀行を読んだ記憶がある」（⑱を指すか）という通りである。

⑫天保十年（一八三九）の「玉匣両温泉路記」は、鎌倉の「案内のをとこ（男）」に対して、金沢八景の「四十あまり（余）の女、多葉粉（煙草）のむ火もちてきたり」「案内なり」「案内の料と、姥にも少しの銭とらせて別れ」「あげまき（総角。こども）の出きて案内す」などの存在を記している。これは金沢八景の場合であるが、鎌倉でも先述の通り「村々之内柔弱之者幷子供等ニ至迄、往来・旅人荷物持運、或者鎌倉中参詣所道案内、日雇稼致来り候」（『市史近世史料二』一五八）と記されるように「柔弱之者」＝「足弱」＝女性・子供の役割が大きかったのである。後の⑮「案ない（内）子」も、その例証となろう。④の扇雀亭陶枝「鎌倉日記」は、「片瀬浜のわら

は（童）多くむれ（群）来りて、銭を乞ふ」「なげたる銭をとりぬ」「銭まけばうち寄てひろいぬる」と記し、また、⑪「富士大山道中雑記　附江之島鎌倉」は、「藤沢山遊行寺へ参詣（中略）右へ案内いたさん事を乞、賃銭八銅遣」と記す。後の⑯安政五年（一八五八）四月の「安政五午とし四月三日江之島鎌倉金沢え之旅行日記上下五人同月七日品川え着」にも「百文　江之島道　子供幷ほどこし（施）とも」とみえる。観光地での子供と客との関係は、鎌倉・江の島のみならず都市一般でありえた現象であったのである。

もちろん、こうした案内人の資質が問われるが、①の「翁」、④の「源七」、⑤の「案内にことなれたる吉兵衛」、⑦「六十斗の老人」「たびや（足袋屋）藤四郎」、⑧「七十九翁善兵衛」のような案内人との資質の違いもあったと推察される。先の⑦の「我衣」で「稲村ケ崎、こゝに案内の者有り。四軒の百姓かわる〴〵つとむ。必案内頼むべからず、愚智無智の百姓にて、杜撰なることのみ物語也」と酷評される案内人もいたのである。当代一流の知識人による見方とはいえ、一面突いたものであろう。その意味では、案内人も多種多様であったのである。その間でも時代が下るに従い様々な問題が起こっていたことは、以下の通りである(6)。

⑬嘉永四年（一八五一）三月付「江の島鎌倉金沢旅行日記留」（『鎌倉』一二号。『江戸当世図上旅行』神奈川県立金沢文庫、二〇二四年）に「八幡堂宮　一、三十弐文　古跡案内者」とみえる。この案内料については、この「三十弐文」、⑧の「三百文」、後述の⑯「弐百文」、⑰「金百ひき（疋）」などと様々である。それは、様々な条件、人数・距離・時間・内容・男女・老少などで、当然異なっていたからである。とはいえ、一定の公定価格＝基準はあったのではなかろうか。

⑭安政二年（一八五五）八月五日の「御本丸御老女様鎌倉御通行之節記録」（『鎌倉』一二号）に「鎌倉山之内　案内　仙台屋関右衛門」「鶴ケ岡御参詣」「御本陣（大石平左衛門）江御立寄、御中喰なり、先例の通り、案内是迄と申上候得者、金百ひき（疋）被下候」などとみえる。大奥「御老女様　阿津かゐ様」の鎌倉参詣である。その案

内人を務めた「仙台屋関右衛門」（松永氏）は、東慶寺門前に旅宿を構えた御用宿の一つであった。その代償として「金百ひき（疋）」が下賜されたのである。⑦「三百文」、⑬「三十弐文」、⑯「弐百文」と比しても、破格のものであったのである。

⑮安政二年（一八五五）の江戸町人李院の妻の「江の島紀行」（『市史紀行地誌』）に「鶴が岡三の鳥居前、雪の下なる大沢にてしばし休らひ、案ない子を伴ひて赤橋といへるをすぐ」とみえる。ここでも、旅宿大沢屋と「案ない（内）子」との関係が想定される。あるいは、女性ゆえの子供の案内人であった可能性もあろう。いずれにせよ、⑫で見通した鎌倉での子供の案内人が確実に存在したものである。その「案ない（内）子」の「近道のよし」という進言を受けて行動しており、当然ながら土地の事情に通じた子供であったのである。子供の年齢にもよるが、これまた種々ありえたのである。

⑯安政五年（一八五八）四月の「安政五午とし四月三日江之島鎌倉金沢え之旅行日記上下五人同月七日品川え着」（『相模国紀行文集』）に「百文　七里ヶ浜立場袖ヶ浦茶代　弐百文　鎌倉案内者　人」とみえる。これも、江之島参詣から鎌倉に入るに際して「七里ヶ浜立場袖ヶ浦」茶屋（「ばゞが茶屋」他）で一服し、そこで「鎌倉案内者一人」を「弐百文」で雇って極楽寺坂を越えて鎌倉に入ったということであろう。

⑰安政六年（一八五九）六月の長岡藩士河井継之助「塵壺」（『市史紀行地誌』）に鎌倉「裏門前丸屋に宿」「鎌倉は聞しに勝る旧跡、感ずるに余りあり。案内を頼、大概を尽す。八幡前に而略図を求。追而鎌倉志を読可楽」などとみえる。鎌倉史跡の見学を案内人に頼んだこと、「八幡前」で絵図を購入したこと、水戸光圀の「鎌倉志」を学習する積もりであること、などが知られる。当時「鎌倉志」は、知識人の間で広く読まれていたのである（先の④の扇雀亭陶枝。毛利藩士村田清風も参照、『村田清風全集上巻』七八頁）。絵図を旅宿の「丸屋」で購入したのではなく、「八幡前」で購入したと読めるが、この「八幡前」を門前の旅宿でのことか、それとも絵図の売り子がいたのか

は不明である。出店のようなところに売り子がいたことも想定されるからである。

⑱安政六年（一八五九）八月付小田切日新「東海紀行」（『市史紀行地誌』）に「朝比奈洞道截岩為之黝暗、是為鎌倉東門、十二所村小憩、買鎌倉図一本、欲拠図而探討旧蹟也」とみえる。これは、先の⑥に絡めて述べた通りである。

⑲年未詳祖祐「鎌倉日記」（『市史紀行地誌』）に「朝比奈の切通しを打越んと、峠の茶店に一同労を休」「御門前雪の下ニ旅宿をもとめ一宿ス」「駕籠につけし荷持のあやまつて水中ニ入らむとせし」「袖ヶ浦ニ至ル。茶店ニ漸時休息して左りニ稲村ヶ崎、右ハ七里ヶ浜」「武相境木茶店に至、漸時休足す。此家の内義と見へ又一人ハ女中と見へ、愛相のよき事余りニ世事過て、両人の弁舌追従けいはく（軽薄）のあしらひニ一同迷惑して、却て二度立寄事を好ズ。兎角何事も程を守ることそよけとぞ」などとみえる。朝比奈の切通しの「峠の茶店」、両袖ヶ浦の「茶店」、「武相境木茶店」という境・峠・坂での茶屋の役割が十分窺われる一文である。

以上、代表的なものとして十九例を紹介した。そこで見通された普遍的な現象は、雪の下を中心とした各地の案内人の存在、案内人と旅宿との深い関係、そのなかでの絵図・名所記の販売などであった。特に案内人には、専門的知識を持った人物も多数存在したものの、時代が下るに従い農間稼としての女性・子供を含む一般百姓の案内人も多数登場したのであった。その利潤をめぐって諸階層間で対立と矛盾が存在したことは、先述の通りである。それは、都市の坩堝と化した史跡都市鎌倉の一面でもあったのである。

注

（1）蒔田氏については、拙稿「蒔田氏の族的性格について――相模鎌倉・藤沢と西上総を中心に――」（『江戸湾をめぐる中世』思文閣出版、二〇〇〇年）・「鎌倉蒔田善右衛門家の近世的展開――『地方名主』・『旧家』への道――」（『鎌倉』一二一号、二〇一六年）・「関東吉良氏研究序説――特に鶴岡八幡宮再建工事との関係を通じて

――」（『千葉大学人文研究』四七号、二〇一八年）などを参照されたい。

（2）なお、松谷文吾「鎌倉紙魚風土記（六）」（『鎌倉』九号、一九六三年）は「同家の伝えるところによれば、茶店の創始は年代不詳だが、武州金沢の山本某という武士夫婦が、浪人して稲村ヶ崎の海岸に住みつき、旅人相手の腰掛茶屋を始めたのが、そもそもの起こりだという」と記す。その真偽は不明であるが、この「武州金沢の山本」家の存在自体は、当時金沢で旅宿経営を営む「五郎左衛門」「山本五郎左衛門」家の存在が示す通りである。同家には、鎌倉の案内記を併せた「金沢名所旧跡記」が伝来している（山地純『「金沢名所旧跡記」の新出写本について――金沢と鎌倉の近世地誌――（上・下）』『金沢文庫研究』三二一号・三二二号、二〇〇九年）。拙稿「青木昆陽の金沢称名寺・鎌倉史料調査――『諸州古文書』編纂史の一齣――」『千葉大学人文研究』五二号、二〇二三年）。

（3）これは、「三ツ橋」（三橋）旅宿（写真25）の史料的初見である。近世段階の存在は、紀行文などで十分想定されるものの、史料的には確認されていない。ただ延宝八年（一六八〇年）に長谷観音を参詣した自住軒一器子は「鎌倉紀」で「爰は鎌倉第一磐（繁）栄の地なり」と述べ、また「相州鎌倉長谷寺観音大士記」（『鎌倉』五二号）の「道公、巡告総房、貞享中修治已就、一百日際、開披宝帳、拝瞻諸人時、安房上総両国隔蒼海数十里許、凡開帳之間房総両州士女曰、日乗船群来渇仰拝瞻」とみえるので、当然それに見合う旅宿が成立していたと思われる。その始原は、かなり早いのではなかろうか。当段階の長谷寺の繁栄については、白井哲哉「近世鎌倉寺社の再興と名所化――十七世紀を中心に――」（青柳周一他編『近世の宗教と社会1地域のひろがりと宗教』吉川弘文館、二〇〇八年）に詳しい。また三橋旅館については、浪川幹夫「所謂『三橋旅館』について」（『鎌倉』七八号、一九九五年）がある。

（4）この話は、中村菊三『大正鎌倉余話』（かまくら春秋社、一九八二年）の金沢六浦の「あさり売り」の話しに繋がるものである。それによれば、「私は、潮干狩の季節になると、朝比奈峠を越えて、六浦の貝屋の家に行った。途中、朝比奈峠のお茶屋で一休みして、だいふく餅を一つ食べて、お茶を飲んだのを覚えている。この峠茶屋の位置は、鎌倉と金沢との、ちょうど中間にあるので、あさり屋が、毎日この峠を荷を担いで、往復するのを実際に知って、ただただ吃驚《びっくり》するばかりであった」「あさりやのおやじも、大震災後は姿を見せなくなった」（一

写真25　三橋旅館（戦前絵葉書）

九頁・二〇頁）という。なお、この前後の朝夷奈切通については、小丸俊雄「朝比奈峠」（『金沢文庫研究』一三一号、一九六七年）にも詳しい。

（5）こうした記主の認識を「在地での名所記販売の絵解きなどを馬鹿にする姿勢」「歴史・古典文学の素養への自信」「絵図は、地理的構造を把握する副次的な資料、もしくは家苞《いえづと》程度のものであった」と解する一説（原淳一郎『江戸の旅と出版文化』三弥井書店、二〇一三年。一八五頁）も存在する。

（6）例えば、天保九年（一八三八）の「富士大山道中雑記　附江之島鎌倉」は「八幡宮門前雪の下と云、此所茶店にて休足、井伝、下馬いたし待居候に付、一盃相用、此茶屋に美婦壱人有之」「裏門前茶屋にて昼飯いたし、ケ成の婦人弐三人おり候たふる」と、また同書には四ッ谷「茶屋にて昼食、美婦有之」「藤沢宿」「此所遊婦数多有之候様子」を記す。天保十年の原正興「玉匣両温泉路記」も「大沢の宿へかへり、高どの（殿）より見るに、此あたりはなべて旅人のやど（宿）する家なれば、をとめ（少女）らの門にいで、、かしがましきまで立さわげども、ふせ屋（伏屋）のみ多く、田舎のさま也」と記す。「美婦」や「をとめ」（少女）を接客婦＝客引きに立てたのである。こうしたことが、逆に⑲祖祐「鎌倉日記」に「武相境木茶店に至、漸時休足す。此家の内義と見へ、又一人ハ女中と見へ、愛相のよき事余りニ世事過て、両人の弁舌追従けいはく（軽薄）のあしらひニ一同迷惑して、却て二度立寄事を好ズ」という負の結果をもたらしたのも事実であった。なお、境木（「界木」）の茶店の様子は、『新訂江戸名所図会2』（ちくま学芸文庫、一九九六年。三〇四頁・三〇五頁）にもみえる。

第六部　社人の多面的な活動と軌跡

第一章　社人の八幡宮領目代化について

——社人の政治参加をめぐって——

ところで、八幡宮は、経済的には社領支配を基軸とした以上、その支配のあり方も時代にかなったものが要請されたはずである。その点で注目するのは、旅宿などを兼業する社人の供僧・神主・小別当の目代としての登場である。以下、その実態を検討したい。

八幡宮関係で目代が登場するのは、「神主（大伴）目代福田長右ヱ門」「元禄十三年（一七〇〇）故アッテ家絶」（「大久保文書」『鎌倉市史史料編第一』二五一頁）や元文四年（一七三九）の「小別当目代忠《（ママ）》左衛門」（「十二所村諸用留」『鎌倉』一五号）辺りであろうか。目代自体は、東慶寺目代石渡文司（『市史近世史料二』二一四）、極楽寺目代幸右衛門、高徳院目代花右衛門（「三橋三郎氏所蔵」『鎌倉近世史料長谷・坂ノ下編』）、仏日庵目代六右衛門・明月院代官忠右衛門（『鎌倉志料第六巻』五七頁）、江の島下之坊目代・上之坊目代・岩本院目代、覚園寺目代源左衛門（『鎌倉志料第七巻』一一四頁）、帰源院目代梅谷裕司（「鹿山公私諸般留帳（五一）」『鎌倉』一二六号）など、寺社間でほぼ同時代的に確認される存在である。八幡宮固有のものではなく、共有する社会基盤の時代的産物であったのである。

その点、八幡宮関係の目代は、如何であろうか。文化十三年（一八一六）五月付八幡宮文化度神器等焼失調書は（『市史近世史料二』一九九）「一山十四ケ所目代」とみえ、供僧（十二院）・神主・小別当にそれぞれ目代が存在したことを明示している。具体的には、宝暦十一年（一七六二）十二月十六日付「相州川東　甲」（「逗子東昌寺文書」）には、「一、増福院目代　岩瀬一学殿、一、正覚院目代　鈴木□（掃）蔵殿、一、相承院目代　富田庄左衛門殿、一、等覚院目代　松尾滝右衛門殿、一、荘厳・安楽目代兼　石川嘉部殿、一、恵光院目代　大石平伍殿　一、小別当目代　小島右衛門殿　一、海光院目代　石井庄司殿　一、我覚院目代　及（追）河俊蔵殿　一、最勝院目代　小池新介殿　一、浄囲院目代　大石平左衛門殿　一、香蔵院目代　金子泰介殿　一、神主目代　清水良平殿」などとみえる。

この両者の関係は、等覚院と目代松尾氏の場合、「等覚院目代　松尾滝右衛門」＝安永五年（一七七六）七月日付安齋三左衛門宛年賦主松尾滝右衛門・証人大久保三左衛門証文（「安齋松平氏所蔵」『鎌倉近世史料長谷・坂ノ下編』）に「等覚院寺領之内目代給之年賦引当之質地ニ入置申処実正也」、寛政二年（一七九〇）十二月付坂下村九右衛門宛等覚院役人松尾滝右衛門証文（同前）、等覚院借用金に請人辻頼母・池田隼人・留（冨カ）田庄左衛門、役人松尾滝右衛門と確認され、相承院と富田氏との場合も、安政七年（一八六〇）正月十二日「御名代嶋津主（水カ）殿御泊」「御留守添役　宿　庄（富田）左衛門」、二月付二ノ宮牧太宛相承院・目代富田庄左衛門・同織衛一札（「御屋形様御参詣並御名代記留（続）」『鎌倉』七八号）に確認され、浄国院と大石氏の関係も、文久三年（一八六三）十一月「明王太郎、條（浄）国院罷出申候。左ニ大石平左衛門宅へ罷出、進物金弐朱遣し」「明王太郎、大石氏へ同院宅ニて掛合致し申候。御院主方へ別口願入申候」（『明王太郎日記上　堂宮大工が見た幕末維新』二二一頁）、小別当と目代小島氏の場合も、それ以前の元文四年の「小別当目代忠左（ママ）衛門」（「十二所村諸用留」）もその可能性大であり、慶応三年（一八六七）八月「目代小島忠司」（「鶴岡日記（二）」）まで確認され、恵光院と目代大石氏の場合も、慶応三年八月「恵光院目代大石平ェ衛門」（同前）、海光院と石井庄司の場合も、同年（同月）「海光院為使者石井庄司」（同前）などの例から知られるように、ほぼ継続的な関係であったことが窺われる。神主大伴氏と清水良平の場合は、天保七年（一八三六）には「大伴左衛門目代舟橋周司」とみえるが、「下社家」内部の交代に留まるものであり、同様にみなされよう。

その意味で、八幡宮の場合は、大略社人の特定供僧の目代化とその継続的な関係が認められる。それが「目代中」という概念を生んだのである。弘化四年（一八四七）二月付鶴岡御一山宛「惣目代」一札（「八幡宮御用留記」『市史近世史料二』一五八の中略分）は「目代一同」の一札である。その「八幡宮御用留記」の表題は、「御用留記惣目代」とある。慶応年代にも「目代中ゟ御一山江相願候」（「鶴岡日記（二）」）とみえるように、八幡宮（供僧・神主・小別当）に対して、集団として一致団結して訴願状を提出する仲間であった。

そこにみえる「惣目代」であるが、「鶴岡日記（二）」には「惣目代五ヶ村荒工年貢取立之帳而今日仕立、村々名主方へ渡方有之事、年番・小目代小島忠司方ニ而催之」とみえ、発行の「取立之帳」も「惣目代」の名で発給されたのであった。そこに「小目代」もみえ、両者の関係が注目される。時の「惣目代」を特定できないが、「目代中」から代表として選ばれた人物と推察される。「惣目代」に比して、本来の目代を「小目代」と記したものと思われる。明和元年（一七六四）段階「一山惣代相承院」（『市史近世史料二』一五二）とみえるが、文政十一年段階「鶴岡一山惣代荘厳院主」（『鎌倉志料第十一巻』一〇〇頁）とみえるので、「鶴岡　山惣代」も、同様に供僧が交代で務めていたと推察される。当時の「神楽方社人惣代」「巫女惣代」（佐野『瀬戸神社』六三七頁）も同様であろう。

問題は、そうした目代の実態如何である。目代は、その他「役人」（「安齋松平氏所蔵」など）とも記されることが多い。それについては、八幡宮の場合ではないが、円覚寺の天保四年（一八三三）八月付目代勤方申渡覚（「鹿山公私諸般留帳（四六）」『鎌倉』一一九号）が大いに参考となろう。前者は十ケ条に及ぶが、その核心は、①「六月・十一月両度、年貢取立・割付可致事」と②「十一月交代者勿論、書立内勘祠堂金取立等之節も相詰可申、尤貸出之節者、上下ニ而出勤可致事」の二項目である。

①は「年貢取立・割付」という領主権行使の責任者としての位置付け、②は当時寺院財政で重要な位置を占める祠堂銭（名目金）の「取立」「貸出」の責任者としての位置付けであった。その具体的な様子は、等覚院と松尾氏の場合と相承院と富田氏の場合において、先の史料からも知られるし、また小別当と小島氏の場合も「一山中例年之通、金納年貢取立之事、目代小島忠司、名主五右ェ門、朝五ッ時ゟ例年之通来リ、金納取立無滞相済候」（「鶴岡日記（二）」）とみえる通りである。

このように目代が社領支配と財政管理を主たる任務とした以上、それに長けた人物、八幡宮の場合では門前で旅宿を兼業し商人化していた社人が、その任に当たったのは当然な成り行きであったといわねばならない。かれらには、その「給料」「扶持」分として「目代給」が配当されたのであった。先の「等覚院寺領之内目代給」＝供僧領からの「目代給」の配当である。その意味で、社人と供僧・神主・小別当は、社領支配においては唇歯輔車の関係にあったといってよい。

なお、寛政十二年（一八〇〇）九月付鶴岡一山役人中宛扇ケ谷村百姓惣代等訴願状（『市史近世史料一』一五四）には、正覚院目代に百姓和助、香蔵院目代に百姓良助、浄光院・小別当目代に百姓幸右衛門・郡治が「仰付」られたとみえる。これは、「当村（扇ケ谷村）江御目代被仰付候」にともなうものであった。時間的な問題も考慮されねばならないが、社人の目代のみならず社領百姓の目代の存在は注目される。それは、先述の極楽寺目代幸右衛門、高徳院目代花右衛門、覚園寺目代源左衛門などとも共通しよう。寺領百姓の目代化である。そのかれらが「仰付」にして役負担としてのそれであったか否かは不明であるが、この場合は、明確に「当村江御目代被仰付候」とあるので、その点は明瞭である。それゆえ、他の「諸役御免」訴願に繋がったのである。

とはいえ、社領百姓の目代が、村の「年寄」「世話人」（『市史近世史料一』一六〇・一七四）となるような有力百姓であったことは間違いない。それは、極楽寺目代幸右衛門、高徳院目代花右衛門、覚園寺目代源左衛門にしても同様であろう。寺社は、幕藩体制下の公的な地方三役と異なる私的な目代をもってして新たな支配を模索したのであった。また逆にいえば、有力百姓が寺社支配の一角に食い込んだことになり、支配―被支配関係において新たな展開を示すものとなったと評価される。

そのうえで、八幡宮の場合には、目代とほぼ同時的に登場してくる月番という制度がみられる。その史料的初見は明和二年（一七六五）三月付佐野大和書付（佐野『瀬戸神社』六五二頁）の「月番庄左衛門殿」（「富田庄左衛門」）で、次いで寛政九年（一七九七）十月付鈴木左近等願書の「月番　大石和助」（『瀬戸神社』六五七頁）であろうか。より具体的な例としては、先の弘化四年（一八四七）付「八幡宮御用留記」に「二月　月番富田庄左衛門」、「三月　月番大石平左衛門」、「四月　月番岩瀬一学」、五月分なし。「六月　月番大石平左衛門」、「七月　安楽院　大沢専輔」、「八月　月番石井庄司」、「九月　月番小池伊勢介」、「十月　月番岩瀬主税」、「十一月　月番富田庄左衛門」とみえる例がある。

ここにみえる月番担当者は、すべて八乙女・神楽男を含めた社人である。社人が八幡宮領の庶政を月毎に交代して務め、村で名主が御用留を纏めたように御用留を纏めたのである。それが「八幡宮御用留記」である。これは、「五節句等ニも不罷出仲間月番役茂相除候」（佐野『瀬戸神社』六五九頁）とみえるように八幡宮から役として課せられたものであった。「月番役人」（「鶴岡日記（一）」）とも記された所以である。

もちろん、社人たちの目代・月番たりうる政治的・経済的力量がみずからの旅宿経営と相俟った金融経済との緊密な関係のなかで醸成されたものであったことも事実である。八乙女にして旅宿角庄を経営する富田氏の場合、文化十三年（一八一六）十二月付富田屋庄左衛門宛河内吉左衛門金子預り証文（『鎌倉近世史料扇ガ谷編（一）河内家（一）』五五）と天保六年（一八三五）四月付雪之下村富田庄左衛門宛河内吉左衛門借用金証文（『鎌倉近世史料扇ガ谷編（一）河内家（一）』七四）は扇ケ谷村建長寺大工河内氏と取り交わされた金子をめぐる証文である。また天保十二年十一月付御祠堂金請取覚帳に「一、金拾壱両　雪ノ下村　庄左衛門」とみえて、他の宝戒寺門前の屋根屋（斎藤か）四郎左《(右)》衛門＝「一、金三両」、雪ノ下村次助＝「金壱両一分二朱」と比して、如何に多大な資産保持かが窺われる（『鎌倉近世史料扇ガ谷編（二）河内家（二）』）。そのほか多くの社人が金融経済と深く関わっていたと推察される。その際、中世以来の無尽講、八幡講などと称される頼母子講が全面開花し下支えしたことも想像に難くない。嘉永七年（一八五四）五月十日にも「富田屋無尽」がみえる（「亀谷山記録（二）」『鎌倉』九二号）。

　以上、社人が八幡宮領支配において供僧、神主、小別当の目代として重要な役割を果たしたこと、また月番として八幡宮領の庶政にも関わったこと、総じて、社人の旅宿などを通じてえた政治的・経済的力量が八幡宮の権力を執行しうる立場に至ったこと、それは、一面百姓の目代化とも相俟って展開され、八幡宮支配の形骸化を示す結果となったこと、などを見通した。

第二章　供僧・神主・社人の立ち位置について

――宝蔵・宝物をめぐって――

第二章では、これまでみてきた供僧、神主、小別当、社人らの八幡宮における立ち位置を宝蔵・宝物という視点から考えてみたい。

八幡宮の宝蔵については、鎌倉・南北朝期の「宝殿」「宝蔵」（『鶴岡社務記録』）・「宝蔵沙汰人」（『鶴岡事書日記』）、室町期の「御宝殿ノ神物、社務代始ニ御宝殿ヲ御検知、目録御披見時コソ両御殿司・執行同心ニモ執行同心ニ検知被申事也」（『香蔵院珎祐記録』）、戦国期の「奈良大工御宝殿御修理事」（『快元僧都記』）、「奉納八幡宮御宝殿、北条左京大夫平氏綱」（『鶴岡八幡宮文書』）、近世の「神幸供奉人所持之御道具・袋等幷御正躰覆四社分青色取出し共ニ文庫江入」・「例年御殿宝物等虫干有之間、月番ニテ兼日樟脳、二百文分半紙一帖用意致置」（『御殿司年中行事記』『神道大系鶴岡』）、「御殿神宝品々虫干有之事、例年之通也、無滞相済候」（『鶴岡日記（二）』）などと、室町期の若宮別当の代始めの際の点検や近世の虫干の様子などが知られる。ここでいう「文庫《ふみくら》」とあるのも、同様であろう。

その宝蔵に収められる宝物も、時代とともに変化したことはいうまでもない。その点に絡んだ記事としては、室町期の文安四年（一四四七）閏二月六日付法印快季神輿御厳入日記（「鶴岡八幡宮文書」神六〇五三）に「宝蔵御輿三躰」「羅網」「玉旛」「御戸帳」、明応九年（一五〇〇）五月日付法印俊朝覚書（「鶴岡八幡宮文書」神六四二二）に「枡形一、宝珠形一、副之、已前之日記之外、御正躰一面」「御輿已下之厳重物」などとみえるが、その詳細な記録は、近世の水戸光圀「鎌倉日記」に始まるといってよい。

そこには、八幡宮の「神宝」として「弓矢　空穂」「愛染明王」「大般若経」「後小松院院宣　一通」（神五七四二）・「頼朝直判書　二通」（神二二・二三）などと「其外代々将軍家、北条家ノ証文ドモ多シ、巻物二軸トナス、条々不可枚挙也」などがみえる。[1] 近世末期成立の「風土記稿」も同様に「神宝」として「弓一張」「太刀十二振」「舞面七枚」「笙一管」「廻御影」「大般若経」「古文書百十五通」「伽羅一端」などと詳細に図示し紹介している。ただそのなかには、「牛玉一顆　社蔵」、「大般若経」「四百巻　座不冷所ノ物ナリ」、「法華経」「八巻　座不冷所ノ書ナリ」、「五部大乗経　二百巻　座不冷所ノ書ナリ」などと記されるものがあり、宝蔵に収められた宝物でも、様々な所蔵主体が存在したことを想起せしめる。また享保二年に太宰春台らが見学した「祠中重器」[廿]は、「神庫」内の宝物とは別物であったとみられる。以下、そうした観点から日記などに記された宝蔵・宝物の例を幾つか取り上げて、その実態を見通したい。

寛政九年（一七九七）の田良道子明甫「相中紀行」（『市史紀行地誌』）に「回廊を回れバ、（中略）二人出て此中の宝物を拝せよといふ、於此賽銭を出して見之、面二ツ皆妙作也」「回廊を回りて右の方へ出れバ、又宝物を見る」、文政八年（一八二五）以前の加藤曳尾庵「我衣」（日本庶民生活史料集第十五巻都市風俗』）に「廻廊の宝物いろ〳〵あれ共、見るに堪ず、下の方経蔵の四天、古物と思わる」、文化六年四月の扇雀亭陶枝「鎌倉日記」に「護摩堂、こゝに宝物種々あるがなかに、鎌倉殿所持とか有□□くの香籠」、文化十一年五月の岩村恭久「鎌倉三勝日記」（『相模国紀行文集』）に「廻廊をめぐるに、神輿六基その外、貴き神体数〳〵の中に、霊宝の品拝まつる所あり、あまた有る中に、けふ（興）かさりけるは、実朝公の文台硯　梶原二度のかりの鞍　太田道灌の具足　信玄のくさり（鎖）帷子　清正の鐙　なと」、天保六年（一八三五）四月の小山田与清《ともきよ》「鎌倉御覧日記」（『市史紀行地誌』）に「拝殿にてさまぐ〵（様々）の神宝見そなはす、いうはつかのゑふ（衛府）の太刀、二位の尼の上衣などこれかれおほかり」、天保九年七月の「富士・大山道中雑記　附江之島・鎌倉」（『相模国紀行文集』）に「御宮廻廊にて、種々宝物一見、頼朝の陣羽織、山本勘助着用鎧甲、清正の太刀、其外数多にて紙上尽かたく」、天保十年五月の「玉匣両温泉路記」に「廻廊を廻り見るに、こゝかしこに、にげ（似気）なき神をいは（斎）ゐ、又宝物とても古き鎧・太刀・鏡などを見すれども、うけがたきもの也」、弘化四年（一八四七）四月江ノ島参詣之記書写（『相模国紀行文集』）に「一、正面随身門、廻楼、此廻楼に末神幷宝物多し」などとみえる。上宮の廻廊に備えられていたものと推察される（展示替えもあり）。安政二年（一八五五）四月の李院の妻の「江の島紀行」（『市史紀行地誌』）に「廻ろう（廊）の内、若宮の神輿四ツ、八幡宮の神輿三ツを置り、鎌倉将軍以来の宝物種々あり」と、安政二年の清河八郎「西遊草《さいゆうそう》」（岩波文庫）に「廻廊も美事にて、古代の宝物等いろいろ（色々）開帳あり。多くして記するにいとまあらず」などとみえるものもある。(2)後者などは、知恩院宮尊昭法親王ゆえに「拝殿」に備えて閲覧に供した例という可能性もあろうか。

以上の例を見る限り、宝蔵に収められたモノ以外に廻廊や護摩堂などに備えられたモノもあったのである。その前者でも、様々な所蔵主体が存在したのであった。それ以上にその前者でも、八幡宮の構成主体供僧・神主・小別当・社人たちは、神事用の道具類・装束類のみ収められる対象であって、それ以外のモノは含まれていなかったのである。

そのことは、先の「一話一言」が「九ケ院・小別当共類焼」「供僧・小別当とも什物・古文書等不残僧侶の法衣迄も焼失と云り」「供僧九人は当分神主大伴宅幷焼残りし三院に同居す」と記したことにも繋がろう。(3)供僧・

小別当は、独自に「什物・古文書」を管理していたと。延焼を免れたという神主大伴氏も「古文書八巻」を「御宮焼失砌、焼失」（「鎌倉鶴岡神主大伴氏家譜」。鈴木『鎌倉への道』）とあり、延焼の可能性は否定しえないものの、「古文書八巻」自体、供僧・小別当と同様な状態であったことを示唆しよう。

こうした特徴は、例えば、江戸での出開帳《でがいちょう》の際（文政十二年二月二十一日の「鶴ケ岡八幡宮於江戸深川宝物開帳、附人百人余門前通行」『鎌倉志料第十一巻』一八三頁。天明二年の「鎌倉八幡、深川にて開帳」[4]などとみえる）、供僧は鶴岡一山の惣代としての企画の場合は八幡宮のモノを出品するのに対して、供僧独自の企画の場合は自坊のモノを出品するという顕著な相違にも窺われる（『市史近世史料二』二〇一、「相模国鎌倉鶴岡一山拾四箇所由緒写書上」）。平時は、自坊の庫に管理されていたのである。また寛政十二年（一八〇〇）閏四月十一日には、鶴岡湯立《ゆだて》御神楽が江戸日本橋（佐野『瀬戸神社』六九二頁）で行われたという。これなどは、八乙女・神楽男独自の舞楽・神楽が江戸の物流の中心日本橋で行われたことを示すものである。それぞれの主催者による出開帳や演舞は、その観賞料や初尾が重要な財源となっていたからに他ならない[5]。

すなわち、宝蔵内の宝物は、八幡宮への奉納物を中心とするモノであって、それぞれ独自の由緒・来歴を有する供僧（寺院として開基・御本尊を具備）・神主大伴氏・小別当大庭氏の「什物・古文書」を含むものではなかったのである。それらは、それぞれ家財＝私財として独自に蔵で管理されていたのである[6]。それは、伶人の楽器類や八乙女・神楽男の諸道具なども同様であった。これは、中世以来の供僧・神主・小別当・社人の主体性と独自性を継受する近世における、それぞれの立ち位置を顕示するものであろう。

とはいえ、神事に使用される道具・装束類が宝蔵で管理されるに至っていたこと自体は、注目される。その変化の背景には、江戸幕府成立後の八幡宮による神事の安定的遂行とその主役社人の門前定住の厳密化があったと推察される。先にみた「鎌倉巡礼記」段階の整然とした神事の遂行は、そうした伶人の楽器類など管理の比較的早い段階での成立を想起せしめようか。八幡宮総体としての宝物の二元的管理形態の出現であった。

そこで、こうした変化を具体的に示すと思われる伶人の楽器の例を取り上げてみたい。先述の通り、享保二年に太宰らは伶人の配慮で「神庫」の「楽器」「仏工運慶刻仮面数枚」と「祠中重器」[廿]を見学したのであった。伶人が持ち出してみせたという「古楽器」とは、後の文化十三年五月付八幡宮文化度神器等焼失調書（『市史近世史料二』一九九）の「楽器諸道具之部」に記されたうちの「一、笙但袋筥共　三管内壱管焼失」「一、篳篥右同断　三管」「一、笛但筒袋共　三管」「一、笛但筒袋共　三管」「一、高麗笛右同断　三管」類であったと思われる。当時「神庫」にあった伶人の楽器は、奉納されたものであったのである。

ところで、後日その楽器をめぐってある事件が起こり、そこに様々な問題点が看取されるのである。その事件とは、文政七年（一八二四）二月二十二日に「鶴岡準神器之和州志義山了恵所作之笙一箇、先達而坊中ゟ水戸殿江差出し候処、伶人より公辺江訴へ于今落着無之ニ付、隣山之好ミ故、満山之衆意を以、会所最勝院迄、子煕見舞ニ赴ク」・文政八年四月二十四日に「志義山了恵所製之笙を小石川江差出候と申儀者、難中立訳ニ御座候、猶又已来右楽器之儀ニ付、伶人ゟ異議有間敷との書付を取り、双方安穏ニ治り□」（『鎌倉志料第十一巻』一〇〇頁）と記されたものであった。要するに、八幡宮の「準神器」「和州志義山了恵」作の笙が供僧から水戸殿へ差出されたことを伶人が強く抗議したのである。

この伶人とは、具体的には笙を担う大石氏（当時大石丹司勝義）のことである。この笙自体、「風土記稿」で八幡宮の「神宝」として「笙一管　当社伶人の家蔵せし、古笙なりしお奉納すと云、鉸練銅なり、銘あり、曰、寛喜四季（秊）壬辰二月上旬之比造出畢、信貴山僧行円」と記された名器であったのである（写真26）。八幡宮に奉納されて「神庫」に収められていた伶人家旧蔵の笙が供僧によって持ち出され水戸殿に譲り渡されたのであった。これは、恐らく水戸家が「和州志義山了恵」＝「信貴山僧行円」作という謂れを存知したうえで供僧に要求した結果であ

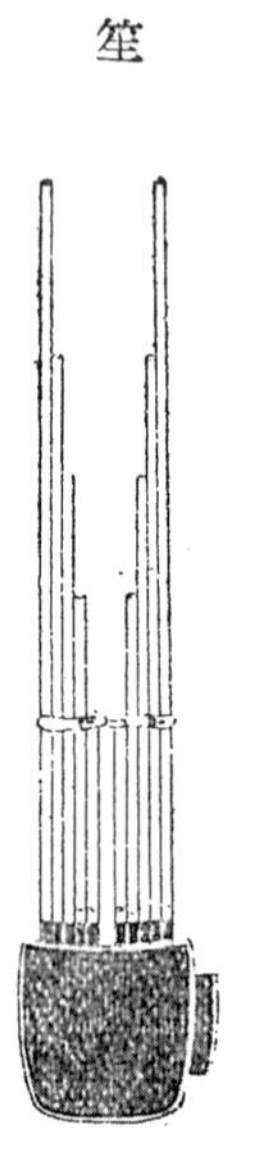

写真26
「風土記稿」所載

ろ。時代的にも大名家による名器・名物希求の一例と位置づけられる(7)。

問題は、こうした供僧の行為を可能にした背景である。まず奉納された旧蔵物さえ、「神庫」への伶人の「司」は、過去のことであったということである。それは、寛政九年（一七九七）十一月付神事神楽定書（佐野『瀬戸神社』六五八・六五九頁）に八乙女・神楽男十五人が「縦令定式之日所成共、御道具物借ハ勿論、有来之神用・其外他出之節は、何事ニよら須、先例之通、急度御届可申上事」とあることや、慶応三年（一八六七）九月に神楽男小頭小池新太夫が会所へ九月「十八日例年之通り、飯島村小神楽執行ニ付、御道具拝借、且仲間共出勤仕候間、此段御届奉申上候」（『鶴岡日記（二）』）と述べている事態とも緊密に結び付こう。そのうえで、それ以前の文化十三年の火事の後に八幡宮の提出した調書に「楽器諸道具」以下が詳述されているのをみると、当時「神庫」（宝蔵）が事実上供僧（会所）・神主・小別当の管理下にあったことを想定せしめ、会所の構成員供僧が持ち出したのは、その延長上の事態であったとみなされる。そして、さきの笙は、大石氏のもとに終に戻らなかったのである。その数年後の文政十年十一月に「水戸公小石川屋敷焼失」（『鎌倉志料第十一巻』一六〇頁）し、なお一層その笙の行方は不明となったのである。社人の奉納物は、すでに八幡宮にあって「神器」ではなく「準神器」にすぎなくなっていたのである。

以上、八幡宮の宝蔵と宝物をめぐる供僧・神主・小別当・社人らとの関わり合いをみてきた結果、宝蔵には八幡宮に奉納されたものと供僧以下の神事用の道具類・衣服類が納められていたこと、それぞれの蔵の管理下にある供僧以下の伝来文書などの家財＝私財を含むものではなかったこと、総じて八幡宮の宝物は、八幡宮の狭義の宝物と供僧以下の独自の狭義の宝物という複合的構成体であったこと、を見通した。それは、そのまま供僧・神主・小別当・社人らの中世以来の主体性と独自性を示すと同時にその八幡宮における立ち位置を示すものであったと評価される。

注

（1）なお、水戸光圀「鎌倉日記」に「神宝」とみえる「大般若経　一巻」とは、「鶴岡日記（二）」に「宝蔵ニ仕舞有之候古大般若経、虫喰だらけの品（中略）由井ヶ浜江流しニ被参候事、雨祈禱之為也」とみえるものであろうか。雨乞儀礼としての利用である。また七日七月（七夕）には、「例年御殿宝物等虫干有之間、月番ニテ兼日樟脳、二百文分半紙一帖用意致置」（「御殿司年中行事記」）・「御殿神宝品々虫干有之事、例年之通也」（「鶴岡日記（二）」）とある様に虫干しが行われていたのである。八幡宮の大般若経の行く末については、白井「鶴岡八幡宮の古記録」（『鎌倉風草集』一九四頁）に「散佚しているが永享年間上杉憲直の奉納経、鶴岡八幡宮のほか京都大学図書館、五島美術館、真如園（苑）等に現存する。この間の刊経には円覚寺、建長寺等の僧や信者の寄進で、立川市の普済寺で刊行されたものがある」とみえる。

（2）なお、宝物といわれるものでも、当代一流の知識人からみれば、①のように「此面二ッ皆妙作也」と称賛されるようなものは珍しく、その多くは文政八年以前の加藤曳尾庵「我衣」に「〇政子奉納の十二の手筥（中略）〇其外箙、仏躰のもの、或はつ〴〵り錦、太刀、刀、頼朝公の真筆、種々のものありといへども、賛するものは稀也」「廻廊の宝物いろ〳〵あれ共、見るに堪ず。下の方経蔵の四天、古物と思わる」とか天保十年五月の「玉匣両温泉路記」に「宝物とても古き鎧・太刀・鏡などを見すれども、うけがたきもの也」などと記されるような「見るに堪ず」「うけがたきもの」であったとみられる。

（3）それは、同書に「但し相承院にて書物入長持入一ッ取出し井の内に納めて助けたりと云」（その結果、「風土記稿」で「古文書九十三通」とあって、他の荘厳院「二十八通」、香象院「四通」、我覚院「十五通」などと比して断トツの残存率を示し、それが現在の「相承院文書」の伝存に繋がったのである）とある。ただ天保十年（一八三九）八月二日付鶴岡八幡宮社務次第の相承院寛雄筆の奥書に「是等之古記録数収庫仁雖在之、去ル文政四巳年焼亡、依之荘厳院庫蔵之応永年中書写之古本幷最勝院写本等之記ヲ以校合書得畢」（『鶴岡叢書第四輯鶴岡八幡宮寺諸職次第』）ともみえる通り、一部焼失したことも事実であった。

（4）この深川とは富岡八幡宮・別当寺永代寺を指すが、この永代寺では鶴岡八幡宮のみならず様々な宗派寺院の御開帳が行われており、いわば御開帳の聖地であった。この点は、斎藤月岑《げっしん》「武江年表」（金子光晴校訂『東洋文庫　増訂武江年表1・2』平凡社、一九八四年・一九八七年）を参照。なお、富岡八幡宮の一の鳥居を越すと、深川の岡場所（私娼街）があったので、聖俗一体の世界であったことが知られる。

（5）例えば、それは、享保十一年には「神宝披露」にともなう「御礼」（拝観料）が問題化するほどの状況となっていたのである。宝暦三年（一七五三）三月十日には武家伝奏広橋兼胤が「於拝殿、社人奏里神楽、於楽屋、伶人奏楽、別当僧出宝物拝見了」（『大日本近世史料広橋兼胤公武御用日記四』東京大学出版会、一九九〇年）と記す通り、神楽と同時に宝物を見学している。当時八幡宮参詣と宝物見学は、セットになっていたのである。それは、鎌倉五山建長寺なども同様であった。寺社にとって伝来の文化財という以上に、すでに拝観料が重要な財源となっていたのである。寺院内外での勧進興行の展開であった。それ自体は、中世以来のことであった（例えば、先の明応九年五月日付法印俊朝覚書をみよ）。それゆえ、それをめぐって八幡宮の構成員のみならず旅宿・観光客を含めた全体的・構造的な問題となっていたのである。文政十二年二月の日光准后は「如先規宝物御覽」し、拝観料として「先規之通、白銀一枚」を納めている（『鎌倉志料第十一巻』一八二頁）。また文化六年四月の歓喜心院宮も「宝物御覽」後に「為謝与白銀一枚」を納めている（『鎌倉志料第十一巻』二四五頁）。

（6）注（3）の鶴岡八幡宮社務次第の相承院寛雄筆の奥書に「荘厳院庫蔵」とか「相承院庫蔵」などとみえる。また当時の扇雀亭陶枝「鎌倉日記」にも「左りのかたは総門なり、右へ登りて十二院社僧有り、中に我覚院といへるに、宝物様々あり、天狗石と天狗の面なせる石、頼朝公の書文并に代々将軍家の文書等多し」とみえる。

（7）例えば、『企画展示　楽器は語る――紀州藩主徳川治宝と君子の楽――』（国立歴史民俗博物館、二〇一二年）によれば、笙（銘「鳳凰丸」）＝「仁治第二暦辛丑三月　信貴山僧頼尊造之畢　行年四十八才」は「京都方の豊原家に代々伝わった名器であったが、比叡山安祥院の所蔵となり、さらに文化14（1817）頃、治宝が入手したという。信貴山の僧、頼尊は、行円とともに笙作りの名手として著名である。この笙はかつて紀州徳川家伝来楽器コレクションの一部をなしていたが散逸していたもので、近年本館の所蔵となった」という。

第三章　社人内部の問題について

——「仲間」をめぐって——

第二章では、供僧・神主・小別当・社人らの八幡宮における立ち位置を宝蔵と宝物という切り口から検討し、そこにその主体性と独自性を見通した。それでは、その内実は一体如何なるものであったのか、社人に係わる諸例から考えたい。

第一例は、享保十八年（一七三三）四月付小坂周防等七名連署訴状と同年五月付小池新太夫詫状（白井『鎌倉風草集』一〇四頁・一〇五頁）の示す問題点である。これは、神楽男小坂周防（親常）・坂井宮内・鈴木右京・小池左門・坂井刑部・八乙女（大沢）宮王・八乙女（山崎）守王が神楽男小頭小池新太夫（時之）を訴えたことに因むものである。争点は、この度新規に依頼された中郡上糟谷村熊野権現（伊勢原市上粕屋）での神楽催行に関する㊀「旦方」（檀那）、㊁「神楽荘《（飾）》り之具」、㊂初尾（初穂）をめぐる問題と、小池新太夫の作法「間違共数多出来」なことと、小頭としての「外之者ハ手下同前ニ仕候」という専制的振舞の問題であった。

特にここで注目されるのは、新規の神楽催行の場合は自今以後の持ち場＝「旦所」にもなる「旦方」を「仲間」の相談で決める原則、神楽催行にともなう初尾は「旦方」個人のものでなく「仲間」全体のものという古来以来の原則、神楽の作法は「鶴岡の名」においてどこでも古来の作法でなされるべき原則、という諸原則の存在である[1]。特に初尾の問題は、「古来より神楽発尾儀ケ様ニ催促之様ニ罷成事一切無之儀ニ御座候、鶴岡外之役人中ニ対シ候へ《ママ》ても、外聞実義《ママ》至極難義仕候」といわれるものであった。初尾は、まさに「神への贈与」として神聖にして犯すべからざる存在であったのである（桜井英治『贈与の歴史学　儀礼と経済のあいだ』中公新書、二〇一一年）。

こうした諸原則を破った小頭小池新太夫に対して、八乙女らは一致団結して訴えたのであった。その結果、小池新太夫は、「御手長衆、伶人衆、神官衆」の仲立ちで以後の「神楽方古法」遵守と「和順ニて相交」ることを約束せざるをえなかったのである。小頭も衆中の合議を無視できなかったのである。

もちろん、この争論が小頭小池新太夫の日頃の専制的振舞への不満を起点にして起こったこと自体は間違いないが、より本質的には、社人「仲間」内部における神楽催行をめぐる「古法」と「間違」＝新儀との相剋の激化であったと評価される。「新規之場所」の登場を契機とするその利権確保と旧来以来の場所の利権維持という二重の問題であった。それを規定したのが、新旧の「旦方」であったことはいうまでもない。

第二例は、寛政九年（一七九七）十一月付神事神楽連署定書（佐野『瀬戸神社』六五八～六六一頁）の示す問題である。これは、富田王部・大沢宮翁《王》・小池米翁《王》・松尾守王・大石若翁《王》・小島杉翁《王》・黒川松翁《王》・小坂兵庫・坂井式部・小池因幡・坂井宮内・鈴木左近・吉田但馬・佐野大和・小池石見という八乙女・神楽男十五名の「仲間」が喫緊の問題を九ケ条に凝縮化させて「一同連印」したものである。これ程の規模の「連印」状は、中世の応永年代の「悉五十余人ノ起請文」＝「神主以下ノ社官等起請文」（「鶴岡事書日記」）以降確認されず、それだけ当該段階の八乙女・神楽男の直面した問題が危機的であったことを物語っていよう。内容的には、第一例が小頭の非法を他の社人が訴えたものに対して、これは社人全体が鶴岡御一山に向けて「年中大小之御神事、月次御神楽、其外御社役」の奉仕厳守を約したものという違いはあるものの、社人間の内在的問題の噴出を示す点では同質であった。

その内在的問題を二・三指摘すれば、第一は願主ある新たな神事催行の際には先例にならって料足配分を行い勝手に行わないこと、第二に「在方」への神事催行の際には「旦方」に「神楽料」を含めて「不作法」な行為を課さないこと、またそれをめぐって「仲間」同志が争わぬこと、第三に古来各々が抱えてきた「在方・兼帯社幷旦所等」にはお互い手出しをしないこと、第四に神事奉仕には原則「番帳之順次」「順番帳」に大切にすること、第五に「行神楽之深秘、大小剣釜入、託宣等之口決」はもちろんのこと「打囃初能御祓御幣招之外」は「内縁・旧好之ものニ候共、決而一存を以内伝等」しないこと、などを確認して、それが八乙女・神楽男の「家業衰微」を防御し「家業繁栄」を招くとして、もし違反した場合には、鶴岡御一山の裁許を仰ぐと確認しあったものである。

ここに集約される八乙女・神楽男間の喫緊の問題は、①神事催行をめぐる個々の主権の問題と②秘法伝授をめぐる問題とに集約される。就中①の神事催行をめぐる内部対立の問題は、「家業衰微」か「家業繁栄」かにまで及ぶ死活的問題となっていたのである。その先蹤は、すでに第一例で取り上げた問題のなかに窺われたのであった。その矛盾の深化と位置付けられよう。また②秘法伝授をめぐる問題は、次に述べる第二例の事柄と緊密に結び付く問題であった。

第三例は、寛政十年（一七九八）六月付鎌倉鶴岡伶家中宛楽所《がくしょ》下知状（『市史近世史料一』一八〇）以降、文政三年（一八二〇）九月付鶴岡楽人衆中宛楽所覚（『市史近世史料一』一八一）、嘉永七年（一八五四）十月八日付加茂釵負宛多主計誓文（『市史近世史料一』一八二）などの幕府紅葉山楽所から下知された事態との関連性の問題である。これらは、それ以前来の「非門之輩多殊ニ相州辺雅楽猥ニ相聞候」とか「非門之輩、猥相成儀」という事態の顕在化にともなうものであった。この点は、第二例の神事神楽連署定書のなかで「大切之御社伝ニ候間、行神楽之深秘、大小剣釜入、託宣等之口決は勿論、打囃初能御祓御幣招之外、堅ク伝授致間敷」「内縁・旧好之ものニ候共、決而一存を以内伝等不可致事」などと明記された事態と緊密に結びつくものであった。という以上に、それをふまえての紅葉山楽所下知であったというのが実態であった。その主体は、八幡宮に存在したのである。

すなわち、八幡宮は、秘伝の神楽が「非門之輩」への流出によって社人本来の「御仕役」さえままならぬ状況の発生を生んだがゆえに幕府紅葉山楽所の下知をも必要としたのであった。社人でない「非門之輩」が神楽に携わるという事態の出来の背景には、村の行事化にともなうより多くの「非門之輩」の活動の場の成立があったのである。当然そこに新規参入者としての「非門之輩」と旧来の社人との「旦方」をめぐる対立の激化が生じ、社人内部の規制をも必要としたのである。非社人＝「非門之輩」と社人間の境界領域が曖昧化し、その優越的地位をも自壊せしめるものであった。この推移は、雪之下村で旅宿を経営する社人の活動に対して、非社人や近郷の「老人并子供等農業渡世」人が新規参入し、その優越的地位を崩壊に追い込んだのと同じ構図である。

以上、周知な三例からこの間の社人の「仲間」の実態をみてきた。「仲間」は当時一般的に使用されているが、八幡宮では社人間以外では確認されていない。(2) 中世以来の主体性が「仲間」という表現に収斂されたとはいえ、それが強調されるほどに、組織としての社人「仲間」は矛盾に満ちたものであったのである。「仲間」間の「新規之場所」と旧来以来の場所の主権と利権（初尾を含めた）をめぐる問題、「非門之輩」への「秘伝」伝授の問題などであった。「仲間」がすでに内から綻びつつあったのである。それを規定したのは、「新規之場所」と「非門之輩」の「旦方」の動向であったのである。(3)

注

（1）例えば、「新規之場所」には、①建長寺での天明四年（一七八四）六月三日開山（蘭渓道隆）五百年忌の際の「雪之下社人共、音楽奉納、関東稀有之法会也、先年京師ニ者、先年東福遠忌之節、禁裏音楽有之候由」（『鎌倉志料第九巻』一九頁）。②文久二年（一八六二）閏八月八日の「当節悪病流行ニ付、村々御安全之御祈禱、御神楽鶴岡八幡宮江為頼度、御一同思召評議取究ニ相成」（『山ノ内村御用留』）の依頼（村の疫病〈コレラと麻疹《はしか》〉対策の神楽）。③瀬戸社の社人八乙女植草杉王家は、鎌倉八乙女小島杉王家の中世以来の分家といわれること（『瀬戸神社――海の守護神――』（神奈川県立金沢文庫、二〇一三年）、「社家（植草家）所蔵文書」（佐野『瀬戸神社』））。④寛政十二年（一八〇〇）閏四月十一日の江戸日本橋での鶴岡湯立御神楽催行なども同様であろう。それに対する、旧来以来の場所としては、①延享二年（一七四五）の「天照山永代十夜用事類聚」（『鎌倉』一三号）に「一、九日鶴岡楽人方江使僧遣候、例年之通来ル、十二日ゟ十五日迄、楽人六人、道具番壱人参候」「一、鶴岡楽人江為礼使僧遣候、左之通、一、鳥目壱貫ツヽ、楽人六人江」「一、同三百文　道具番江」などがみえること。浄土宗光明寺（鎌倉市材木座）の一大行事＝お十夜法要（十月九日）に「楽人」が例年参勤し、「道具番」が「神庫」から道具類を持ち出し事前の準備をしたのである。神楽料は、各々の私財となったのである。天明二年から五年にかけての伶人多・辻・加茂諸氏の参勤帳が旧伶人多家旧蔵資料のなかに残されている（『県史資料所在目録』）。現在もお十夜法要の初夜（十二日夜）法要後に雅楽の奉納が行われている（『天照山光明寺』）。②寛政元年（一七八九）二月七日の初午に「例年の通り」英勝寺鎮守稲荷での「神楽師」による催行が行われている（『英勝寺御用留』）。③第一例としてとりあげた訴状にも鎌倉「坂之下」（御霊神社。『鎌倉ゆかりの芸能と儀礼』一二一頁に写真版掲載）、「飯島村小神楽執行」（「飯島村鎮守三島社」＝横浜市栄区飯島町。「鶴岡日記（二）」）がみえる。④「他所より出勤之社人」（文政十二年の神事行列之次第）として大町八雲神社の小坂氏、舞岡八幡宮の関氏、神奈川洲崎神社の吉田氏、横須賀諏訪神社の畑氏、藤沢遊行寺の諏訪神社、横須賀鉈切村（浦郷、追浜周辺）、静岡県伊豆山神社、千葉県市原市中高根の鶴峯八幡神社、山梨県富士吉田市浅間神社などがあげられている（白井『鎌倉風草集』一七頁）。また個々の神楽男も八乙女も、坂井越後邦高＝岩瀬村五社明神、（追記）鈴木主馬尚綏＝大船村熊野社、小池民部時一＝山崎村天神の社家、小坂伊与方叔＝御霊社神職、坂井宮内睦芳＝久良岐郡蒔田村杉山明神の祠官、佐野斎宮・瀬戸明神の社人、山崎守王＝山崎村天神社＝北野神社（『神奈川県史各論編5民俗』一九七〇年。八四五頁に「湯花神楽」の写真版あり。写真4）の神職、大沢若王＝藤沢諏訪社、小島杉王＝瀬戸明神、小坂森王＝大町村天王の神主の出。坂井宮内の祖宮内時員の時、永享の乱で久良岐郡蒔田村に移住し、当時同村杉山社の神主を兼帯していたことによる。横浜市南区宮元町の杉山社。元蒔田町の総鎮守。「宿」の商職人・長者・有徳人であった（拙稿「関東吉良氏研究序説――特に鶴岡八幡宮再建工事との関係を通じて――」）。いずれも、地域の有力者として存立していたのである。（追記）文政七年八月岩瀬村地誌調書上帳（『市史近世史料一』四〇）に「一、鎮守稲荷五社大明神　村民持　祭主坂井越後（邦高）　中興栗田源左衛門」「一、例年九月廿九日湯立御神楽興行、尤隔年小御神楽相勤申候、鶴岡社人来り相勤申候」とみえる。

（2）「仲間」の関係史料には、例えば、①享保二十年（一七三五）の神楽「仲間八人」定（「佐野家所蔵文書」『瀬戸神社』六三〇頁）、②延享四年（一七四七）の「鎌倉鶴岡神楽方役人職掌八乙女十六人」＝「私共仲間拾六人」（「佐野家所蔵文書」『瀬戸神社』、六三六〜六三九頁）、③寛延二年（一七四九）三月付年賦証文（「安齋松平氏所蔵」）の「冷《（ママ）》人仲間」、④明和二年（一七六五）瀬戸社を追放された佐野大和勝衛は「鎌倉宝戒寺門前」で「借家」をし「鶴岡神楽方御仲間衆中」の助けをうけて生活していたという（「佐野家所蔵文書」『瀬戸神社』六五二頁）、⑤天保九年（一八三八）御宮并摂社末社御供御下リ次第に「両人出勤無之内は両人之分仲間中へ別分可致事」（「佐野家所蔵文書」『瀬戸神社』七二五頁）、⑥文化十五年（一八一八）正月付庚申仲間控（『道ばたの信仰　鎌倉の庚申塔』）の存在、⑦嘉永七年（一八五四）七月付無尽積金議定書（神近三四八）にみえる伶人「仲間八軒」、⑧嘉永七年十月八日付多主計誓文（『市史近世史料二』一八二）の「親子・兄弟・仲間」、⑨慶応二年（一八六六）五月の神主大伴家の下社家「舟橋郡司　仲間安田謙蔵　同大久保喜内」（『市史近世史料一』三〇四）など近世末期まで多数みられる。なお、「仲間」論については、佐藤進一『日本の中世国家』（岩波文庫版、二〇二〇年）の「解説」（五味文彦氏）から示唆を受けた。

（3）それは、第二例としてみた寛政九年の神事神楽連署定書からほんの数年後の寛政十二年閏四月に江戸日本橋で鶴岡湯立御神楽が催行された際、八乙女と「惣仲間」との間で初穂料と提銭・散合料（提銭《ささげぜに》＝下銭《さげぜに》）をめぐって問題が生じていることに象徴されようか（佐野『瀬戸神社』六九二頁）。

第四章　社人と非社人の融合について
——婚姻関係をめぐって——

第三章では、社人「仲間」の対立激化の規定的条件に「非門之輩」の登場などがあったことを見通したが、それ自体、神事の村の行事化と相俟ってのことであったとみられる。その点、神事が八幡宮の神事から多様な展開を遂げていった様子を概観したい。

第一は、神楽と寺院と村の関係の問題である。それは、明和六年（一七六九）四月二日十日に「於鶴岡八幡宮祭礼芝居有之、以行者会所より桟敷茂有之候間御見物可被成旨申来」「山中不残芝居へ参ル、金弐百疋為祝儀雪下若者共へ遣候」（『鎌倉志料第六巻』一二〇頁）、とみえて以降、安永五年（一七七六）正月二十二日に「於鶴岡、社人大修行満願足、神楽有之」「金弐百疋、神楽方江祝儀相送候、其外神喜（神酒）等常住ゟ弁之候」（『鎌倉志料第七巻』一四〇頁）とか寛政五年（一七九三）十月十九日「鶴岡社人并雪下名主方、方丈迄来申人候者、当廿四日五日社人修行神楽相勤候間、先例之通、御見物ニ御越可被下与」「先例も有之候故、為祝儀、金弐百疋、神楽方へ門前役人ニ為持相贈候（中略）神楽方自神酒壱樽、赤飯壱重、煮染壱重被相贈」（『鎌倉志料第九巻』二四四頁）、文政十三年（一八三〇）十月十二日「鶴岡神楽師三人常住江罷越、来ル廿日・廿一日両日之間、宮内・民部両人行神楽致修行候ニ付、先例も御座候故、御一山中御見物ニ御出被下候様」（「鹿山公私諸般留帳（四三）」『鎌倉』一一三号）、天保十四年（一八四三）十月十一日「鶴岡神楽方小池庄太郎・富田折（織）衛両人入来、明年正月十三日右大将御年回ニ付、剣登之行者坂井右門修行仕候間、任先例、満行之節、御助力御願申上候与申来」（『鎌倉志料第十一巻』三六三頁）、安政五年（一八五八）三月七日「八幡宮而行神楽修行ニ付、先日神楽方両人夜内行神楽修行仕候間、御参詣可被下候ト申候也」（「亀谷山記録（五）」『鎌倉』一〇七号）などとみえるものである。

すなわち、これらは、神楽男の「（大）修行」・「剣登之行」・「夜内行」などの満願・催行にともなう奉納神楽見学要請に対して、寺院（建長寺・寿福寺）が祝儀を贈り、また神楽男が返礼をしたことを示すものである。他の鎌倉五山以下諸寺も同様な次第であったと思われる。いわば神楽を通じた贈答儀礼の新たな展開である。これも、興行収入の一面であった。これを支えていたのは、神楽男側の「任先例、満行之節、御助力御願申上候」という論理と寺院側の「先例も有之候故、為祝儀、金弐百疋」という論理であった。互いを拘束する「先例」の存在であった。その成立時期は不明であるが、「隣封之儀」だけではなかったことはいうまでもなかろう。

というのは、この神事の次第が雪下村名主からも通知されているように、雪下村の行事としても成立していたからである。山ノ内村関係でも、安政五年正月七日「八幡宮御神楽相勤メ銘（ママ）ニ御礼頂戴、尤為御神楽料、銭四百文名主壱人ニ付［　　］」（『山ノ内村御用留』）とみえる通りである。社人の神事催行が村の助力に支えられていたのである。

とすれば、ことの本質は、社人による修行という内々儀式が雪の下村の公的儀式に転化し、それと相俟って鎌倉五山などの公的な認知をうるという流れにあったとみられる。もはや神楽男の神事催行は、八幡宮の世界の内々のものではなくなっていたのである。

第二は、社人と非社人間の婚姻関係展開の問題である。その顕著な例として、先述の社人金子氏と百姓岩沢氏の旅宿丸屋を通じた関係にみることができるが、その他、確認される幾つかの例を紹介したい。

第一例は、八乙女小島家と鎌倉仏師を代表する後藤家との関係である。明治三年（一八七〇）の社務人戸籍には、八乙女小島元恵（通名チヅ）に「夫忠次　年四十九才」（文政四年（一八二一）生）「天保十二丑二月当郡扇ヶ谷村後藤道蔵悴婿入」とみえることである。この小島氏と後藤道蔵・忠次（忠司）父子との関係は、以下のように確認される。天保五年（一八三四）の逗子神武寺木造阿弥陀三尊立像に「仏師　後藤斎宮真慶　長男恵逸郎慶明　次男　」（翻刻のまま）、天保十一年四月の海蔵寺木造毘沙門天立像銘に「扇ヶ谷住大仏所後藤斎宮真慶」（六十九歳）「小仏所二人長男恵一郎慶明　二男安二良宗運」（『鎌倉地方造像関係史料――第八集――』一九七五年）、天保十四年三月の舞岡八幡宮（戸塚区舞岡町）木造神楽面九面に「雪之下住小島宗運作」、舞岡薬師堂（戸塚区南舞岡）の木造十二神将立像に「鎌倉雪ノ下住　仏工　小島忠司宗運作ス」（『横浜市の文化財――横浜市文化財総合調査概報（八）――』横浜市教育委員会、一九八九年）、嘉永二年（一八四九）六月吉日の本覚寺木造二天立像銘に「鎌府扇谷　大仏所後藤斎宮真慶」「小仏所」五人の一人「小島忠司宗運」（『鎌倉地方造像関係資料――第八集――』一九七五年）、嘉永四年（一八五一）十二月の宝生寺十一面観音菩薩像に「於雪下蓮華□院開眼供養之（花押）仏工当所小島宗運」（『横浜市の文化財――横浜市文化財総合調査概報（三）――』横浜市教育委員会、一九七九年）、文久三年（一八六三）十二月の瀬戸神社蔵[1]木造随身半跏像に「鎌府雪之下住大仏所小島運宗」（鷲塚泰光「瀬戸神社の彫刻」『三浦古文化』三五号、一九八四年）という具合である。

すなわち、後藤斎宮真慶＝（俗名）道蔵には、天保十一年段階「小仏所二人長男恵一郎慶明　二男安二良宗運」という二人の息子がおり、その「二男安二良《〔郎〕》宗運」が天保十四年三月段階「雪之下住小島宗運」とみえるので、その間の「天保十二丑二月」（二十一歳）の八乙女小島元恵への婿入りの事実を追認しうるのである。この婚姻関係は、後藤氏が仏師とはいえ身分的には扇ケ谷村の百姓であった以上、社人と百姓間のものとみなされる。

この後藤安二郎の婿入り先の八乙女小島杉王家は、雪の下門前の東側に旅宿を構えていたので、当然それにともなう職務を担っていたのである。小島忠司として「目代」「年番」「三方役人」などを勤めたことは、「鶴岡日記（二）」に詳しい。と同時に婿入り後も「鎌倉雪ノ下住　仏工　小島忠司宗運作」とみえるので、仏師宗運として活動していたのである。父親の大仏所後藤斎宮真慶のもとで小仏所の一人としても活動しているので、仏師後藤氏の一員でもあり続けたのである。扇ケ谷の後藤氏にとっては、鎌倉の中心雪の下に活動の場をえたことの意味も大きかったと思われる。(2) 後に大仏所小島宗運とみえるのは、斎宮真慶死去（年未詳）を契機とするものであろう。

第二例は、社人大石家と後藤家と並ぶ鎌倉仏師の代表三橋家との関係である。この大石家は、八乙女大石家とは異なる伶人大石家で、笙を専門職能とした家である。「風土記稿」段階の当主は、大石丹司勝義である。社務人戸籍の大石氏には、雅楽師大石樹《たつき》（明治十四年正月没）「悴雅太郎」「文久三亥（一八六三）十一月当郡扇ケ谷村百姓三橋永助方へ養子ニ遣ス」（当時二十歳）とみえる。伶人大石氏の雅太郎が「百姓三橋永助方へ養子」に入った例で、先の後藤家と小島家の場合とは逆であるが、婚姻関係の成立には変わりがない。

ただこれには、三橋永助（適運）に「嗣子がなかった。そのために養子に迎えられたのが、適運の弟で大石家を嗣いでいた長子」雅太郎であったという事情が存在したという（三山進「三橋家の歴史――鎌倉仏師と鎌倉彫――」大石永輔・三山編『明治鎌倉彫　三橋鎌山とその伝統』有隣堂、一九八一年）。父樹は、三橋家から大石家に婿入りした人物であったのである。雅太郎は、後年に明治鎌山（俗名永輔、大正三年十二月没）と呼ばれた人物で、最後の鎌倉仏師にして三橋家の鎌倉彫創始者といわれる人物である。その雅太郎の子息彦四郎が今度は大石家の養子となっているが、鎌霊と称して鎌倉彫で一家をなした人物であったという（昭和二年三月没）。大石家と三橋家との連綿とした

深い族縁関係が窺われて興味深い。(3)

以上の二例は、社人と仏師との婚姻関係の成立と展開の例であるが、社人間のそれはそれ以前から随時みられるが、こうした身分的には百姓である仏師が個別的に登場するのは、史料的条件があるにせよ、その社会的存在としての客観的状況と無関係ではあるまい。特にこの後藤・三橋両家が競合関係にある仏師間にあっていち早く運慶を祖とする系譜意識を作り上げた家(三山進『鎌倉と運慶』有隣新書、一九七六年)であったことを考えると、比較的早い段階からこうした婚姻関係が模索されていた可能性も否定できない。八幡宮の社人という或る意味では鎌倉において貴種たる家柄と相俟って雪ノ下という鎌倉の磁場での経済活動という内在的条件もあったのではなかろうか。

こうした社人と非社人の関係は、身分という壁＝境界を超えて様々展開したのであった。表裏一体の嫁取・婿入制は、家筋維持という以上に家柄・家職の維持という面を濃厚に持つものであった。三橋家からの婿入した大石樹の妻カツ自身、「雪ノ下村百姓黒川壮助娘」(社務人戸籍)であった。大石家は、黒川・三橋両家から婿と嫁を迎えてようやく伶人家を繋いでいたのである。それは、八乙女富田家も、女当主富田更科(通称コウ)は「当国高座郡鵠沼村(藤沢市)百姓浅葉三十郎妹、正作へ配偶相続」とされ、またその夫正作(照郷)は「武州多摩郡図師村(東京都町田市)名主井上直右衛門悴、養子」とされるので(社務人戸籍)、伶人大石家と同様なかたちで八乙女家を繋いでいたことが窺われる。これは、ひろく社会的に認知された形態であったのである。

なお、こうした婚姻関係の成立がより広範囲に及んだことは、社務人戸籍の示すところである。それを象徴するのは、後述の通り、八乙女大石家と江戸日本橋で砂糖問屋「伊勢屋」(屋号)を営んだ豪商星野氏と婚姻関係の成立であろう。江戸と鎌倉の経済活動の一体化は、大坂屋の登場のみならず様々な分野に及んでいたのであった。

注

（1）鷲塚論文は引用の如く「小島運宗」と翻刻・紹介するが、他はすべて「宗運」とみえるので「宗運」が正しいか。

（2）近世における鎌倉仏師後藤氏の活動についてふれたものに、鈴木萌花「近世鎌倉仏師の活動に関する一考察――相模国鎌倉郡扇ヶ谷村居住仏師を例に挙げて――」（『鎌倉市中央図書館近代史資料室だより』九号、二〇二四年）がある。

（3）仏師大石氏の存在からすると、光明寺蔵浄土八祖像（絹本著色）の箱蓋裏墨書にみえる「浄土八祖像八幅当山三十六世勝誉信阿上人寄進之筆者当所雪下大石法橋清安図之慶安二丑年（一六四九）霜月十五日」（『天照山光明寺』大本山光明寺、一九八六年。一一二頁）なる画師との関係も注目される。その点、「風土記稿」によれば、伶人大石氏の先祖は、寛文六年（一六六六）没の野本鶴之助で、元禄十四年（一七〇一）没の四代忠右衛門の時に大石に改姓したという。それを信ずれば、「大石法橋清安」は、伶人大石氏系ではないことになる。八乙女大石氏系であろうか。

第五章　社人の権威志向について
――戒名・由緒・装束をめぐって――

これまで、社人と非社人との関係が身分の壁を超えて様々展開したことをみてきたが、それは一つの歴史の展開であって、同時にそれに規定された別な歴史の展開もあったことも事実である。それは、一見逆現象とみられる社人の権威志向の問題である。以下、幾例か取り上げてみたい。

第一は、戒名格上げの問題である。これを寿福寺「亀谷山記録」（「亀谷山記録（一六・一七）」『鎌倉』一二三号・一二四号）の記事から考えたい。文久三年（一八六三）の「小池石見死去届来、官名法名記シ遣シ候事、物故　石見守小池氏平景治真常正受居士　神霊　右先代者新太夫、此度者石見守右一代替任官之家也、依之牌名如差、居士・大姉号者、小池・織角（富田）両家者、代々居士・大姉之家也」・「石井庄司老父一周忌ニ付、院号願出候、右ニ付、小池氏、富田氏江相談仕候所、何茂願度申候ニ付、世間諸寺院皆院号有之ニ付、拙寺耳已定法守居候而茂、返而檀中不都合之様子相見候ニ付、此度右三家先代江贈官候事」という檀那の法名をめぐる記事である。

神仏習合時代の社人は、当然ながらそれぞれ特定の菩提寺を有し、その檀那となっていた。寿福寺には、八乙女富田家、神楽男小池家、社人石井家などの檀那がいた。(1)先の記事から、寿福寺の名字記載なしの一般檀那＝百姓は、「大蔵栄次良妻法号願来、道具屋栄次郎妻　法号　長得貞寿信女」(「亀谷山記録（一二）」『鎌倉』一一六号）とあるように、代々信士・信女号に留まるものであったこと、それに対して社人小池・富田・石井三家は代々居士・大姉号、なかでも小池家は任官の家柄ゆえにそれぞれに官途付けがなされていたこと、このたび小池・富田・石井三家からの院号付与の要求がなされ、それに対して、対価金五十両が支払われたこと、などが知られる。

このなかで特に注目されるのは、院号の要求と授与の関係である。菩提寺の寿福寺の説明は、「世間諸寺院皆院号有之ニ付、拙寺耳已定法守居候而茂、返而檀中不都合之様子相見候」と述べ、従来幕府の法律に従って不授与としてきたが、「世間諸寺院」による広範な授与の現状はかえって檀那の「不都合」（社会的不便さ）を招くゆえに授与を決めたというものであった。しかし、ことの実態は、檀那三家から「世間諸寺院」の檀那並に院号の授与を強く求められ、それに応えざるをえなかったということであろう。

もちろん、社人三家が既往の居士・大姉号のうえにさらに院号の授与を要求した歴史的背景には、一般檀那の相対的な地位向上に対するリアクションがあったに違いない。寺院内での伝統的な檀那としての特別な地位を戒名の一層の荘厳化でもって固持・誇示せんとしたのであった。その対価が大金五十両であったのは、その一般檀那への波及への歯止めの意味が込められていたかにみえる。ただ戒名の商品化には違いなく、百姓の同額の支払いにともなう院号授与の道を開いたことも事実であった。

なお、この院号授与が現実になされたことは、富田家の場合でも天保六年（一八三五）三月二十五日没庄叓＝機応宗覚信士、弘化二年（一八四五）四月五日没キノ＝清獄慈鏡大姉であったものが、明治二年（一八六九）十二月十四日没エキ＝狼寿院定恵円明大姉、明治十三年七月三十日没富田正作照郷＝妙運院寿徳道栄居士、明治三十年十月二十二日没更科＝奇隅院寿栄貞昌大姉という具合に明確である（鈴木『鎌倉への道』）。

第二は、由緒・来歴の創成に係わる問題である。まず八乙女大石家の和田義盛末孫説である。これは、「風土記稿」に「古盃一口を和田義盛、大磯宿にて、酒宴の時用ひし器なりと云伝ふ家蔵せり、伝来の縁故を知らず」とみえるのが、その関係の淵源かにみえる。それが明治初期の「皇国地誌」には「和田義盛之墓　鶴岡八幡社前置石町平民大石若世宅地ノ内ニアリ五輪ノ石浮屠ニテ文字ナシ土人相伝ヘテ義盛ノ墳墓ト云フ」とみえ、さらに明治十九年の銅版画「鎌倉雪ノ下家図」（「鎌倉雪之下大石平左衛門」）には、「拙家邸内ニ和田義盛之墓アリ」と紹介されるに至っている（『図説鎌倉回顧』）。

なお、後述の通り、長州毛利氏の始祖大江広元らの墳墓造築のうえで大きな役割を果たした大石平吾(2)が「本陣之隠居大石平吾と申もの古物好み仕候」（『村田清風全集上巻』七六頁）と評され、「古蹟」「故実」に通じた人物であった。かれが、その際に特定の役割を果たした可能性も否定できない。

次いで、八乙女富田家では、富田正作（照郷）を願主とし慶応三年（一八六七）に菩提寺寿福寺の墓地に「富田氏廟之碑　住山沙門等隣撰」を建立し、その碑文に源範頼以来の家史を記したのであった（鈴木『鎌倉への道』(3)）。それは、文政七年（一八二四）四月の富田家家系書上をもとに作文されたものであった。こちらは、蒲冠者源範頼末孫説である。

その他の社人の例は史料的には確認されていないが、有名な薩摩島津氏の源頼朝・島津忠久墳墓、長州毛利氏の始祖大江広元・二祖季光墳墓の造築などに準ずるもので、墳墓の確定・造築を通じた家祖と伝統の創出であった(4)。その際、共通するのは、「土人相伝ヘテ」という伝承をふまえての既成事実化であった。由緒・来歴の創成による他者との差別化であった。その「土人」に社人大石氏や富田氏が含まれていたのではなかろうか。

第三は、諸種装束着用の問題である。これは、神祇管領長上吉田家との関係出来のなかでの事柄であった(5)。幕府は、寛文五年（一六六五）付諸社禰宜神主法度で中小神社・社人を神祇管領長上《ちょうじょう》吉田（卜部《うらべ》）家の統制下に置いたのであった。具体的には、神道裁許状と呼ばれる諸種着用裁許状の発給である。現在のところ延宝六年（一六七八）八月二十一日付瀬戸社佐野大和掾（勝重）・柳田若狭掾（近光）宛風折烏帽子・狩衣着用裁許状が史料的初見である（佐野『瀬戸神社』四九八・五〇四頁）。以後、幾例かあげれば、貞享三年（一六八六）十月十三日付小坂播磨掾（常盤）宛風折烏帽子・狩衣・四組木綿手繦着用裁許状（『市史近世史料二』一三二〜一三七）、元文元年（一七三六）七月十六日付八乙女山崎守王宛四組木綿手繦・赤色千草舞衣着用裁許状（「鶴岡八幡宮文書」）、寛政十一年（一七九九）正月二十六日付八乙女山崎守王宛舞衣着用裁許状（「鶴岡八幡宮文書」）、文政九年（一八二六）九月十四日付手長方笈(追)川凌蔵尚正及び金子泰輔勝佳宛風折烏帽子・狩衣着用裁許状（「明治大学刑事博物館所蔵鈴鹿家文書」。鈴鹿家は吉田家の家司）、天保八年（一八三七）八月十六日付八乙女山崎守王宛舞衣着用裁許状（「鶴岡八幡宮文書」）などという具合に断続的に確認される。

これらの例は、神楽男小坂氏、八乙女山崎氏、「社人」（手長）追川・金子諸氏関係に限られているが、性格からして社人全般に及んだものと推察される。この神祇官長吉田家からの諸種装束着用裁許は、装束という舞台装置の荘厳化を通じた特権的地位の追認であった。そこには、すでに「非門之輩」の神楽催行との差別化を図るという内在的要請が存在していたのである。これは、近世末期まで社人の当主交代などを通じて再生産され続けたのであった。その際、具体的な媒介者の役割を果たしたのが、神主大伴氏であった。神祇官長吉田家―神主大伴氏―社人という関係の成立である。その間に種々の礼銭の授受がなされたことはいうまでもない。神主大伴氏の貴重な役得となったのであった[6]。

以上、社人における戒名格上げの問題、由緒・来歴の創成の問題、諸種装束着用の問題などを取り上げた。これらは権威志向の顕著化といってよく、それを時代的に規定したのは、非社人（百姓）の相対的地位の向上であったのである。社人と非社人の関係は、なお順逆をともないながら展開したのであった。両者を総合的・構造的に捉えることが重要なことはいうまでもない。

注

（1）因みに明治二十四年四月付寿福寺改築補助寄附日掛般若講中申合書（『市史近代史料一』二六五頁）の本講世話人同寺檀徒総代に甘糟小左衛門・富田省三・岡本久兵衛・加納慶次郎・石井録郎（五郎）・錦五良左衛門がみえる。なお、修史館重野安繹の明治十八年調査段階の古文書所蔵者として甘糟小左衛門・富田省三・石井禄（録）郎（五郎）の名前がみえる（『関東六県古文書採訪日記』）。

（2）この平吾は、「御屋形様御参詣並御名代記留」の裏表紙の「大石平左衛門兼文」か明治七年五月の大石若世「鶯谷の全図」（沢「大伴神主の旧居など」）にみえる兼孝かいずれかであろう。

（3）なお、同書には「このヤグラは大むね正方形、広さは四坪程もあろうか。入口を除く三方の壁にそって壇をコの字形に設け、壇上に二十余基の墓石が並んでいる。なかには寛永十三年（一六三六）という古いのもある。中央の台座に石像（座像）がある。入口左手に石塔があり、その四面に漢文体の碑文がびっしり彫ってある」とみえる。二〇二二年四月十二日現在、崩落危険のため立入り禁止であった。

（4）『神奈川県皇国地誌　相模国鎌倉郡村誌』（神奈川県図書館協会、一九九一年）には、文政六年六月の相承院見《（現）》住沙門信澄による「故正四位下陸奥守大江広元公碑篆額」と同月の浄国密院見《（現）》住沙門照道による「故蔵人従五位下大江公碑篆額」が掲載されている。

（5）佐野『瀬戸神社』、『鶴岡八幡宮年表』（鶴岡八幡宮、一九九六年）、『瀬戸神社――海の守護神――』（神奈川県立金沢文庫、二〇一三年）など。

（6）この点は、宮地治邦「吉田神道裁許状の授受について」（『神道学』一九号、一九五八年）を参照。

第六章　社人による文化的活動について
――俳諧・史跡顕彰をめぐって――

ところで、社人の重要な活動の側面として看過しえないのは、その多面的な文化領域での活動である。文人（在村文人）としての姿といってよい。その点で第一例としてまず史料的に確認される最初の人物は、松尾氏＝八乙女山崎守王家である。その活躍が注目されたのは、大正七年（一九一八）十二月鎌倉同人会造立の飢渇畠《けかちばたけ》＝六地蔵の碑文（稲葉一彦『「鎌倉の碑」めぐり』表現社、一九八二年）に「此処は　昔時の刑場なり　後　里人六地蔵を祀り　又供養塔　芭蕉句碑等越建つ　今石柵を繞らして此を整理す」とある「芭蕉句碑」に注目し世に紹介した飯田九一編『神奈川県下芭蕉句碑』（神奈川文庫、一九五二年）によってであった。「芭蕉句碑」（写真27）が天明六年（一七八六）五月の松尾百遊《ひゃくゆう》の造立であることを紹介したものである。

この碑自体は、文化六年（一八〇九）四月十九日に当地を訪れた扇雀亭陶枝の「鎌倉日記」で「このあたり多く鎌倉殿の頃の、ものゝふ（武士）のやかた（館）の跡、　《（ぁ）》こなたこなたある也、みな畑茂る森となりて見へ□□芭蕉おきなの塚、片はらに有。石の碑に　夏草やつは者ともの夢の跡　とあるなり」と記されて以降、文化十一年

写真27　（六地蔵）松尾芭蕉句碑

四月に当地を訪れた狭山藩士岩村恭久の「鎌倉三勝日記」で「道の行手に芭蕉のいしふみ（碑）あり、夏草や兵ともか夢の跡、人よく知れるほくをゑり付たり」、天保六年（一八三五）三月に当地に訪れた俳人松雨の「四親草」で「田圃の中にはせを高館の唫、なつ草やつはもの共の夢の跡と聞へしを、爰に碑を立たり、その旧懐にもかなへるやしらす」、弘化二年（一八四五）正月十七日に当地を訪れた森七三郎の「江ノ島参詣之記書写」（『相模国紀行文集』）で「左り道の側に芭蕉塚　夏草やつわものともの夢の跡」、安政二年（一八五五）の清河八郎の「西遊草」で「いわゆる俳人芭蕉翁のたてたる石碑の小なるあり。なつくさや武士どもの夢のあと　よく古戦場のありさまを述べたる句也」などと記されるほど、史跡見学の対象、特に俳人たちの「聖地」となっていたのである。

　こうして「芭蕉句碑」を世に紹介して、飯田九一は、続けて「此碑に就ての研究的な発表を未だ嘗て披見した事がありません。つまりは碑面が磨滅して居て読み難いと云ふ事も其一因かも知れませんが、此句碑建立の立役者たる百遊をつかみ得ない事に起因して居るのでは無いかと思はれます」として、みずから「此句碑の建立者、百遊に就てゞありますが、実は百遊は鎌倉雪の下の住人で松尾滝右衛門、百遊は俳名であります。戸塚在下飯田の白雄門の露柱菴美濃口（堀口は誤）春鴻の自筆稿本寛政年代の『草々日記』の中に、特に鎌倉松尾滝右衛門と註して百遊の句を記して居ります。咲初る梅の夫や男風　百遊　其他、文政五年九月十七日、酒井抱一上人が江の島参詣の際、この松尾滝右衛門方に泊つて「松風や籾引く唄を小夜の友　抱一」と云ふ句を『軽挙観句藻』の中に残して居ります」と、百遊の来歴を明らかにしたのであった。

　飯田九一は、さらに芭蕉句と併せて句を残した「東武独庵買明」についても「清水超波（独歩菴一世）の門人で江戸神田和泉町玄治店に住し、天明四年十二月九日に歿して居ります」「横浜市磯子区杉田の妙法寺境内に買明の一週《（ママ）》忌追善の為に、玉雨、文魚の手によつて建立された「買明発句塚」があります」「買明と百遊とは恐らく師弟関係と思ひますが確証を得ません」と縷々注目すべきことを述べられたのであった。

　そもそも、この句碑は、寛政五年（一七九三）の芭蕉百回忌に向けて計画され、買明の遺志を百遊が引き継いで天明六年に造立したものと思われる。寛政五年には品川泊船寺（泊船＝芭蕉の俳号）に芭蕉の弟子石河《いしこ》積翠が木造芭蕉像を納めるなど（『品川区史通史編上巻』一九七三年）、この前後、芭蕉の顕彰が一気に昂揚した時代であった。その意味では、句碑造立自体の主体は買明にあり、百遊がその遺志を引き継いだものとすれば、鎌倉郡下飯田村露柱庵春鴻（箕口氏）の門弟というよりも、両者は「師弟関係」か或はそれに近い関係であったのではかろうか。

　買明の一周忌追善集「一時雨」（天明五年、為楽庵雪川《せっせん》序、寛美編）に「鎌倉の百友、米者とともに神奈川沾郊の悼句がみえる」（石井光太郎『横浜の俳人たち　横浜俳壇史1江戸期』横浜市教育委員会、一九七二年）所以である。「鎌倉の百友」は、松尾百遊に違いあるまい。また句碑が飢渇畠＝六地蔵（『図説鎌倉回顧』に明治二十年代の古写真を掲載）という特定の場所に造立されたのは、買明の遺志以上に当地の事情に詳しい百遊と後述の俳人仲間小坂米社との関係によるものと思われる。

この句碑は、その後、稲葉『「鎌倉の碑」めぐり』、沢『知られざる鎌倉』(鎌倉朝日、一九八五年)、木村彦三郎「鎌倉の俳人たち(江戸時代)」(『鎌倉』五六号)、『鎌倉文学碑めぐり』(鎌倉文学館、一九八八年)、『鎌倉の俳人　江戸~明治』、浜田建治『神奈川の文学碑』(公孫樹舎、二〇一二年)などで紹介され、周知な句碑となったのである。

ところで、この松尾滝右衛門は、これより四年前の天明二年九月に扇ケ谷正宗屋敷跡に「正宗焼刃稲荷」を建立している。そこには、「稲荷社」「正宗屋舗　焼刃渡」「東都　沢安親書」「天明二壬寅歳九月吉日　江戸浅草見附外　石工伊豆屋藤吉」、「当所雪下町　松尾滝右衛門　江戸横山町三丁目　柏屋新七郎　江戸浅草御見附西口店松村文右衛門　同所　竹屋次郎兵衛」などの資金提供者の名前がみられる。

これを本格的に紹介した沢『知られざる鎌倉』(刃稲荷)は、「この祠を寄進した」「江戸の人たちについては何もわかりませんが、雪の下の松尾滝右衛門は十二坊の貸付世話人などをした人で、土地の俳人としても知られていました」と記したのであった。ただ揮毫した「東都　沢安親」は江戸の装剣金工の土屋安親の系統を引く人物と思われるし、また江戸の寄進者三人も「刃」に係わる職人であったろうことは、十分に想定される。その点、『角川日本地名大辞典13東京都』(角川書店、一九七八年)の(日本橋横山町)「横山町」「1丁目には包丁鍛冶が多かった(続砂子)」という記述は、参考になろう。

そもそも、この扇ケ谷正宗屋敷跡については、水戸光圀「鎌倉日記」には記載がないものの、延宝八年(一六八〇)の自住軒一器子「鎌倉紀」には、「金竜水とて名井有、鍛治正宗此水にてきたひたるよし、正宗屋敷もこゝなり」という形で紹介されており、すでにその頃には鎌倉の史跡の一つに数えられていたのであった。その後の安永八年(一七七九)の江戸隠士葛郛「山東遊覧誌」(『市史紀行地誌』)には、「鍛冶正宗屋敷跡　勝橋の南の町西頰也、今は町屋と成る。正宗は行光が子なり、行光貞応の比かまくらに来り爰に住すと云、今も刃の稲荷と云小祠あり」とより詳細に記されるほど有名になっていたのである。

そうした史跡としての高まりのなかで、この「正宗焼刃稲荷」が建立されたのであった。それは、文化十一年四月の狭山藩士岩村恭久「鎌倉三勝日記」に「運慶屋しきあり、其跡今にのこりて仏師相つゝけり。右は正宗屋敷の跡、刃渡しの稲荷とて小き祠あり」とか文政七年（一八二四）の地誌取調出役宛扇谷村名主らの書上帳（『市史近世史料一』二六）に「一、鍛治正宗屋鋪ノ跡　畑小森ノ内ニ正宗稲荷ノ小社」などと記される場合もあるものの、享和元年（一八〇一）正月二十六日の俳人一鶴堂白英「三浦紀行」は、「今小路より鍛冶正宗屋敷跡。其西の方に仏師運慶が宅地の跡も在り」とか天保十年（一八三九）五月七日の原正興「玉匣両温泉路記《たまくしげふたついでゆみちのき》」板坂耀子編『江戸温泉紀行』（平凡社、一九八七年。二一〇頁）に「辰巳の荒神のみ社をが（拝）み、刀作りて世になりたる正宗の家の跡と処を過、亀谷山寿福寺に行て」と記されるだけで、必ずしも周知なものとはなっていなかったのである。その点では、先の芭蕉句碑とは異なり、必ずしも歴史遺産として認識されるには至っていなかったのである。その差は、芭蕉の存在の大きさの結果であろうか。

とはいえ、「正宗焼刃稲荷」と芭蕉句碑の造立が松尾滝右衛門の文化遺産の顕彰という強い意志に裏付けられたものであったことは、間違いない。この碑文の建立自体の主体は江戸の職人にあったとはいえ、その発心を「当地」の引受人として実現させたのである。当時の地方文人の一つの特徴に史跡顕彰行為が想定される所以である。その背景となった松尾と「刃」との関係、また松尾と江戸職人との関係は不明であるが、俳諧で繋がっていた訳ではないことは、俳号百遊を使用していないことからも明らかである。当時の鎌倉と江戸との商業取引が宝戒寺門前の大坂屋に象徴されるように想像以上に展開していたこととも無関係ではなかったと思われる。先の「東武独庵買明」が「江戸神田和泉町玄治店に住し」たとすれば、百遊自身が江戸に赴くことも随時あったと思われ、江戸の人びととの直接的な関係は婚姻関係を含めて想像以上に深いものであったのではなかろうか。

以上、松尾滝右衛門が八乙女家にして雪の下で旅宿[1]を経営すると同時に供僧の目代や雪の下の月番を務める一方で、俳人にして文化遺産保護に尽力するなどの多様な側面を有する存在であったことを見通した。地方文人の典型といってよい。それを可能にした富と江戸以下諸地域との人とモノを通じた太いパイプの存在が注目される。

次に第二例として注目するのは、祇園天王社（大町八雲神社）の神主小坂氏である。「風土記稿」には神楽男としてはみえず、「鶴岡の組織下に入った記録はない」（白井『鎌倉風草集』一〇七頁）とされるが、神楽男として随時活躍しその伝承を今に伝え、神祇管領卜部家から小坂播磨掾常盛・播磨守常春・周防守親常・土佐守漆部常令・周防守漆部親郷・播磨漆部守常の歴代が裁許状を得るという家柄である（『鎌倉市史社寺編』・『鎌倉市文化財総合目録古文書・典籍・民俗篇』）。その後にみえる周防常郷は、俳号を清舜庵米社（米舎・氷者）と称した著名な俳人でもあった。

米社は、江戸の米仲の直門といわれる。米仲の門下は鎌倉、藤沢、神奈川、浦賀、江ノ島など各地に及び、鎌倉では大町の卓二（名字不詳）と米社が代表とされ、女流俳人仙鳥《せんちょう》（坂ノ下村名主安齋氏）は、その米社の弟子であったという。また京都独楽庵・同祖庵中の発心に応じて柿原舎梅豊（山崎村名主梅沢氏）などとともに寛政九年（一七九七）三月に江ノ島の稚児ゲ淵に芭蕉句碑（潮墳）を造立している（小坂昌美「鎌倉の俳人『米社』とその周辺」『鎌倉』五二号、一九八六年）。

ここに登場する人物は、米社と百遊は社人という関係、[2]百遊と坂ノ下村名主安齋氏とは供僧等覚院目代としての結縁な関係、百遊と梅豊は山崎天神社が八乙女山崎家の神主兼帯という関係などで繋がっていたのである。小坂米社—山崎百遊—梅沢梅豊—安齋氏という関係である。例えば、百遊が芭蕉句碑を建立した六地蔵周辺は、寛延三年（一七五〇）五月付安齋三左衛門宛天王神主小池播磨等預り金子之事（「安齋松平氏所蔵」『鎌倉近世史料長谷・坂ノ下編』）に「為此質物、当社天王領五貫文之内長谷小路六地蔵前ニ而畑高両毛三百目、三河屋久左衛門手作之分、年貢書入申候」とみえるので、「当社天王領」＝大町八雲社領であった可能性が高いとすれば（沢『知られざる鎌倉』）、この建立に米社の関与も十分想定されてよい。また大町「八雲神社文書」（『鎌倉市文化財総合目録古文書・典籍・民俗篇』）には、年未詳十二月十五日付小坂播磨（漆部守常）宛松尾滝右衛門（百遊）田地質券が確認されており、金融関係での関係も想定される。俳諧という文化活動を支えるヒトとモノとの関係の延長上の所産としたの句碑などの建立であったと評価される。

これらの人びと、「十八世紀後半に入って、鎌倉に輩出した俳人たちは、村々の名主か、それに準ずる支配階級、尼僧侶、神官といった知識層に限られ、一般小前百姓と思える者は見当らない」（『鎌倉の俳人　江戸〜明治』）とされる世界の人びとであったことには、違いない。そのなかには、先述の通り、「寛政」の「鎌倉名所記」にみえた「版元　屏山下　英富」と同人とみられる「大蔵　英富」や「雪下」とみえる「江風」「左龍」「硯寿」「笑月」「一舟」「路原」などがいる。これらの人びとのなかに社人が含まれていた可能性も、否定できない。明治になって確認される「富田鶴山（省三）、大石湘湖、大沢遊雅、細野一井」（村田清風句碑。『鎌倉文学碑めぐり』）などの本人や親世代のものが、この段階でまったく確認されないからである。とはいえ、近世段階の潜在的活動が近代に顕在化したと推定することも可能であろう。その間の近世末期から明治にかけてみえる「牧士　雪ノ下村」も、同時期に門前の西側に旅宿を構え絵図・名所記刊行以外にも種々活動の知られる社人「二ノ宮牧太」との関係が想定される。

もちろん、全体的に「十九世紀に入ると、全くの別の世界、小前百姓たちが、村々で俳諧の〝連〟（仲間）をつくり、そうした中から、日常の実生活を根ざした、俳句がつくられ、旦那方の言葉の風雅な遊びと異った平談俗語の句が出てくる」「この期に出てくる人々は小前百姓であるために、一般に姓名や家柄が明かでないものが多い」（『鎌倉の俳人　江戸～明治』）とされる状況は、非社人と社人の相対的関係の出来を示すものであり、それはこれまで見てきたような共通の現象であった。とすれば、俳諧という文化活動も、社人の優越性を示すものではなくなっていたことも、事実である。

そして、第三例として注目するのは、八乙女大石氏の場合である。大石氏は、先述の通り旅宿を経営し、また本陣を務める家であった。長州毛利藩では、始祖大江広元・二祖季光顕彰のために寛政十年（一七九八）に藩士長谷川甚平有文を鎌倉に派遣したのに続いて、文化十四年（一八一七）に藩士村田新左衛門（清風）を鎌倉に派遣したのであった。前者の際の案内人は大石平左衛門であったといい(3)、後者のそれは大石平吾であった。村田は、「大石平伍　本社巫女頭　平左衛門改名」（『村田清風全集上巻』七七頁）と述べているので、年代的にみて同人とみて間違いあるまい。

前者の長谷川氏と大石氏との関係出来の事情は不明であるが、後者の場合は、その前後の事情を村田が記したところによれば、次の通りである（『村田清風全集上巻』七六頁）。村田は、「雪之下松尾滝右衛門」の旅宿を拠点に活動したが、その始めに八幡宮関係者に「古蹟」「故実」に詳しい人物を尋ねたところ、供僧我覚院の学僧（祐盛か）は「故実」に疎いこと、林大学頭に学び「故実」に通じた神主大伴清芳は昨年死去していること、「学力も有之」浄国院の僧もこの七月に死去している、ことなどから「本陣之隠居大石平吾と申もの古物好み仕候、是迚学力は無之ものに御座候」を紹介されたのであった。そこで、村田は、「宿主」松尾氏を介して「隠居大石平吾」と直談し「年齢六十有余人柄篤実」な人物と評したのであった。松尾と大石は、もちろん八乙女「仲間」で周知の間柄であった。

これに先立つ大石氏と島津氏の関係出来が先述の通り大石氏の「御墓前江御案内」役に相応しいという事情と大石氏の旅宿が本陣に準ずるものであったとすれば、毛利藩による最初の長谷川甚平と大石平左衛門との関係出来は如何であろうか。「古物好み仕候」による案内役に相応しいという事情が窺われることは間違いないにせよ、当時すでに本陣化していた大石の旅宿を利用したという形跡がみられないし、長谷川の後をうけた村田も大石氏ではなく松尾氏の旅宿を拠点にしたのである。この辺の事情は不明な点も多いが、長谷川にせよ、村田にせよ、大石平左衛門を案内役としたことだけは、間違いない。

となると、大石氏の歴史的属性が改めて注目される。八幡宮関係者は「学力は無之ものに御座候」と評したが、それが如何に皮相的なものであったのかは、以後の調査の結果の示すところであった。平吾は、「鎌倉時代之古日記」「頼朝日記・広元日記・鎌倉大日記類」を見いだして、村田にそれを伝え判断を委ねているほどである（『村田清風全集下巻』四九四頁）。もちろん、「鎌倉大日記」以外如何ほどの史料的価値を有するかはいささか疑問であるが、関連史料を模索し判断を委ねる姿勢を有したこと自体は注目に値しよう。

総じて、村田は、大石平吾を「其人愨実、頼此以為導、披荊棘、攀巉巌、討尋数日、其事甚苦、終得二公之墓地」「使平吾為守家、遂立碑以勒二公之功績」（『村田清風全集下巻』二四八〜二四九頁）と極めて高く評価したのであった。まさにこの度の調査とその結果による文政年代の二祖墓碑改修は、大石平吾とその倅平左衛門の尽力でなされたのであった。以後、二祖の墓守役を務めえた所以である。

以上、社人の文化的活動として松尾氏や小坂氏にみられる俳人の姿、大石氏にみられる史跡顕彰活動などの諸例をみてきた。これらは、社人が地方文人として様々な文化領域を主導する役割を担っていたことを示す一例にすぎないが、と同時にそれが非社人の文化的成長と相俟って在地全体の文化的成熟度を高め、近代に繋いだことを忘れてはならない。

注

（1）　なお、「段葛の南側大路の東角で、『吾妻屋』を営んだりしていた」（『鎌倉の社寺門前町』）とか「店は八幡宮に向って右側（東側）の角地にあり」「屋号は東屋（吾妻屋）と言った」（島本『鎌倉・都市の記憶』一二八頁）とされるが、松尾は置石の西側に富田・大沢・山崎と続いて存在し、東側の角は承仕山口家とみられる。「東屋」とか「吾妻屋」と称したという史料は、現在なお確認しえていない。

（2）　俳人一鶴堂白英は享和元年（一八〇一）正月二十五日に「雪の下松尾滝右衛門方に宿る」（「三浦紀行」『相模国紀行集』）とみえ、その際に俳壇の談義がなされたと推察される。俳諧仲間の鎌倉での定宿としての松尾旅宿という位置付けであったのではなかろうか。

（3）　俳号湘湖を名乗る人物で、大石湘山はその子息であろう。『鎌倉と明治文学者——漱石　独歩　樗牛　天知——』（鎌倉文学館、一九九三年）の「村田清風句碑」。後述の文久二年（一八六二）四月吉日付八幡宮灯籠に「当所世話人」としてみえる一人「大石平左衛門　同徳慧」の「平左衛門」は平伍の倅であるが、「徳慧」はこれしかみえず、平伍の妻であろうか。

追記　その後、斎木明美さんの御教示によって江戸狂歌本選集刊行会編『江戸狂歌本選集』第十二巻・第十三巻（東京堂出版、二〇〇二年・二〇〇三年）、笠仙旅日記研究会『『笠仙旅日記』大師河原・鎌倉紀行篇』（『太平余興』一一集、二〇二二年）、伊藤一郎「細木龍池　絵入江の島鎌島紀行 解題・翻刻」（『日本近代文学館年誌　資料探索』一八号、二〇二三年）の存在を知った。これらには、大沢氏の社人として八乙女と旅宿経営と相俟って鎌倉の狂歌仲間の中心であったことが随所に窺われて、興味深い。今後改めて検討したい。本書の三校に際して（二〇二四年八月二十日）。

第七章　文久二年四月吉日付八幡宮灯籠にみる社人たち

――近代への夜明け――

最後に検討するのは、文久二年（一八六二）四月吉日付八幡宮灯籠（高灯籠。写真28・29・30）である。これ自体は、昭和十二年（一九三七）十月十日に赤星直忠氏らの「鎌倉史蹟めぐり会」によって調査され、碑文の一部は紹介済みである（『鎌倉――史蹟めぐり会記録――』三五一～三五二頁）。ただ全文紹介は、『鎌倉市文化財総合目録建造物篇』（三六～三七頁）によってなされたものである。その後、三浦勝男「鶴岡八幡宮の棚と大燈籠――由井ガ浜海難と住吉信仰――」（『鎌倉』一〇六号、二〇〇八年）にも内容的紹介がなされている。八幡宮参道の左右に聳え立つ巨大な石塔である。(1)高さは、（江戸の分）六〇九・〇cm、（大坂の分）六〇八・〇cmとされる。「大坂」と「江戸」の両「砂糖店」のものが、一対で造立されたのである。そこには、数多な砂糖関係者の名前が記され、当時の砂糖産業の隆盛を物語るものである。(2)またその趣旨には、「海上安全」とあり、太平洋海運による砂糖輸送の様相を想起せしむる。

そこで、注目すべきは、その両方の石塔第五段に「当所世話人」としてみえる「大石平左衛門　同徳慧　小池

写真28　高灯籠

写真29　高灯籠台座

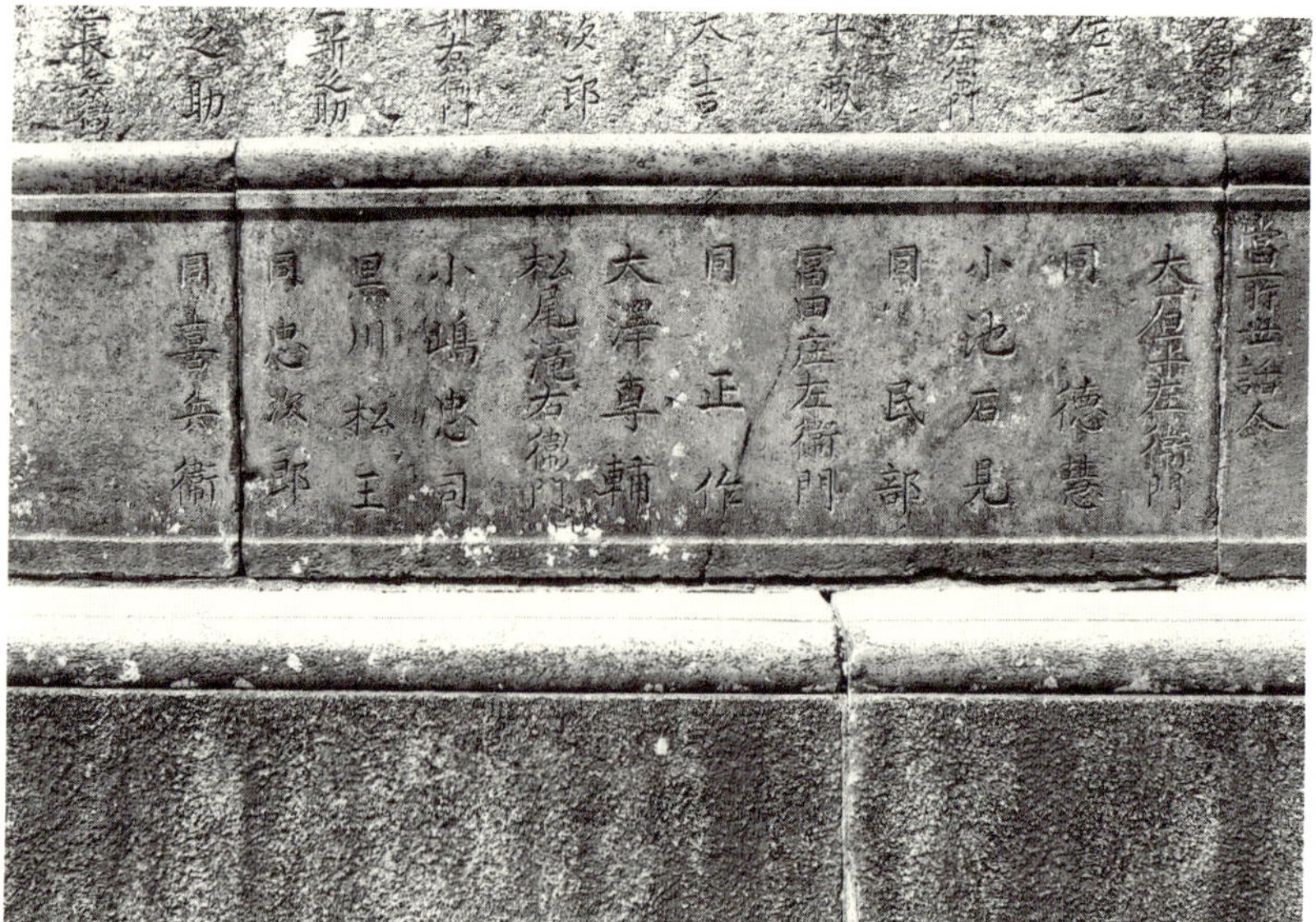

写真30　高灯籠台座　拡大図

石見　同民部　富田庄左衛門　同正作　大沢専輔　松尾滝右衛門　小島忠司　黒川松王　同忠次郎　同喜兵衛」の十二名である。その内訳は、大石平左衛門（兼文か）・徳慧（？）＝八乙女大石若干、小池石見（正受）・民部（時二）＝神楽男小池、富田庄左衛門（実名不詳）・正作（照郷）＝八乙女富田王部、大沢専輔＝八乙女大沢宮王、松尾滝右衛門（実名不詳）＝八乙女山崎守王、小島忠司＝八乙女小島杉王、黒川松王・忠次郎・喜兵衛＝八乙女黒川松王という具合である。

ここから「当所世話人」の構成は、八乙女六家、神楽男一家、中心は八乙女家であった。もちろん、八乙女でも小池米王・小坂森王がみえないし、神楽男も一家しかなく、当時四十四名（家）とされる社人（「風土記稿」）全体からみればその一部にすぎない。それでも、かれらが如何なる縁で世話役を務めたのかが問われよう。

その点、第一に世話役が願主となった供僧浄国院（密運）寂印と勧進元「江戸」「人坂」の「砂糖店」の繋ぎ役を果たしたことは間違いなく、またそれを可能にしたのは、世話役一人一人が本陣以下旅宿経営・供僧の目代などを通じて蓄えられた能力であったことである。特に浄国院の目代が大石平左衛門であったことは、大きかったと思われる。

第二にその大石平左衛門と江戸の世話人の一人星野清七との関係である。後の小説家・評論家星野天知《てんち》（一八六二～一九五〇）を生んだ星野家は、江戸日本橋で砂糖問屋「伊勢屋」（屋号）を営んだ豪商である。星野清七（↓星野清左衛門。清左衛門は星野家当主の通称）は、天知の父親にあたる。石塔には、「江戸」「砂糖店」として「伊勢屋長左衛門」「伊勢屋□左衛門」「伊勢屋源七」「伊勢屋清左衛門」「伊勢屋藤兵衛」「伊勢屋喜平治」「伊勢屋惣吉」「伊勢屋清兵衛」「伊勢屋忠吉」などと、伊勢屋関係者が多数確認される。その主導的役割のほどが窺われる。伊勢屋清左衛門の妻＝大石家出身（徳慧？）↓星野清七（↓星野清左衛門）↓天知ということになろう。天知は、父清左衛門が「老婆」用「隠宅」を実家の雪の下大石宅に設けたのを妹の療養と自分の静養のために私有地としたという（『鎌倉と明治文学者――漱石　独歩　樗牛　天知――』）。社人らと江戸豪商との婚姻関係も成立していたのである。すなわち、この度の灯籠造立に際し、江戸の世話人と鎌倉の世話人を繋ぐ人物として八乙女大石氏が大きな役割を果たしたと推察された。これは、事実上近世の掉尾を飾るに相応しい社人の歴史に残る大きな仕事であったと位置付けられる。

注

（1）『鎌倉こまち今昔』（銀の鈴社、二〇一三年）に「四百年の歴史　石長《いしちょう》」に本灯籠の古写真が掲載されているが、造立当時のものではなく災害（関東大震災など）後の積み直しの際のものと思われる。

（2）例えば、弘化四年（一八四七）六月付鶴岡御一山・御役人衆中宛雪ノ下村字小袋百姓長吉・横小道百姓長吉等連署訴状（『市史近世史料二』一五八）に「御社中輪蔵内拝借仕日々参詣之旅人江飴菓子商ひ仕」「御社中仁王門之内拝借仕、日々参詣之旅人江餅菓子商ひ仕」などとみえる。また寺社世界での贈答儀礼用の饅頭・飴菓子・餅菓子・団子などの需要は鎌倉期以来格別なものであった。鎌倉でも当然ながら砂糖を専門に扱う商人が存在したのである。本文で述べた文政四年正月の火事の「火元あめや藤兵衛」は、飴屋であろう。十二所村でも、天保九年付食類商人名前書上帳（『近世史料十二所編』二四四頁）に「飴菓子」「同（百姓）太郎兵衛」がみえる。

（3）この浄国院寂印は、安政三年（一八五六）六月に「御影縁起者去ル文政巳年（一八二一）焼亡矣」とて別途入手していた「御影縁起」「一軸」を鶴岡八幡宮に奉納している（『鶴岡叢書第三輯鮮明鶴岡八幡宮文書集影印篇』鶴岡八幡宮、一九八〇年）。

おわりに

　以上、本書は、これまで鎌倉幕府の祭祀・儀礼との関係でもってして論じられることの多かった八乙女・神楽男・伶人らを中心として鶴岡八幡宮の社人たちの中世後期から近世末期に至る多様な展開の検出を通じて総体的な社人論を試みようとしたものである。またそれが鎌倉幕府滅亡を契機とする都市鎌倉の変質・衰退過程論の再検討の一端にもなりうればと思った次第である。

　そもそも、多少なりとも中世東国史研究を志してきたものにとって、鎌倉はやはり大きな研究対象であり、なんらかの形で関わり合いを持ち続けるのは必然であった。それ自体、鎌倉が時代を超えて東国の磁場としての役割を果たし続けてきた証拠である。鎌倉史研究の主眼とされる鎌倉幕府論・御家人制論・五山論などが古今研究課題として研究者を引きつけてやまなかった所以である。その点、わたしはとてもそれらに全面的に取り組む能力などさらになく、より身近かな研究領域としてきた南北朝・室町・戦国期の鎌倉府論・古河公方論・後北条氏論との一環として都市鎌倉に言及するのが精一杯であったと強く舒懐する。

ただその際に同時代的史料としての八幡宮関係の「鶴岡事書日記」・「香蔵院珎祐記録」・「快元僧都記」は、何度読んでも新たな発見のある中世東国史上最大級の知的遺産の一つとの認識を持ったのであった。編纂書「吾妻鏡」とは異なり、ナマの鎌倉人の声が今に聞こえてくるからである。そこには、鎌倉都市民の様子と同時に八幡宮の別当・供僧・小別当・神主・社人たちの動向が随所に窺われ、その必要不可欠な構成員であったことを改めて認識したのであった。特にその追跡調査の過程で中世から近代まで繋がる複数の家の存在を確認し、その研究に現代史的にも意義あるものと思った次第である。そのためには慣れぬ近世・近代の膨大な関係史料と関係論文と格闘せざるえず、日頃接する概して僅少な中世史料とは比較にならぬ胆力と知力を要することを知り、困難を極めたが、これまでにないなにかを見出しうる歓びを感じえたのも、これまた事実であった。それもあって誠に不十分とはいえなんとか全編書き下ろしえたというのが実情である。

その際に特に注目させられたのは、八幡宮の社人としての八乙女・神楽男・伶人という神楽（舞楽）という専門職能をもって奉仕する集団であった。それ自体は鎌倉幕府の祭祀や儀礼を担う「芸能者」としてこれまでも注目されてきたが、近世のかれらは、そうした神事奉仕の「御仕役」（公役）と同時に八幡宮の南門（表門）・西門（裏門）に居住して「内業」（私業）として旅宿などを経営する集団でもあったのであった。その聖と俗の境界領域をまたいでの活動は中世末期にはすでにその嚆矢が存在したと思われるが、その全面的開花が近世に入ってからのことであったのである。

そして、その実態を八乙女富田氏の旅宿角屋（角庄）・八乙女大石氏の旅宿と本陣、大工川瀬氏の旅宿猿茶屋、御手長役などの金子氏（岩沢氏）の旅宿丸屋などを通じて明らかにしようとしたのであった。それらが残存史料のあり方に規定されたものとはいえ、八幡宮史のなかでも特筆すべき存在であったことは間違いない。いやそれ以上に都市鎌倉の歴史を象徴するものであったと評しても過言ではあるまい。多くの紙幅を割いて検討してきた所以である。もちろん、もう一つの「御仕役」＝神事の当時の実態については、これまた「芸能者」を超えた議論の必要性を痛感するが、それにともなう基礎知識がなく十分言及できなかったことをはなはだ遺憾とするところである。

それにしても、本書は、これまでの多分野に及ぶ分厚い鎌倉史の一節を垣間見たものにすぎず、それさえなお様々な視点や観点からの追究が必要なことはいうまでもない。鎌倉史は政権都市史・鶴岡八幡宮史・五山史（臨済禅中心）・彫刻史（運慶中心）などに収斂されるものではなく、それこそそれぞれを支えた時代の人びとの歴史であった以上、そうしたより下からの視点・観点からの総合的見通しを各分野に関心のある方々がそれぞれの専門分野を超えて自覚的に目指すことによってより豊かな鎌倉史が描かれるのではないかと思う。またそれを今後、特に若い方々にお願いしたいと思う。またこうした八乙女・神楽男・伶人などを含む社人の歴史に少しでも関心をもって頂ければ幸いである。

参考事項

（A）「風土記稿」にみる社人の八幡宮兼帯所職は、次の通り。

○上宮の末社

式内社―御殿司職持

白旗明神社―御殿司職持

柳営明神社―浄国院管する

丸山稲荷社―社人岩瀬一学持

六角堂―小別当預れり

愛染堂―承仕山口栄存預れり

大供所（竈殿）―社人岩瀬一学預れり

小供所―承仕藤田円順預れり

○下ノ宮（若宮）の末社

熱田・三島・三輪・住吉合社（東四社）―社人追川俊蔵持

天神・松童・源大夫・夷三郎合社（西四社）―社人金子泰亮預れり

高良明神社―社人金子泰亮預れり

神明宮―職掌小坂伊与預れり

弁天社―伶人八員の預る所なり

薬師堂―承仕山口栄存預れり

神楽殿（舞殿）―職掌・八乙女預れり

輪蔵―荘厳院管す
護摩堂―承仕藤田円順預れり
塔―社人石川掃部預れり
二王門―社人梶田判事預れり
新宮の社務職―今は供僧浄国院進退す
諏訪社二社（上の社・下の社）―小別当持、恵光院管す
由比若宮―我覚院管す
佐介稲荷社―社僧華光院持

（B）「風土記稿」にみる職掌（神楽男）と八乙女の兼帯神職は、次の通り。
○神楽男
小池新大夫時中
坂井越後邦高　五社明神（岩瀬村）　稲荷神社
鈴木主馬尚綏　熊野社（大船村）　熊野神社
小池民部時一
小坂伊与方叔　御霊社　御霊神社
坂井宮内睦芳　杉山明神（蒔田村）
吉田壱岐佳春
佐野斎宮　金沢瀬戸明神
○八乙女
小池米王
山崎守王　山崎村天神社　北野神社
大沢宮王

大石若王
富田王部
小島杉王
小坂森王
黒川松王

（C）社人の菩提所は、安政五年（一八五八）鶴岡八幡宮社家宗門人別改帳（神奈川県立公文書館蔵「鶴岡八幡宮加茂良則旧蔵資料」）によれば、次の通り。

藤田円順	承仕	鎌倉光明寺千手院
山口栄賢	承仕	鶴岡附属松源寺（廃寺）
梶田藤吾		鶴岡附属松源寺（廃寺）
追川内膳	手長方神官小頭	鶴岡附属松源寺（廃寺）
金子織部	手長方	藤沢宿清浄光寺末来迎寺
岩瀬主税	手長御殿司	五山浄明寺塔頭光明院（臨済宗建長寺派）
加茂靱負	伶人方	寿福寺塔頭積翠庵（臨済宗建長寺派）
多　主計	伶人方	五山建長寺塔頭海蔵寺（臨済宗建長寺派）
加茂玄蕃		鶴岡附属松源寺（廃寺）
大石左門	伶人方	鶴岡附属松源寺（廃寺）
加茂　登		鶴岡附属松源寺（廃寺）
池田隼人		京都泉涌寺末浄光明寺（古義真言宗泉涌寺派）
加茂将吾		鶴岡附属松源寺（廃寺）
辻　内記		鶴岡附属松源寺（廃寺）
小池猷之丞	神楽方小頭	五山寿福寺塔頭桂蔭庵（臨済宗建長寺派）

小池民部		鶴岡附属松源寺（廃寺）
鈴木丹宮		円覚寺塔頭臥龍庵（臨済宗円覚寺派）
小坂主水		藤沢清浄光寺末別願寺（時宗）
坂井右門	神楽方職掌	名越安養院末延命寺（浄土宗）
吉田但馬	神楽方職掌	名越安養院末延命寺（浄土宗）
坂井宮内		光明寺末長谷慈眼院（浄土宗）
佐野斎宮	神楽方職掌	五山円覚寺末金沢泥牛庵（臨済宗円覚寺派）
富田織衛	神楽方八乙女	五山寿福寺塔頭悟本庵（臨済宗建長寺派）
大沢逸作	神楽方八乙女	五山浄（妙）明寺塔頭光明院（臨済宗建長寺派）
松尾滝右衛門	神楽方八乙女	京都泉涌寺末浄光明寺（古義真言宗泉涌寺派）
大石平左衛門	神楽方八乙女	光明寺本山代蓮乗院（浄土宗）
小島忠司	神楽方八乙女	鶴岡附属松源寺（廃寺）
黒川家王	神楽方八乙女	光明寺末長谷慈眼院（浄土宗）
小坂倉之助	神楽方八乙女	名越安養院（浄土宗）
小池喜久王	神楽方八乙女	鶴岡附属松源寺（廃寺）
戸川兵衛		名越安養院末延命寺（浄土宗）
富田丹後	神官	鶴岡附属松源寺（廃寺）
山口数馬		鶴岡附属松源寺（廃寺）
二ノ宮牧太	神官	浄明寺塔頭光明院代龍源庵（臨済宗建長寺派）
内田内匠	神官	光明寺末長谷慈眼院（浄土宗）
細野隼人	神官	浄妙寺塔頭光明院代龍源庵（臨済宗建長寺派）
吉田左京	神官	名越安養院末延命寺（浄土宗）
石井庄司		寿福寺塔頭桂蔭庵（臨済宗建長寺派）

加納数馬　御経師
岡崎右衛門　御大工
川瀬杢左衛門

五山寿福寺塔頭桂蔭庵（臨済宗建長寺派）
寿福寺塔頭積翠庵
建長寺塔頭正統庵（臨済宗建長寺派）

表　明治八年田畑改正反別其他取調簿　雪ノ下村

地番	所有者	段別	職業
一	鹿島緑左衛門（金沢在住）	二・九・一九	
七二	箱崎博尹	二・三・〇四	神官
八〇	田中松五郎	三・一九	農
八一	金子真三郎	五・二〇	旧社人（農）
八二	〃	二・二四	〃
八六	鈴木吉五郎（直吉）	二・一四	農
八七	藤田隆昌	三・〇八	旧社人、医
八八	早川徳太郎	六・〇四	農
九一	石川正雄	九・一五	旧社人、農
九四	鈴木徳次郎	三・一六	農、大
一一〇	川瀬敬次郎	五・二一	旧社人、大
一〇五	岩沢周介	四・一八	農、大
一〇七	倉並長蔵	二・〇三	農、大
一〇八	桜井権平	二・〇九	農
一一〇	磯部弥兵衛	二・〇〇	農、大
一一二	内田源蔵	二・二八	農
一一五	内田源蔵	二・〇〇	〃
一一七	戸川六兵衛	二・一一	農、大
一一八	岩沢作太郎	二・〇三	農、旅籠
一一九	岩沢くに	五・一六	
一二〇	岩沢作太郎（父）	四・〇二	農、大
一二一	小池半次郎（父亀二郎）	五・〇二	〃　〃
一二五	大庭義郎	一・二・〇一	大祢宜、祠堂
一二六	岩瀬テイ	五・〇六	旧社人
一二七	石井録郎	五・二九	旧社人、商
一二九	平川和助	三・二六	農
一三五	毛利元徳	・一二	
一三六	守屋治兵衛	六・〇三	農、雑
一三七	鈴木仲右衛門	四・一九	農、萱屋根
一三八	大伴清胥	一・一・二六	神主、農
一四一	大久保幸次郎（喜内）	二・一一	大伴下人、農
一四二	船橋朝太郎（喜久造）	二・一三	〃　〃
一四三	安田富次郎（源蔵）	二・〇五	〃　〃
一四四	大久保卯之助	四・〇〇	〃　〃
一四五	梶田清兵衛	三・〇〇	旧社人、商
一四六	〃	二・〇〇	
一四七	岩瀬テイ	二・〇四	旧社人
一四八	山口綾雄	一・一・〇五	〃
一四九	倉並久次郎（久蔵）		農、桶
一五一	追川　央	五・二七	旧社人、農
一五四	桜井与三郎	二・一六	農、桶
一五七	飯塚常吉	二・一一	農、桶、大
一五五	小島菊之助	五・〇九	農、大
一六〇	加茂将吾	六・一〇	旧社人、商

八幡前置石

地番	所有者	段別	職業
二六三	富田省三	二・一五	旅籠
二六四	大沢専輔	九・一二	八幡宮祠掌
二六五	山崎　勇	五・〇六	農
二六六	小池ふみ	四・一九	商
二六七	大石君世	一・一・二〇	旅籠

二六八	斉田竹次郎(村岡友雄)	九・一二	商
二六九	坂井千澄	四・二一	農
二七〇	桑原利兵衛	四・一九	商
二七一	小池衛守	九・二一	農
二七二	坂井未知雄	九・二〇	〃
二七三	鈴木丹次	九・二三	〃
二七四	二ノ宮巳之助	九・二〇	大工
二七五	戸川菊太郎	七・〇三	〃
二七六	松岡松之助	三・〇一	農
二七七	松岡久吉	三・二一	隠居
二七八	鈴木彦五郎	二・二四	農
二七九	長沢長兵衛	二・〇三	〃
二八〇	吉田治右衛門	七・〇八	
二八一	〃	一・〇一	
二八二	金子定吉	二・一二	旅籠
	(以外は農地)		
	(角正北側通)		
三六〇	梶田清四郎	二・一五	商
三六一	大庭長次郎	六・〇一	農
三六二	後藤勝次郎	・	石工
	(置石南側)		
三八〇	山口貞輔	六・二〇	旅籠
三七九	加茂廉之助	九・〇五	商
三七八	加茂正雄	四・一一	〃
三七七	加茂才三郎	五・〇三	農
三七六	富田亀次	八・一二	大工

三七五	池田義雄	六・二一	農
三七四	大石　樹	四・二一	〃
三七三	内田ミツ	八・二二	〃
三七二	細野　新	一・一・一七	商
三七一	小坂活治	三・一六	〃
三七〇	辻　正助	三・〇〇	農
三六九	黒川藤三郎	七・二〇	〃
三六八	追川才三郎	三・〇四	〃
三六七	小池すず	二・二五	〃
三六六	鈴木右平太	三・一九	雑
三六五	小島忠治	二・二七	農(小別当目代)
三六四	吉田　豊	二・一六	農
三六三	沼田ルイ	二・二一	〃
三六二	多　晃	二・一一	〃
三六一	田中五兵衛	二・一三	〃
三六〇	関市右衛門	二・一九	旅館
三五九	小林徳次郎	二・一九	雑
	(以外は農地)		

年月不詳「雪ノ下村地價帳」によるが、他の鎌倉の村地価帳が、明治十年から二十年の間につくられているので、その頃と推定されるし、「地番」はその後このまゝ使われ、昭和四十一年(一九六六)改正になるまで変わっていない。

※『鎌倉近代史資料第五集　鎌倉の社寺門前町』より

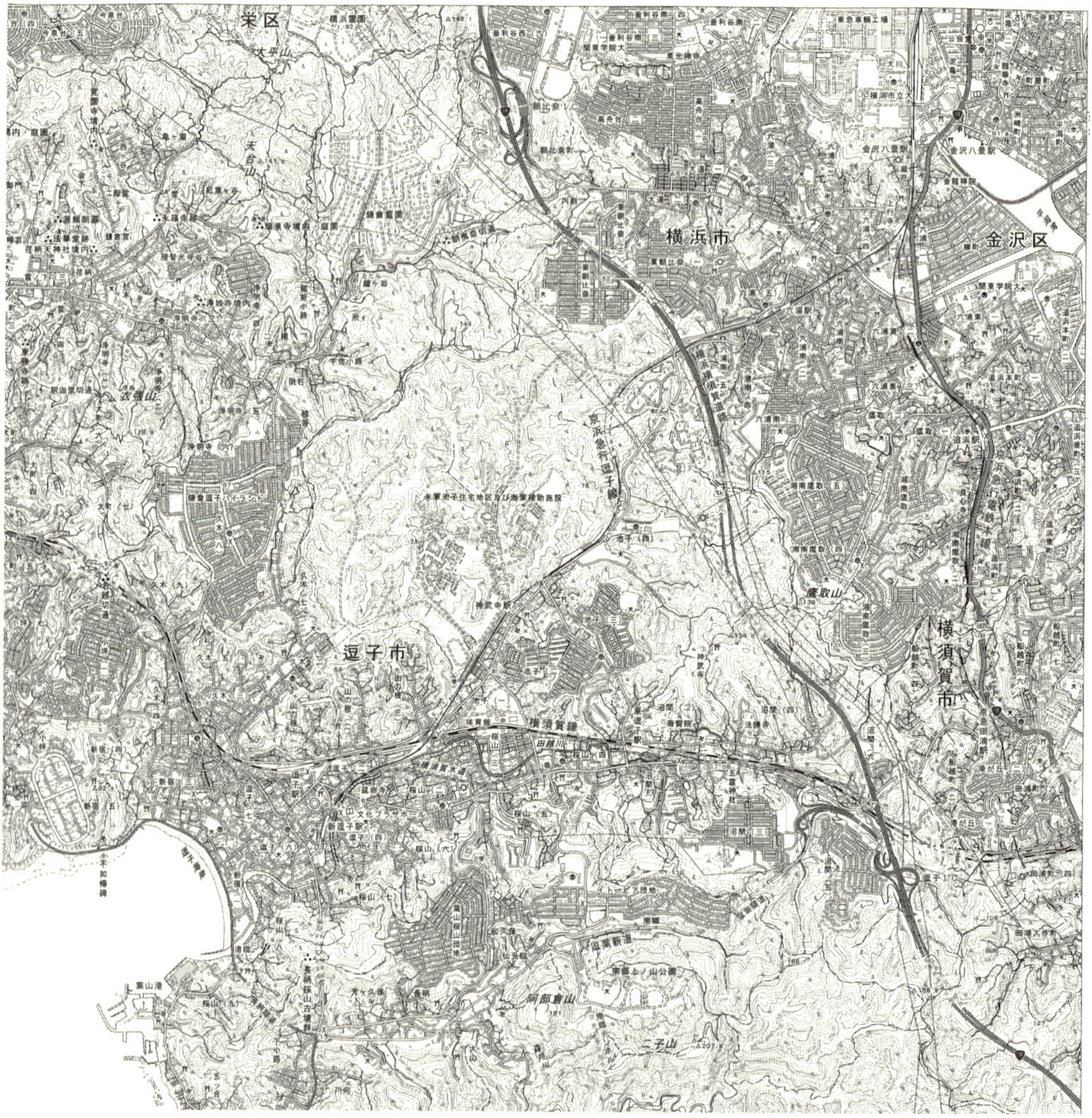
栄区
横浜市
金沢区
逗子市
横須賀市
京浜急行逗子線
横須賀線
鷹取山
阿部倉山
二子山

参考事項

図1　鎌倉2万5千分1地形図（国土地理院2016年版）

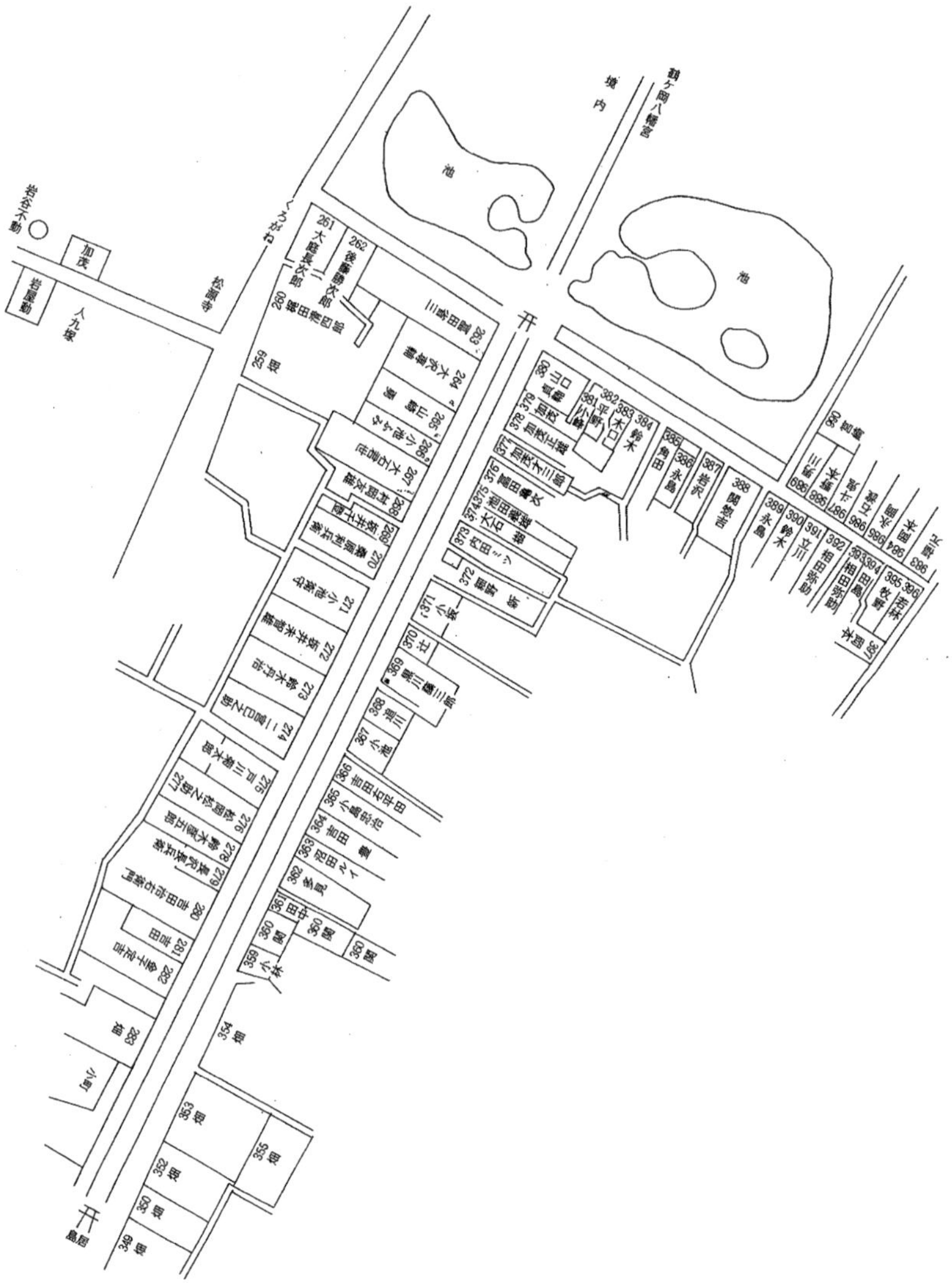

図2　明治8年(1875)鶴岡八幡宮附近民家(『鎌倉近代史資料第五集　鎌倉の社寺門前町』より)

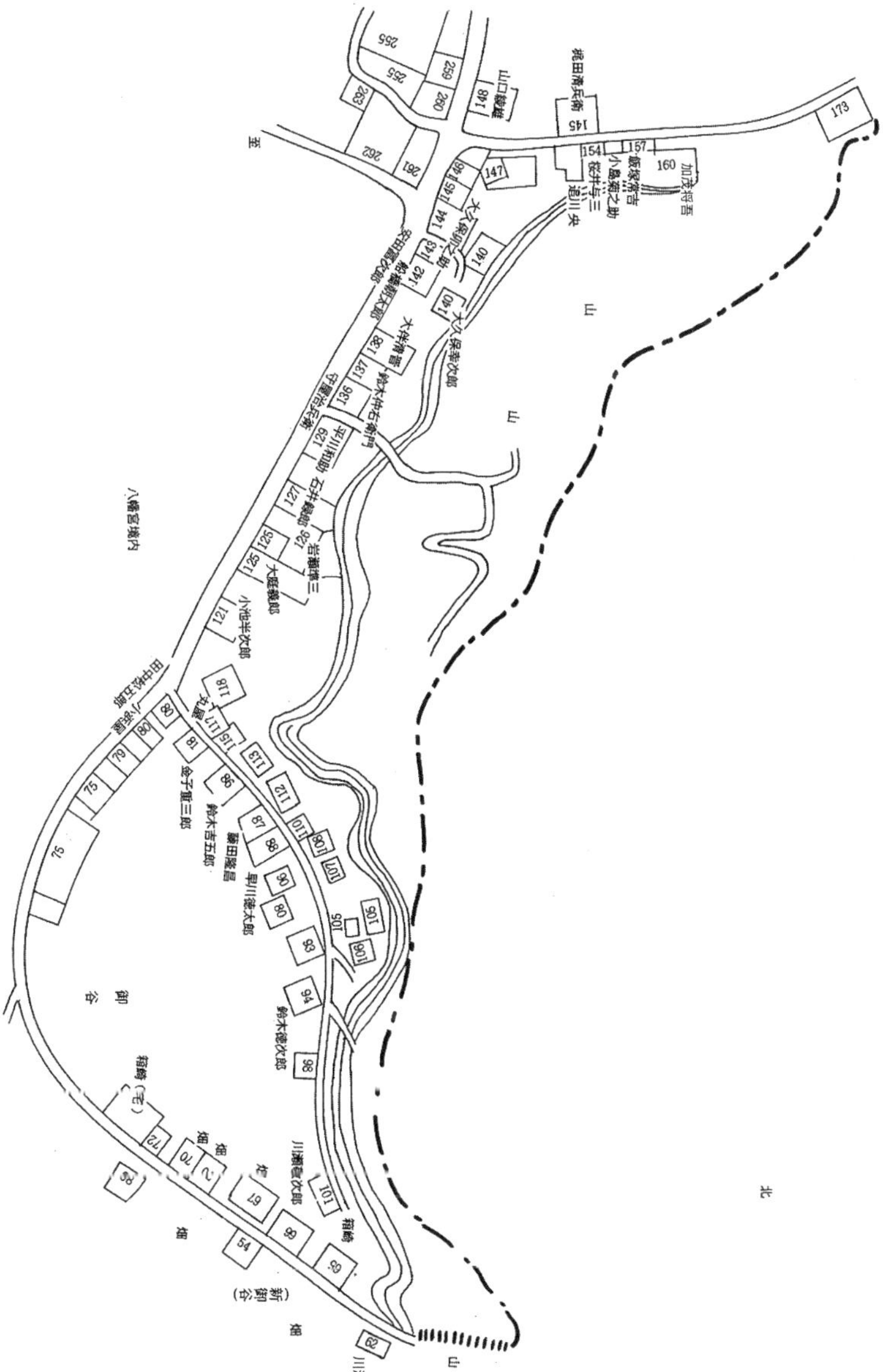

図3　旧小袋坂(『鎌倉近代史資料第五集　鎌倉の社寺門前町』より)

主要参考文献

【一】

『海老名市史2資料編中世』（一九九八年）所載「鎌倉年中行事」
『神奈川県史通史編1原始・古代・中世』（一九八一年）
『神奈川県史資料編1・2・3古代・中世』（一九七〇年～一九七九年）
『神奈川県史資料編8近世（5下）』（一九七九年）
『神奈川県史別編2資料所在目録』（一九八一年）
『神奈川県郷土資料集成第六輯相模国紀行文集』（神奈川県図書館協会、一九六九年）
『神奈川県郷土資料集成第十二輯神奈川県皇国地誌相模国鎌倉郡村誌』（神奈川県図書館協会、一九九一年）
『神奈川県立博物館人文部門資料目録（4）中世古文書資料目録』（神奈川県立博物館、一九八一年）
『神奈川県近世社寺建築調査報告書（本文篇）』（神奈川県教育庁生涯学習部、一九九三年）
『金沢八景　歴史・景観・美術』（神奈川県立金沢文庫、一九九三年）
『企画展　鎌倉めぐり』（神奈川県立金沢文庫、二〇一二年）
『市制施行三十周年記念　図説鎌倉回顧』（鎌倉市、一九六九年）
『鎌倉市史史料編第一』（吉川弘文館、一九五八年）
『鎌倉遺文古文書編』（東京堂出版、一九七一年～二〇一七年）
『鎌倉市史総説編』（吉川弘文館、一九五九年）

『鎌倉市史社寺編』(吉川弘文館、一九七二年)
『鎌倉市史近世近代紀行地誌編』(吉川弘文館、一九八五年)
『鎌倉市史近世史料編第一』(吉川弘文館、一九八六年)
『鎌倉市史近世史料編第二』(吉川弘文館、一九八七年)
『鎌倉市史近代史料編第一』(吉川弘文館、一九八八年)
『鎌倉市史近代史料編第二』(吉川弘文館、一九八八年)
『鎌倉市史近世通史編』(吉川弘文館、一九九〇年)
『鎌倉近世史料長谷・坂ノ下編』(鎌倉市教育委員会、一九七五年)
『鎌倉近世史料十二所編』(鎌倉市教育委員会、一九七六年)
『鎌倉近世史料西御門編二階堂編浄明寺編(下)』(鎌倉市教育委員会、一九八一年)
『鎌倉近世史料扇ガ谷編(一)(二)河内家(一)(二)』(鎌倉市教育委員会、一九九八年・二〇〇二年)
『特別展　鎌倉震災史』(鎌倉国宝館、二〇一五年)
『鎌倉市文化財資料第1集　鎌倉神楽』(鎌倉市教育委員会、一九六二年)
『鎌倉市文化財資料第5集　鎌倉の古版絵図』(鎌倉市教育委員会、一九六五年)
『鎌倉市文化財資料第7集　としよりのはなし』(鎌倉市教育委員会、一九七一年)
『鎌倉市文化財資料第8集　道ばたの信仰　鎌倉の庚申塔』(鎌倉市教育委員会、一九七三年)
『鎌倉近代史資料第五集　鎌倉の社寺門前町』(鎌倉市教育委員会、一九九一年)
『鎌倉近代史資料第六集　鎌倉の俳人　江戸~明治』(鎌倉市教育委員会、一九九一年)
『鎌倉近代史資料第八集　山ノ内村御用留』(鎌倉市教育委員会、一九九一年)
『鎌倉志料第一巻~第十一巻』(鎌倉国宝館、一九九一年~二〇一〇年)
『鎌倉の古絵図(1)(2)(3)――鎌倉国宝館図録第十五集・第十六集・第十七集――』(鎌倉国宝館、一九六四年・一九六九年・一九七〇年)
『鎌倉こまち今昔』(銀の鈴社、二〇一三年)

『鎌倉――史蹟めぐり会記録――』（鎌倉文化研究会、一九七二年）
『鎌倉市文化財総合目録古文書・典籍・民俗篇』（鎌倉市教育委員会、一九八五年）
『鎌倉市文化財総合目録書籍・絵画・彫刻・工芸篇』（鎌倉市教育委員会、一九八六年）
『鎌倉市文化財総合目録建造物篇』（鎌倉市教育委員会、一九八七年）
『鎌倉文学碑めぐり』（鎌倉市教育委員会、一九八八年）
『鎌倉と明治文学者――漱石　独歩　樗牛　天知――』（鎌倉文学館、一九九三年）
「亀谷山記録」（『鎌倉』九〇・九二・九四・九五・一〇七・一〇九〜一一三・一一五〜一一六・一一八〜一二〇・一二三〜一二六号。二〇〇〇年〜二〇一九年）
「鹿山公私諸般留帳」（『鎌倉』五四〜五九・六二〜七四・七六〜九〇・九五・九六・一〇二・一〇三・一〇六・一〇八・一一〇〜一一四・一一八・一一九・一二一・一二二・一二四〜一二七号。一九八七年〜二〇二〇年）
『北区史資料編古代中世1』（一九九四年）
『北区史資料編古代中世2』（一九九五年）
『清川病院史』（清川病院、一九九三年）
『九条尚忠文書第二』（日本史籍協会、一九一六年）
『室町遺文関東編』（東京堂出版、二〇一八年〜二〇二四年）
『戦国遺文後北条氏編』（東京堂出版、一九八九年〜二〇〇〇年）
『小田原衆所領役帳　戦国遺文後北条氏編別巻』（東京堂出版、一九九八年）
『藤沢市史料集（三十）北条氏所領役帳』（藤沢市文書館、一九九六年）
『寒川町史調査報告書2――高野山高室院史料（2）――』（一九九三年）
『品川区史通史編上巻』（一九七三年）
『新訂江戸名所図会2』（ちくま学芸文庫、一九九六年）
『神道大系神社編二十鶴岡』（神道大系編纂会、一九七九年）
「逗子東昌寺文書」（寒川町立文書館蔵マイクロフィルム）

『図説鎌倉回顧』（鎌倉市、一九六九年）
『図説鎌倉年表』（鎌倉市、一九八九年）
『相中留恩記略』（有隣堂、一九六七年）
『瀬戸神社――海の守護神――』（神奈川県立金沢文庫、二〇一三年）
『大日本地誌大系（二十一）新編鎌倉志・鎌倉攬勝考　新編相模国風土記稿別巻』（雄山閣、一九五八年）
『大日本地誌大系（二十二）新編相模国風土記稿第四巻』（雄山閣、一九九八年）
『中世日記紀行集』（岩波書店、一九九〇年）
『珍籍鎌倉文庫第二回配本』（村田書院、一九七七年）
『鶴岡八幡宮年表』（鶴岡八幡宮、一九九六年）
『鶴岡叢書第一輯大伴神主家系譜集』（鶴岡八幡宮、一九七六年）
『鶴岡叢書第二輯鶴岡社務記録』（鶴岡八幡宮、一九七八年）
『鶴岡叢書第三輯鮮明鶴岡八幡宮文書集』（鶴岡八幡宮、一九八〇年）
『明王太郎日記上　堂宮大工が見た幕末維新』（東海大学出版部、二〇一七年）
『天照山光明寺』（大本山光明寺、一九八六年）
『日本庶民生活史料集成第十五巻都市風俗』（三一書房、一九七一年）
『よみがえる中世3武士の都　鎌倉』（平凡社、一九八九年）

【二】

赤星直忠『鎌倉の新鐘――江戸時代――』（鎌倉国宝館、一九六三年）
網野善彦「鎌倉の『地』と地奉行について」（『網野善彦著作集第十三巻中世都市論』岩波書店、二〇〇七年。初出一九七六年）

――――「偽文書の成立と効用」（『網野善彦著作集第七巻中世の非農業民と天皇』岩波書店、二〇〇八年。初出一九七五年）
――――「『十二類絵巻』をめぐる諸問題」（『網野善彦著作集第十四巻中世史料学の課題』岩波書店、二〇〇九年。初出一九九三年）
網野善彦・横井清『日本の中世6都市と職能民の活動』（中央公論新社、二〇〇三年）
飯田九一編『神奈川県下芭蕉句碑』（神奈川文庫、一九五二年）
石井和毅「『御朱印請取之諸記録』」（『鎌倉』九五号、二〇〇二年）
石井　進「都市鎌倉における『地獄』の風景」（『石井進著作集第九巻中世都市を語る』岩波書店、二〇〇五年。初出一九八一年）
――――「中世都市鎌倉の構造」（『東日本部落解放研究所紀要　解放研究』一〇号、一九九六年）
――――『日本の中世1中世のかたち』（中央公論新社、二〇〇二年）＝『石井進の世界⑤中世のひろがり』（山川出版社、二〇〇六年）
石井光太郎編『横浜の俳人たち　横浜俳壇史1江戸期』（横浜市教育委員会、一九七一年）
板坂燿子編『東洋文庫　江戸温泉紀行』（平凡社、一九八七年）
伊藤清郎「中世国家と八幡宮放生会」・「鎌倉幕府と鶴岡八幡宮」（『中世日本の国家と寺社』高志書院、二〇〇〇年。初出一九七七年・一九七三年）
稲葉一彦『「鎌倉の碑」めぐり』（表現社、一九八二年）
内田四方蔵「古道を歩く　第五回　小袋切り通しとその付近」（『郷土よこはま』五〇・五一合併号、一九六八年）
大田南畝「一話一言　巻四十七」（『日本随筆大成別巻一話一言6』吉川弘文館、一九七九年）
岡田章雄『鎌倉英人殺害一件』（有隣新書、一九七七年）
荻美津夫「鎌倉幕府と雅楽――鶴岡八幡宮を中心に」（『古代中世音楽史の研究』吉川弘文館、二〇〇七年。初出一九七八年）
――――「南北朝期における楽人豊原氏」（『古代中世音楽史の研究』初出一九八六年）

――――「鎌倉時代における舞楽の伝播について」（大隅和雄編『鎌倉時代文化伝播の研究』吉川弘文館、一九九三年）
奥山信治「近世に於ける鎌倉大工の造営活動」（『鎌倉』九五号、二〇〇二年）
笠松宏至『法と言葉の中世史』（平凡社、一九九三年）
加藤紫識「『鎌倉名所記』――版行とその周辺――」（『東洋大学大学院紀要』三八集、二〇〇一年）
軽部　弦「近世鶴岡八幡宮祭礼としての面掛行列」（薗田稔・福原敏男編『祭礼と芸能の文化史』思文閣出版、二〇〇三年）
川副　博・川副武胤『鎌倉　その風土と歴史探訪』（読売新聞社、一九七五年）
神田　茂「鎌倉の古版絵図」（『金沢文庫研究』一三五号、一九六七年）
岸本　覚「鎌倉薩長藩祖廟と明治維新」（田中彰編『幕末維新の社会と思想』吉川弘文館、一九九九年）
――――「長州藩藩祖廟の形成」（『日本史研究』四三八号、一九九九年）
木村彦三郎「鎌倉のお庚申さん」（『鎌倉』一三号、一九六四年）
――――「二冊の『鶴岡日記』（一）（二）」（『鎌倉』四八号・四九号、一九八五年）
――――「鎌倉の俳人たち（江戸時代）」（『鎌倉』五六号、一九八七年）
清河八郎「西遊草」（小山松勝一郎校注『岩波文庫　西遊草』岩波書店、一九九三年。小山松勝一郎校注『東洋文庫　西遊草』平凡社、一九六九年。本書では、前者によった）
後藤俊太郎・後藤圭子『鎌倉彫後藤家四代』（かまくら春秋社、一九九七年）
小丸俊雄『東光山　英勝寺――水戸家ゆかりの尼寺――』（英勝寺、一九六四年）
――――「十二所村の近世資料（五）『十二所村諸用留』」（『鎌倉』一五号、一九六六年）
――――『東光山　英勝寺御用留』（私家版、一九七三年）
斎藤月岑「武江年表」（金子光晴校訂『東洋文庫　増訂武江年表1・2』平凡社、一九八四年・一九八七年）
桜井英治『贈与の歴史学　儀礼と経済のあいだ』（中公新書、二〇一一年）
佐藤博信「後北条氏被官後藤氏について」（『中世東国足利・北条氏の研究』岩田書院、二〇〇六年。初出一九七六

年)
――「戦国期の鎌倉・鶴岡八幡宮をめぐって――『快元僧都記』を題材に――」(『続中世東国の支配構造』思文閣出版、一九九六年。初出一九九一年)
――「室町後期の鎌倉・鶴岡八幡宮をめぐって――『香象院珎祐記録』を題材に――」(『続中世東国の支配構造』思文閣出版、一九九六年。初出一九九四年)
――「蒔田氏の族的性格について――相模鎌倉・藤沢と西上総を中心に――」(『江戸湾をめぐる中世』思文閣出版、二〇〇〇年)
――「鎌倉蒔田善右衛門家の近世的展開――『地方名主』・『旧家』への道――」(『鎌倉』一二一号、二〇一六年)
――「関東吉良氏研究序説――特に鶴岡八幡宮再建工事との関係を通じて――」(『千葉大学人文研究』四七号、二〇一八年)
――「鎌倉公方足利成氏祈禱御教書について――特に『荏柄天神社文書』・『相模文書』に注目して――」(『鎌倉遺文研究』四一号、二〇一八年)
――「戦国期都市鎌倉の商職人の軌跡――鎌倉番匠渋谷氏の場合――」(『千葉大学人文研究』四八号、二〇一九年)
――「鎌倉鍛冶福本氏に関する一考察――特に『福本文書』の考証を通じて――」(『金沢文庫研究』三四二号、二〇一九年)
――「弘安三年五月五日付亀山上皇院宣の伝来考証――特に『富田文書』をめぐって――」(『鎌倉遺文研究』四七号、二〇二一年)
――「後北条氏家臣間宮氏研究序説――特に『間宮康俊』に注目して――」(『千葉大学人文研究』五一号、二〇二二年)
――「後北条氏家臣福室氏に関する一考察――特に相模三崎城・上総中尾城・武蔵金沢での動向に注目して――」(『里見氏研究』創刊号、二〇二二年)
――「青木昆陽の金沢称名寺・鎌倉史料調査――『諸州古文書』編纂史の一齣――」(『千葉大学人文研究』五二

号、二〇二三年）

――「古河公方足利義氏の鶴岡八幡宮参詣に関する覚書――特に江戸城代遠山氏と関宿簗田氏をめぐって――」（『青山史学』四二号、二〇二四年）

――「鎌倉鶴岡八幡宮別当奉公人に関する一考察――特に今福・彦部・箕勾・横地・高水・河口・「アシヤ」・牧・佐野諸氏を通じて――」（『鎌倉遺文研究』五三号、二〇二四年）

佐野大和『瀬戸神社』（小峯書店、一九六八年）

沢　寿郎『鎌倉古絵図・紀行――鎌倉古絵図篇』（東京美術、一九七六年）

――『ふるさとの思い出写真集　明治大正昭和鎌倉』（国書刊行会、一九七九年）

――『知られざる鎌倉』（鎌倉朝日、一九八五年）

――『つれづれの鎌倉　改訂・新板鎌倉名所記』（かまくら春秋社、一九七六年）

――「大伴神主の旧居など」（『鶴岡叢書第一輯大伴神主家系譜集』鶴岡八幡宮、一九七六年）

島本千也『鎌倉・都市の記憶』（私家版、一九八八年）

十二所文化部同人「十二所地誌新稿」（『鎌倉』三五号、一九八〇年）

白井永二『鎌倉』（角川文庫、一九七〇年）。本書は「神主屋敷」として「旧小袋坂に接し、駐車場辺の平地に神主職大伴家が住み、祖大伴清元は頼朝から仮名文の補任状を受けて職は明治まで続いた。駐車場の南に崩壊寸前になっている藁屋根二階建ての家があるが、御膳司《ごぜんし》岩瀬家の旧宅で、八幡宮祀職の家の唯一の遺構である」とか「小袋坂」として「坂の西側には、青梅聖天が祀られ、江戸時代の名所巡りの人々は、手向けて通った社である。峠には猿の茶屋と称する休み所や宿屋などもあって、鎌倉見物の半分を終えて一泊する人が多かった」と記す。本書は、一般向け書物として猿茶屋のことに触れた唯一の書である。

――『鎌倉風草集』（鶴岡八幡宮、一九八六年）。『鎌倉市文化財資料第1集　鎌倉神楽』も部分的に再録。

――編『新装普及版鎌倉事典』（東京堂出版、一九九二年）

白井哲哉「近世鎌倉寺社の再興と名所化――十七世紀を中心に――」（青柳周一他編『近世の宗教と社会1地域のひろがりと宗教』吉川弘文館、二〇〇八年）

白石　克『『鎌倉名所記』諸版について」（『斯道文庫論集』一四輯、一九七七年）
――「江戸時代の鎌倉絵図――諸版略説――」（『三浦古文化』三四号、一九八三年）
鈴木棠三『鎌倉への道』（三一書房、一九八八年）
土肥　誠「鶴岡八幡宮寛文年中修復記」（『鎌倉』四六号、一九八四年）
――「明治期の鎌倉絵図・案内記の作者　相良国太郎の出自」（『鎌倉』五〇号、一九八五年）
直良信夫『峠と人生』（日本放送出版協会、一九七六年）
永江維章『神奈川県文化財写真集成(1)』（私家版、年未詳）
中村菊三『大正鎌倉余話』（かまくら春秋社、一九八二年）
中村陽平「御朱印地配分からみる近世鎌倉寺社領の成立と構造」（中野達哉編『鎌倉寺社の近世――転換する中世的権威――』（岩田書院、二〇一七年）
貫　達人『鶴岡八幡宮寺――鎌倉の廃寺』（有隣新書、一九九六年）
灰野昭郎「明治の鎌倉彫について」（『三浦古文化』一四号、一九七三年）
長谷川元寛「かくやいかにの記」（『未刊随筆百筆第八』米山堂、一九二七年）
服部英雄「犬追物を演出した河原ノ者たち――犬の馬場の背景――」（『河原ノ者・非人・秀吉』山川出版社、二〇一二年。初出二〇〇二年）・「太鼓製作と中世筥崎宮散所」（初出二〇〇七年）
浜名敏夫「中世房総の芸能と原氏一族――本土寺過去帳の猿楽者――」（石渡洋平編『旧国中世重要論文集成　下総国』戎光祥出版、二〇一九年。初出一九九一年）
原　淳一郎「近世後期摂家の鎌倉参詣――将軍宣下参向に際して――」（『鎌倉』一〇六号、一〇〇八年）
――『江戸の寺社めぐり　鎌倉・江ノ島・お伊勢さん』（吉川弘文館、二〇一一年）
――『江戸の旅と出版文化　寺社参詣史の新視角』（三弥井書店、二〇一三年）
富士川英郎・松下忠・佐野正巳編『詩集日本漢詩第十四巻』（汲古書院、一九八九年）
藤木久志「中世鎌倉の祇園会と町衆――どっこい鎌倉は生きていた――」（『戦国の村を行く』朝日新聞出版、一九九七年。初出一九九三年）

――「鎌倉公方の四季――中世民俗誌としての『鎌倉年中行事』から」(『戦う村の民俗を行く』朝日新聞出版、二〇〇八年。初出一九九七年)
――「城は民衆の避難所」(『新版　雑兵たちの戦場　中世の傭兵と奴隷狩り』朝日新聞社、二〇〇五年。初出一九九七年)
伏見　功『鎌倉紀行記歴覧――鎌倉を訪れた人々――』(現代旅行研究所、一九七八年)
藤野豊編集代表『神奈川の部落史』(不二出版、二〇〇七年)。「鎌倉・鶴岡八幡宮と長吏」・「戦国時代・近世初頭のかわた・皮作・長吏」を掲載。
前田元重「大山詣りと江島・鎌倉――江戸から幕末――」(貫達人・三山進編『鎌倉歴史と美術』至文堂、一九六六年)
――「近世文化の諸相〈社寺詣と庶民の信仰〉」(貫達人監修『図説神奈川県の歴史〈上〉原始古代中世近世』有隣堂、一九八六年)
三浦勝男『鎌倉の史跡』(かまくら春秋社、一九八三年)
――「鶴岡八幡宮の棚と大燈籠――由比ガ浜海難と住吉信仰――」(『鎌倉』一〇六号、二〇〇八年)
宮地治邦「吉田神道裁許状の授受について」(『神道学』一九号、一九五八年)
三山　進『鎌倉地方造像関係資料――第一集～第八集――』(鎌倉国宝館、一九六八年～一九七五年)
――『鎌倉と運慶』(有隣新書、一九七六年)
――「三橋家の歴史――鎌倉仏師と鎌倉彫――」(大石永輔・三橋三郎編『明治鎌倉彫』有隣堂、一九八一年)
森　銑三「谷文晁伝の研究」(『森銑三著作集第三巻人物篇三』中央公論社、一九七一年)
山口県教育会編纂『村田清風全集上巻・下巻』(マツノ書店、一九九〇年。初版山口県教育会、一九六一年・一九六三年)
山地　純「『金沢名所旧跡記』の新出写本について――金沢と鎌倉の近世地誌――(上・下)」(『金沢文庫研究』三二一号・三二二号、二〇〇八年・二〇〇九年)
――「武州金沢洲崎の『地蔵堂再建記録』」(『金沢文庫研究』三二五号、二〇一〇年)

山田邦明「鎌倉府の奉公衆」（『鎌倉府と関東　中世の政治秩序と在地社会』校倉書房、一九九五年。初出一九八七年）
湯山　学『南関東中世史論集三　中世の鎌倉　鶴岡八幡宮の研究』（私家版、一九九三年）
――――『南関東中世史論集四　鶴岡八幡宮の中世的世界――別当・新宮・舞楽・大工――』（私家版、一九九五年）
――――「相模国の『舞々』」（『相模国の中世史　増補版　湯山学中世史論集6』岩田書院、二〇一三年。初出一九八六年～一九八七年）
――――『伊勢宗瑞と戦国関東の幕開け』（戎光祥出版、二〇一六年）
――――『北条氏綱と戦国関東争奪戦』（戎光祥出版、二〇一六年）
鷲塚泰光「瀬戸神社の彫刻」（『三浦古文化』三五号、一九八四年）
渡邊浩貴「中世都市鎌倉と地下楽家中原氏――中原有安・景安・光氏の系譜と活動を中心に――」（『神奈川県立博物館研究報告――人文科学――』四六号、二〇一九年）
――――「初期鎌倉幕府の音楽と京都社会――『楽人招請型』の音楽受容とその基盤――」（同四七号、二〇二〇年）
――――「鎌倉幕府の音楽と地下楽人――都市鎌倉の成長と『独自編成型』の音楽受容――」（同五〇号、二〇二三年）

あとがき

本書は、鎌倉史全般に詳しい斎木明美さんとの積年にわたる対話と御協力によってなしえたものである。まずもって深甚なる感謝の意を表したい。また平時の関根敦子さんの御支援と坂井法曄師の御教導に対しても厚く感謝の意を表したい。その他、関係史料・文献の閲覧・写真版の掲載などについては、国立公文書館（内閣文庫）・神奈川県立公文書館・神奈川県立金沢文庫図書閲覧室・神奈川県立図書館・横浜市立大学図書館・横浜市立図書館・鎌倉市中央図書館・早稲田大学中央図書館の利用や許可を頂いた。その際、特に金沢文庫では、山地純さんほか多くの方々の御配慮を頂いた。感謝に耐えない。併せ記し拝謝す。

なお、本書出版については、勉誠社和久幹夫・黒古麻己両氏に先書同様に種々御配慮頂いた。これまた感謝に耐えない。最後に今は亡き二親（父博・母ミヨ子）の霊前にささやかながら本書を捧げることを許されたい。

合掌

二〇二四年八月十五日

佐藤博信拝

著者略歴

佐藤博信（さとう・ひろのぶ）

1946年　新潟県新発田市に生まれる
1969年　早稲田大学第一文学部史学科国史専修卒業
1980年　千葉大学人文学部助教授
2012年　千葉大学文学部教授定年退職
現在　　千葉大学名誉教授

著書

『古河公方足利氏の研究』（校倉書房、1989年）
『中世東国の支配構造』（思文閣出版、1989年）
『続中世東国の支配構造』（思文閣出版、1996年）
『江戸湾をめぐる中世』（思文閣出版、2000年）
『中世東国日蓮宗寺院の研究』（東京大学出版会、2003年）
『越後中世史の世界』（岩田書院、2006年）
『中世東国足利・北条氏の研究』（岩田書院、2006年）
『中世東国政治史論』（塙書房、2006年）
『安房妙本寺日我一代記』（思文閣出版、2007年）
『中世東国の権力と構造』（校倉書房、2013年）
『日蓮宗寺院の歴史と伝承』（山喜房佛書林、2017年）
『中世東国日蓮宗寺院史論』（塙書房、2022年）
『中世東国日蓮宗寺院の地域的展開』（勉誠出版、2022年）

都市《とし》鎌倉《かまくら》の展開《てんかい》と鶴岡《つるがおか》八幡宮《はちまんぐう》の社人集団《しゃじんしゅうだん》

著者　佐藤博信
発行者　吉田祐輔
発行所　㈱勉誠社
〒101-0061 東京都千代田区神田三崎町二-一八-四
電話　〇三-五二一五-九〇二一㈹

二〇二四年九月三十日　初版発行

印刷
製本　三美印刷（株）

ISBN978-4-585-32050-0　C3021

中世東国日蓮宗寺院の地域的展開

東国の日蓮宗寺院における門流支配の実態を政治・経済・宗教の三位一体的関係の把握という視点から明らかにし、その中世から近世への史的展開を浮き彫りにする。

佐藤博信 著・本体一二〇〇〇円（＋税）

金沢文庫文書

書物学 第8巻 国宝 称名寺聖教／

二〇一六年、国宝指定！ 中世の息吹を現代に伝えるタイムカプセル、称名寺聖教／金沢文庫文書の魅力に迫り、多数のカラー図版とともに紹介する。

編集部 編・本体一五〇〇円（＋税）

北条氏発給文書の研究

附 発給文書目録

北条氏の発給文書を網羅的に収集・検討。執権をつとめた各代について、その足跡を歴史上に位置付ける。歴代の発給文書一覧も具えた、レファレンスツールとして必備の一冊。

北条氏研究会 編・本体一五〇〇〇円（＋税）

鎌倉北条氏人名辞典

諸系図に見える北条氏の一族を網羅、婚姻関係・有力被官（家臣）を加えた約一二〇〇項目を立項し、鎌倉北条氏の全貌を明らかにする必備のレファレンスツール。

菊池紳一 監修／北条氏研究会 編・本体一八〇〇〇円（＋税）

日本中世史論集

鎌倉時代から南北朝期、さらには室町時代にいたる日本中世の政治と文化の諸相を、新史料を含む多様な史料を駆使し考究。中世史を考えるうえでの基盤を提示する。

森茂暁 著・本体一二〇〇〇円（＋税）

増補改訂版
室町時代の将軍家と天皇家

足利将軍家の実態の具体像および、足利家と天皇家の一体化の過程を再検討した補論六本を新たに加え、最新の研究成果をふまえて加筆・修正した待望の増補改訂版。

石原比伊呂 著・本体九〇〇〇円（＋税）

室町文化の座標軸
遣明船時代の列島と文事

都鄙の境を越え、海域を渡った人びとが残した足跡、ことば、思考を、歴史学・文学研究の第一線に立つ著者たちが豊かに描き出す必読の書。

芳澤元 編・本体九八〇〇円（＋税）

日明関係史研究入門
アジアのなかの遣明船

外交、貿易、宗教、文化交流など、様々な視角・論点へと波及する「遣明船」をキーワードに、十四～十六世紀のアジアにおける国際関係の実態を炙り出す。

村井章介 編集代表／橋本雄・伊藤幸司・須田牧子・関周一 編・本体三八〇〇円（＋税）

日本中世の課税制度
段銭の成立と展開

国家中枢から在地社会に至るまでの諸階層が、深く関与していた段銭徴収の実態を探り、日本中世の収取構造、と税制を通じた支配秩序の形成過程を明らかにする。

志賀節子・三枝暁子 編・本体二八〇〇円（＋税）

日本の中世貨幣と東アジア

貨幣というものの性質を考えるうえで興味深い問題を多数孕む日本の中世貨幣を、文献・考古資料を博捜し、東アジア的視点からも捉えなおす画期的成果。

中島圭一 編・本体三二〇〇円（＋税）

中世武家領主の世界
現地と文献・モノから探る

中世日本の武士団は、どのような実態をもって地域社会へ受け入れられていったのか。その支配体制の実現・展開を文献史料、出土遺物、現地調査から分析する。

田中大喜 編・本体三八〇〇円（＋税）

列島の中世地下文書
諏訪・四国山地・肥後

中世地下文書の多様性を列島規模で把握しつつ、文書群がタテ・ヨコの関係で集積され伝来していった様相を原本調査の成果をふまえて描き出す。

春田直紀 編・本体三〇〇〇円（＋税）